·财务管理轻松学·

房地产开发企业会计全程指导

李桂君 孙 震 李慧玲 胡相球 编著

中国建筑工业出版社

图书在版编目（CIP）数据

房地产开发企业会计全程指导／李桂君等编著.
—北京：中国建筑工业出版社，2017.9
（财务管理轻松学）
ISBN 978-7-112-21145-6

Ⅰ.①房… Ⅱ.①李… Ⅲ.①房地产企业-会计
Ⅳ.①F293.33

中国版本图书馆CIP数据核字（2017）第207301号

责任编辑：赵晓菲　张智芊
责任校对：焦　乐　李欣慰

财务管理轻松学
房地产开发企业会计全程指导
李桂君　孙　震　李慧玲　胡相球　编著

*

中国建筑工业出版社出版、发行（北京海淀三里河路9号）
各地新华书店、建筑书店经销
北京锋尚制版有限公司制版
北京君升印刷有限公司印刷

*

开本：787×1092毫米　1/16　印张：20¾　字数：382千字
2018年2月第一版　2018年2月第一次印刷
定价：50.00元
ISBN 978-7-112-21145-6
（30762）

版权所有　翻印必究
如有印装质量问题，可寄本社退换
（邮政编码　100037）

前　言

2006年以来,我国的会计行业出现了前所未有的变化,改革的步伐进一步加快。2006年2月,财政部颁布了一项基本准则和三十八项具体准则;2014年7月,又重新修订了长期股权投资及职工薪酬等五项具体准则和新增了公允价值计量等三项具体准则;2016年5月,全行业"营改增"正式实施;2017年5月,再次修订了第16号具体准则"政府补助"和新增了第42号具体准则"持有待售的非流动资产、处置组和终止经营"等。

而我国的房地产开发行业的兴起发展至今不到30年,在会计核算、税务处理等方面还有很多不规范和不成熟的地方,不少企业虽然实施了新的《企业会计准则》体系,但在具体执行过程中,也遇到了一些新情况、新问题。使得房地产企业会计陷入困惑之中。因此,针对新形势下,如何正确、规范地处理房地产开发中的会计核算及纳税问题,本书结合最新的企业会计准则和国家有关房地产的税收政策,进行了系统梳理和研究,编写了房地产开发财税人员的实用工具书,意在为广大房地产开发及其他相关行业企业会计提供一本具有借鉴意义和参考价值的实操丛书。

本书力求从实务出发,让实际操作人员有章可循,并照顾初涉房地产开发行业的企业财税人员的阅读习惯,按照房地产企业的开发业务流程,对账务核算进行了讲解,这使得本书更加符合房地产企业的会计核算的实际情况,突出了行业特色。同时结合最新的企业会计准则及2016年的营业税改征增值税的相关政策,体现了最新的会计账务处理方法。

根据房地产开发的具体流程,本书详细地讲解了获取土地阶段、开发建设阶段、竣工阶段、房地产销售阶段的成本费用核算、企业所得税的相关核算、增值税及土地增值税等相关税费的会计核算;同时对房地产开发企业涉及的投资性房地产、合作开发房地产、金融资产、负债等也进行了具体讲解。

本书由具有丰富房地产财务管理知识的人员和具有近20年实操经验的人员联合编写,在最大程度上体现了理论与实践的结合,期望能够给广大房地产企业的财务工作人员予以借鉴和参考。在编写本书的同时,借鉴了各位专家和学者的成果，这使得本书的内容更加完善和丰富。

本书不仅适合房地产开发企业高级管理人员、财务人员、税务人员、会计师事务所和税务师事务所从业人员使用，也可作为财税专业师生的参考教材。

本书由中央财经大学李桂君教授担任主编，负责拟定全书提纲并对全书进行了修改和总撰，中国建筑股份有限公司审计局副局长孙震担任副主编，具有资深财务工作的李慧玲、胡相球全面参与了本书的编写和修改。

由于作者水平有限，加之财税政策的不断变化，书中疏漏和不足之处恳请读者批评指正。

目 录

第一章 房地产开发企业会计概述

第一节 房地产开发企业业务概述 …………… 002
 一、房地产开发企业经营活动的主要业务…… 002
 二、房地产开发企业的经营特点…………… 003
 三、房地产业务形态分类…………………… 004

第二节 房地产开发企业会计概述 …………… 005
 一、房地产开发企业会计的一般对象………… 005
 二、房地产开发企业会计的具体对象………… 007
 三、房地产开发企业会计的特点……………… 009
 四、房地产开发企业会计科目设置…………… 011

第三节 房地产相关税收政策及主要税种、税率 …… 012
 一、房地产开发企业相关税收政策…………… 012
 二、房地产开发企业涉及的主要税种、税率… 012

第二章 企业设立阶段

第一节 企业设立阶段业务概述 ……………… 016
 一、房地产开发企业设立的基础知识………… 016
 二、房地产开发企业的经营资质……………… 016

第二节 企业设立阶段会计处理 ……………… 020
 一、房地产开发企业设立的出资方式………… 020
 二、开办费的核算……………………………… 021

第三节 企业设立阶段纳税处理 ……………… 023
 一、印花税……………………………………… 023
 二、契税………………………………………… 023
 三、税收的账务处理…………………………… 023
 四、开办费的税务规定………………………… 023

第三章 获取土地阶段	第一节	获取土地阶段业务概述	026
	第二节	获取土地阶段会计处理	027
		一、取得土地使用权的确认	027
		二、获取土地使用权的会计处理	027
	第三节	获取土地阶段纳税处理	029
		一、土地使用税	029
		二、耕地占用税	030
		三、契税	032
		四、印花税	032

第四章 开发建设阶段	第一节	开发成本概述	034
		一、开发产品成本的内容	034
		二、开发产品成本的项目	034
		三、开发产品成本费用核算的账务处理程序	036
	第二节	土地开发成本的核算	038
		一、房地产企业土地开发支出划分和归集的原则	038
		二、土地开发成本核算对象的确定和成本项目的设置	038
		三、土地开发成本的核算	040
		四、已完工开发成本的结转	041
	第三节	房屋开发成本的核算	043
		一、房屋开发的种类及核算对象	043
		二、房屋开发成本的核算	044
		三、房屋开发成本核算举例	048
		四、已完工房屋开发成本的结转	051
	第四节	基础设施、配套设施开发成本核算	052
		一、基础设施开发成本的核算	052
		二、未完配套设施成本的结转	052
		三、已完配套设施成本的结转	054
	第五节	开发间接费的核算	055
		一、开发间接费用的构成	055

		二、开发间接费用的归集与分配……………………055
	第六节	开发建设阶段纳税处理……………………………057
		一、印花税………………………………………………057
		二、代扣代缴涉税事项…………………………………057
		三、城镇土地使用税……………………………………058
		四、房产税………………………………………………059
	第七节	自营开发工程成本的核算…………………………060
		一、自营工程成本核算的对象和项目…………………060
		二、材料费的归集和分配………………………………061
		三、人工费的归集和分配………………………………066
		四、机械使用费的归集和分配…………………………070
		五、其他直接费的归集和分配…………………………072
		六、间接费用的归集和分配……………………………073
	第八节	发包开发工程及其价款结算的核算………………074
		一、工程价款结算的办法………………………………074
		二、应付工程款和预付备料款、工程款的核算………075
	第九节	代建工程开发成本的核算…………………………077
		一、代建工程的种类及其成本核算的对象……………077
		二、代建工程开发成本的核算…………………………077
第五章 预售、竣工及转让销售阶段	第一节	预售、竣工及转让销售阶段业务概述……………080
		一、土地使用权转让……………………………………080
		二、商品房销售…………………………………………081
		三、销售配套设施………………………………………082
		四、代建工程……………………………………………082
	第二节	营业收入及营业成本的核算………………………084
		一、房地产企业主营业务收入的核算…………………084
		二、房地产企业主营业务成本的核算…………………084
		三、房地产企业其他业务的核算………………………084
	第三节	期间费用的核算……………………………………089
		一、销售费用的核算……………………………………089
		二、管理费用的核算……………………………………089

　　　　　　　三、财务费用的核算 ··· 089
　　　第四节　预售、竣工及转让销售阶段纳税处理 ············ 091
　　　　　　　一、预售阶段 ··· 091
　　　　　　　二、竣工及转让销售阶段 ··· 096
　　　第五节　土地增值税清算 ·· 098
　　　　　　　一、土地增值税的清算程序 ····································· 098
　　　　　　　二、清算前的准备工作 ··· 098
　　　　　　　三、清算项目销售收入的计算 ································· 099
　　　　　　　四、扣除项目的计算 ··· 100

第六章　第一节　利润的构成 ·· 104
利润结转及分配　　　　一、营业利润 ··· 104
　　　　　　　二、利润总额 ··· 105
　　　　　　　三、净利润 ··· 105
　　　第二节　营业外收支的核算 ·· 108
　　　　　　　一、营业外收入 ·· 108
　　　　　　　二、营业外支出 ·· 109
　　　第三节　利润及利润分配的核算 ·· 111
　　　　　　　一、利润的核算 ·· 111
　　　　　　　二、利润分配的核算 ·· 111
　　　第四节　收入利润确认阶段纳税处理 ································ 114
　　　　　　　一、完工时的税务处理 ··· 114
　　　　　　　二、完工条件的判断 ··· 114
　　　　　　　三、年度申报时的注意事项 ····································· 115

第七章　第一节　投资性房地产的特征与范围 ······························ 118
投资性房地产　　　　一、投资性房地产的概念及特征 ····························· 118
　　　　　　　二、投资性房地产的范围 ··· 119
　　　　　　　三、不属于投资性房地产的项目 ····························· 120
　　　第二节　投资性房地产的账务处理 ···································· 122
　　　　　　　一、投资性房地产的确认和初始计量 ····················· 122
　　　　　　　二、投资性房地产的后续支出 ································· 123

	三、投资性房地产持有期间的核算……………123	
	四、投资性房地产的转换和处置……………125	
第三节	投资性房地产纳税处理………………………………129	

第八章 合作开发房地产	第一节	合作开发房地产业务概述………………………136
		一、合伙制联建……………136
		二、项目公司开发……………136
		三、房屋参建……………136
	第二节	合作开发房地产的会计核算………………………137
		一、合伙制联建的核算……………137
		二、项目公司开发的核算……………139
		三、房屋参建的核算……………143
	第三节	合作开发房地产纳税处理………………………146
		一、四个开发环节……………147
		二、十一种税费……………147
		三、两方纳税主体……………148

第九章 金融资产	第一节	金融资产概述………………………………150
	第二节	货币资金………………………………151
		一、库存现金……………151
		二、银行存款……………151
		三、其他货币资金……………151
		四、银行结算……………152
		五、外币业务……………152
	第三节	以公允价值计量且其变动计入当期损益的 金融资产………………………………153
	第四节	持有至到期投资………………………………157
		一、概述……………157
		二、持有至到期投资的会计处理……………157
	第五节	可供出售金融资产………………………………163
		一、概述……………163
		二、可供出售金融资产的会计处理……………163

	第六节	应收及预付款项 ················ 166
		一、应收票据 ················ 166
		二、应收账款 ················ 169
		三、预付账款 ················ 172
		四、其他应收款 ················ 174
第十章 长期股权投资及 合营安排	第一节	长期股权投资的确认和初始计量 ················ 176
		一、长期股权投资初始成本的确定 ················ 176
		二、长期股权投资初始成本的核算 ················ 177
	第二节	长期股权投资的后续计量 ················ 182
		一、成本法的核算 ················ 182
		二、权益法的核算 ················ 183
		三、长期股权投资减值的核算 ················ 185
		四、长期股权投资出售的核算 ················ 186
	第三节	长期股权投资核算方法的转换及处置 ················ 187
		一、长期股权投资核算方法的转换 ················ 187
		二、长期股权投资的处置 ················ 193
	第四节	合营安排 ················ 194
		一、共同经营 ················ 194
		二、合营企业 ················ 195
第十一章 负债	第一节	负债概述 ················ 198
		一、负债的概念及特征 ················ 198
		二、负债的分类 ················ 198
	第二节	流动负债的核算 ················ 199
		一、流动负债的概念及特点 ················ 199
		二、短期借款的核算 ················ 199
		三、应付票据的核算 ················ 200
		四、应付及预收款项的核算 ················ 201
		五、应付利息及应付股利的核算 ················ 202
		六、其他应付款的核算 ················ 203
	第三节	应付职工薪酬的核算 ················ 204

　　　　　一、职工薪酬的范围及分类·················· 204
　　　　　二、短期薪酬的确认与计量·················· 204
　　　　　三、离职后福利的确认与计量················ 205
　　　　　四、辞退福利的确认与计量·················· 206
　　　　　五、其他长期职工福利的确认与计量·········· 207
　　第四节　应交税费的核算························ **208**
　　　　　一、应交增值税···························· 208
　　　　　二、应交土地增值税························ 213
　　　　　三、应交城市维护建设税···················· 215
　　　　　四、应交房产税、土地使用税、车船使用税、
　　　　　　　印花税等······························ 216
　　　　　五、应交教育费附加、地方教育附加及矿产资源
　　　　　　　补偿费等······························ 217
　　第五节　非流动负债的核算······················ **218**
　　　　　一、非流动负债的概念及特点················ 218
　　　　　二、长期借款的核算························ 219
　　　　　三、应付债券的核算························ 222
　　　　　四、长期应付款的核算······················ 229

第十二章　第一节　所有者权益核算的基本要求················ 234
所有者权益　第二节　实收资本及其他权益工具················ 235
　　　　　一、实收资本的概述························ 235
　　　　　二、实收资本的核算························ 235
　　　　　三、其他权益工具确认与计量及会计处理······ 239
　　第三节　资本公积及其他综合收益················ **242**
　　　　　一、资本公积的概述························ 242
　　　　　二、资本公积的核算························ 243
　　　　　三、其他综合收益的确认与计量及会计处理···· 244
　　第四节　留存收益······························ **247**
　　　　　一、留存收益的组成及其用途················ 247
　　　　　二、留存收益的核算························ 248

第十三章 财务报告	第一节	财务报告概述 ·· **252**
		一、财务报告定义及其内容 ···················· 252
		二、财务报告的构成 ······························ 253
		三、财务报表编制的基本要求 ················ 254
		四、房地产企业财务报表的编制要求 ······ 255
	第二节	资产负债表 ·· **257**
		一、资产负债表概述 ······························ 257
		二、资产负债表的列报格式和列报方法 ········ 258
		三、资产负债表编制示例 ························ 260
	第三节	利润表 ·· **266**
		一、利润表概述 ······································ 266
		二、利润表的列报格式和列报方法 ············ 266
		三、利润表编制示例 ······························ 269
	第四节	现金流量表 ·· **272**
		一、现金流量表概述 ······························ 272
		二、现金流量表的编制基础 ···················· 273
		三、现金流量表的编制方法及程序 ············ 273
		四、现金流量表的编制 ···························· 274
		五、现金流量表补充资料的编制 ·············· 277
		六、影响企业现金流量其他重要信息的披露 ·· 280
		七、现金流量表编制示例 ························ 280
	第五节	所有者权益变动表 ································ **287**
		一、所有者权益变动表概述 ···················· 287
		二、所有者权益变动表的列报格式和列报方法 ·· 287
		三、所有者权益变动表编制示例 ·············· 289
	第六节	成本报表 ·· **292**
		一、成本报表概述 ·································· 292
		二、成本报表的编制要求 ························ 293

附录 房地产开发企业会计科目设置及相关税收政策	附录1 房地产开发企业会计科目设置	296
	附录2 房地产开发企业相关税收政策	308

参考文献

第一章

房地产开发企业 会计概述

第一节

房地产开发企业业务概述

房地产开发企业是按照城市建设总体规划,对城市土地和房屋进行综合开发,将开发完成的土地、房屋及配套设施等作价出售,实行自主经营、独立核算、自负盈亏,具有独立法人资格的经济实体。主要从事房地产开发和经营管理,既是房地产产品的生产者,又是房地产商品的经营者。

一、房地产开发企业经营活动的主要业务

房地产开发企业的开发经营业务大致有以下四个方面。

(一)土地的开发和建设

土地是城市建设和房地产开发的前提和必要条件。房地产开发企业在有偿获得土地使用权后对其进行开发,待其完工后,以有偿转让方式转让给其他企业使用,或者自行组织商品化住宅和基础设施的建设,并作为商品进行出售,也可以从事土地租赁业务。

(二)房屋的开发和经营

房地产开发企业在开发完工的土地上,自行建设房屋,待建成后作为商品销售。房地产开发企业开发和经营的房屋,按照用途可分为商品房、周转房、安置房、经营房和代建房等。商品房是指企业为销售而开发建设的房屋。周转房是指企业用于安置动迁居民周转使用的、产权归企业所有的各种房屋。安置房是指企业为安置拆迁居民而开发的房屋。经营房是指企业开发建成后用于出租或经营的各种房屋。代建房是指受政府或其他单位的委托而开发建设的房屋。

(三)城市基础设施和公共配套设施的开发建设

城市基础设施和公共配套设施的开发建设,是指企业根据城市建设总体规划、近期需要及长远的发展,制定开发小区内具体规划,负责市政、公用、动

力、通信等项目的开发建设。这方面的业务具有复杂性的特点，应遵守各部门相互协调、配合、同步和综合的要求。

（四）代建工程的开发

它是指企业接受政府或其他单位委托代为开发的工程。其主要包括：房屋建设工程，道路铺设工程，供热、供气、供水管道以及其他公用设施等的建设。

二、房地产开发企业的经营特点

（一）开发经营活动的计划性

房地产开发企业征用的土地、建设的房屋、基础设施及其他设施都应严格控制在计划范围之内，按照规划、征地、设计、施工、配套和管理"六统一"原则和企业的建设计划、销售计划进行开发和经营。

（二）开发产品单件性和位置的固定性

1. 开发产品的单件性

土地是一种自然资源，每块土地因其所在地的地质、人文和气候等自然条件不同、土地用途不同，其开发过程也各不相同。房屋都有其独特的形式和结构，需要单独设计图纸。即便采用相同的标准设计，也会由于建造地点的地形、地质、水文和气候条件的不同和人文风俗习惯等社会条件的不同，使其开发过程出现较大的差别。因此房地产开发企业必须以每块土地和每栋房屋的条件单独组织设计、开发和经营。

2. 开发产品位置的固定性

土地和房屋均属于不动产，由于土地是无法移动的，房屋依地而建，固定在土地上，所以其位置也是难以移动的，由此导致房地产开发企业对任何一块土地、一栋房屋只能采取就地开发和利用。

3. 开发经营业务的复杂性

房地产开发企业除了开发土地和房屋外，还需要建设与之相应的基础设施和公共配套设施。其经营业务涵盖了征地、拆迁、勘测、设计、施工、销售到售后服务，相当复杂。

4. 投入资金多，开发建设周期长

一个房地产开发项目往往要投入数千万元，乃至上亿元的巨额资金。其开发项目从规划设计开始，需经过可行性研究，并完成征地拆迁、安置补偿、七通一平、建筑安装、配套工程、绿化环卫工程等多个开发阶段，因此其开发建设周期长，通常在一年以上，甚至是几年、十几年。

5. 经营风险大

由于房地产开发项目投入资金多，往往负债率高，开发建设周期长，不确定因素多，如国家或地区政治、经济形势的变化，产业政策的调整等。一旦决策失误，发生销路不畅，容易造成开发产品积压，或者由于经营管理不善、融资渠道受阻等问题，使企业资金周转失灵，导致企业陷入困境，因此经营风险大。

三、房地产业务形态分类

房地产业务形态可以从两个角度进行划分。

第一个角度是从经营内容和经营方式的角度划分，房地产企业主要可以划分为房地产开发企业、房地产中介服务企业和物业管理企业等。

房地产开发企业是以营利为目的，从事房地产开发和经营的企业。主要业务范围包括城镇土地开发、房屋营造、基础设施建设，以及房地产营销等经营活动。这类企业又称为房地产开发经营企业。

房地产中介服务企业包括房地产咨询企业、房地产价格评估企业、房地产经纪企业等。

物业管理企业指以住宅小区、商业楼宇、大中型企事业单位等大型物业管理为核心的经营服务型企业。这类企业的业务范围包括售后或租赁物业的维修保养、住宅小区的清洁绿化、治安保卫、房屋租赁、居室装修、商业服务、搬家服务，以及其他经营服务等。

第二个角度是从经营范围的广度划分，房地产企业可以划分为房地产综合企业、房地产专营企业和房地产项目企业。

房地产综合企业是指综合从事房地产开发、经营、管理和服务的企业。

房地产专营企业是指长期专门从事如房地产开发、租售、中介服务，以及物业管理等某一方面经营业务的企业。

房地产项目企业是指针对某一特定房地产开发项目而设立的企业。许多合资经营和合作经营的房地产开发公司即属于这种类型。项目企业是在项目可行并确立的基础上设立的，其生命期从项目开始，当项目结束时企业终了，这种组织形式便于进行经营核算，是房地产开发企业常用的一种形式。

第二节

房地产开发企业会计概述

房地产开发企业会计是指以货币作为主要计量单位,对房地产开发企业的经济活动,通过收集、加工,提供以会计信息为主的经济信息,并为取得最佳经济效益,对经济活动进行控制和分析的一种经济管理活动。

房地产开发企业会计具有会计核算和会计监督两大基本职能。房地产开发企业会计的核算职能即反映职能,是指将房地产开发企业已经发生的个别的、大量的经济业务,通过确认、计量、记录、汇总和报告,转化为全面、连续、系统的会计信息,以反映房地产开发企业经济活动的全过程及结果。

房地产开发企业会计的监督职能即控制职能,是指控制并规范房地产开发企业经济活动的运行,使其达到预定的目标。会计机构、会计人员要监督企业的经济活动是否符合国家的财经政策和财经纪律;监督会计核算反映的会计信息是否真实完整;监督经济活动是否按照事先确定的财务目标和编制的各项预算运行;及时反馈脱离预算的偏差,并及时采取措施,予以调整。

一、房地产开发企业会计的一般对象

房地产开发企业会计的对象是指房地产开发企业会计所要核算和监督的内容。房地产开发企业会计的对象取决于房地产开发企业的经济活动的内容及特点,并受到会计职能的制约。如前所述,房地产开发企业的主要经济活动是从事房地产开发、经营、管理和服务,会计的基本职能是核算和监督,所以,房地产开发企业会计的对象则是房地产开发企业的各项开发、经营、管理和服务过程中能够用货币表现的经济活动,也就是房地产开发企业再生产过程中的资金运动。

房地产开发企业的资金运动过程,是指房地产开发企业将筹措的资金从货币形态转化为其他形态,通过销售,又回到货币形态的不断循环过程。从投资运动的全过程看,房地产开发企业投资必然按其内在的时序,依次通过资金筹集阶段、投资分配阶段、投资实施阶段、投资回收与增值阶段等四个首尾相接、环环相扣的阶段。这些阶段,前一阶段为下个阶段创造条件,而下个阶段必须在前一阶段的基础上进行。房地产开发企业投资只有依次经过这四个阶段，才能完成一次周转，形成一个完整的运动周期。之后，又开始一个新的循环，从而形成周而复始、川流不息的动态过程，如图1-1所示。

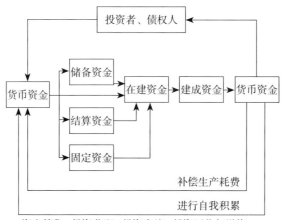

图1-1 房地产开发企业投资运动过程

在这个循环往复的运动过程中，房地产开发企业投资实现了价值的增值，房地产开发企业也得以生存和可持续发展。只有了解房地产开发企业资金运动过程，并依照其内在时序行事，才能使资金运动各阶段有条不紊地进行，避免不必要的损失和浪费。

房地产开发企业要从事房地产开发、经营、管理和服务活动，首先必须拥有一定数量的资金，用于购进材料、设备、工具器具，或保持货币形态以备支用等，我们将这些资金占用项目统称为资产。企业拥有的资产主要来自两个方面：一是向债权人借入的部分；二是所有者投入的部分。人们习惯上称前者为负债，称后者为所有者权益。在房地产开发、经营、管理和服务过程中，要消耗各种材料，机器设备要发生磨损，要支付职工的工资及各项行政管理费用、财务费用等，我们称这些耗费为成本费用。同时，房地产开发、经营、管理和服务活动也取得相应的收入，如土地转让收入、商品房销售收入、配套设施销售收入、代建工程结算收入和出租房租金收入等。收入与成本费用之间的差额，就是房地产开发企业运用资金取得的增值额，被称为利润。此外，房地产开发企业在经营、管理、服务活动过程中，还会与其他单位或个人产生应收、应付、预收、预付款项，要向国家缴纳税费，进行利润分配等。上述资金运动的内容，也就是房地产开发企业会计核算和监督的内容，即会计对象。

二、房地产开发企业会计的具体对象

资金运动作为会计的对象，只是对房地产开发企业会计对象的一般的、抽象的描述。为了便于对资金运动进行确认、计量、记录和报告，有必要对会计对象按照其经济特征进行分类，即将会计对象具体化，这就是会计要素。资产是资金的占用形态，负债和所有者权益是与资产相对应的取得途径，它们是从静态上表示企业财务状况的会计要素；而收入、费用、利润则是资金运用的成果，即为取得成果的耗费和形成的净成果，所以是从动态上表示企业生产经营成果的会计要素。

（一）资产

资产是指过去的交易、事项形成并由企业拥有或者控制的资源，该资源预期会给企业带来经济利益。资产是房地产开发企业经营的物质基础和前提条件。资产按其流动性可分为流动资产、长期投资、固定资产、无形资产、投资性房地产和其他资产。

流动资产是指可以在1年或者超过1年的一个营业周期内变现或耗用的资产，主要包括库存现金、银行存款、交易性金融资产、应收及预付款项、存货等。

长期投资是指除交易性金融资产，包括持有时间准备超过1年（不含1年）的各种股权性投资、不能变现或不准备随时变现的债券、长期债权投资和其他长期投资。

固定资产是指企业使用期限超过1年的房屋、建筑物、机器、机械、运输工具，以及其他与生产和经营有关的设备、器具、工具等。

无形资产是指企业为生产商品或者提供劳务、出租给他人，或为管理目的而持有的、没有实物形态的非货币长期资产，包括专利权、商标权、著作权、土地使用权、商誉等。

投资性房地产，是指为赚取租金或资本增值，或两者兼有而持有的房地产。主要包括已出租的土地使用权、持有并准备增值后转让的土地使用权和已出租的建筑物。投资性房地产应当能够单独计量和出售。

其他资产是指除上述资产以外的其他资产，如长期待摊费用等。

（二）负债

负债是指过去的交易或事项形成的现时义务，履行该义务预期会导致经济利益流出企业。负债按其流动性分为流动负债和长期负债。

流动负债是指将在1年（含1年）或者超过1年的一个营业周期内偿还的债务，包括短期借款、应付票据、应付及预收款项、应付职工薪酬、应付股利、应付利息、应交税费、其他暂收款项和1年内到期的长期借款等。

长期负债是指偿还期在1年或者超过1年的一个营业周期以上的负债，包括长期借款、应付债券、长期应付款等。

（三）所有者权益

所有者权益是指企业资产扣除负债后由所有者享有的剩余权益，其金额为资产减去负债后的余额。所有者权益包括所有者投入的资本、直接计入所有者权益的利得和损失、留存收益。

直接计入所有者权益的利得和损失，是指不应计入当期损益、会导致直接计入所有者权益发生增减变化的、与所有者投入资本或者向所有者分配利润无关的利得或者损失。

利得是指由企业非日常活动所形成的、会导致所有者权益增加的、与所有者投入资本无关的经济利益的流入。

损失指由企业非日常活动所发生的、会导致所有者权益减少的、与所有者分配利润无关的经济利益的流出。

以上三项要素在任何时点上都表现为以下的平衡关系：

$$资产=负债+所有者权益$$

这种平衡关系在会计上称为"会计恒等式"或"会计方程式"，是复式记账、试算平衡、编制资产负债表等的理论依据。

（四）收入

收入是指企业在销售商品、提供劳务及让渡资产使用权等日常活动中所形成的经济利益的总流入。收入有广义和狭义之分。广义的收入是指引起企业净资产增加的所有收入，包括经营性收入和非经营性收入。经营性收入包括营业收入和投资收益；非经营性收入又称营业外收入，包括罚款收入、固定资产转让净收益等。狭义的收入仅指营业收入。2006年2月15日财政部颁布的《企业会计准则》所界定的收入是狭义的收入，主要包括主营业务收入和其他业务收入。

（五）费用

费用是指企业为销售商品、提供劳务等日常活动所发生的经济利益的流出。

费用也有广义和狭义之分。广义的费用是指为取得广义的收入而发生的耗费，既包括营业成本、期间费用，也包括投资损失和营业外支出；狭义的费用仅指取得营业收入而发生的耗费，包括为生产产品和提供劳务等发生的直接材料、直接人工等直接费用，以及行政管理部门为组织和管理生产经营活动而发生的不计入产品成本的销售费用、管理费用和财务费用。

（六）利润

利润是指企业在一定会计期间的经营成果。利润包括收入减去费用后的净额、直接计入当期利润的利得和损失等。直接计入当期利润的利得和损失，是指应计入当期损益、会导致所有者权益发生增减变化的、与所有者投入资本或者向所有者分配利润无关的利得或者损失。利润金额取决于收入和费用、直接计入当期利润的利得和损失金额的计量。

上述三项要素在一定期间内呈如下数量关系：

$$收入 - 费用 = 利润$$

该公式是企业计算确定经营成果，设计和编制利润表的理论依据。

三、房地产开发企业会计的特点

房地产开发跨越生产和流通两个领域，其活动内容涉及规划设计、征地拆迁、土地开发、各类房屋建造、工程验收、经营销售、交付使用、售后管理和维修服务等。房地产开企业的产品是地产或房产，产品开发周期长，生产经营方式多样，投资主体复杂，与一般企业的生产经营有很大不同。与此相适应，房地产开发企业会计与其他企业会计相比较，具有以下几方面的特点：

（一）资金筹集渠道的多源性

房地产开发企业开发经营所需资金，主要是通过其自行筹集取得的。集资开发是我国房地产开发的一个显著特点。开发企业筹资的形式与渠道主要有：

（1）预收购房订金或预收建设资金；

（2）预收代建工程款；

（3）土地开发及商品房贷款；

（4）发行企业债券；

（5）与其他单位联合开发，吸收其他单位投资；

（6）发行股票，筹集股本。

围绕筹资而发生的经济业务的会计核算构成开发企业会计核算的重要内容和重要特色。

（二）资金占用形态的多元性

开发企业的开发经营业务内容极为广泛，既有建设场地的开发，又有房屋的建设，还有基础设施、配套设施以及市政工程等项目的开发建设，有的企业还开展商业用房的出租或经营业务以及商品房售后服务等。因此，开发企业的资金在由货币资金转化为成品资金的过程中，不仅表现为货币资金—储备资金—在建资金（在产品资金）—成品资金依次直线运动，而且还具有多向平行运动的特点，即在储备资金（或结算资金）—在建资金—成品资金这两个阶段中，资金表现为多向平行运动，从而使开发经营资金在生产领域表现为多种不同的存在形态，即具有多元性。

（三）结算业务的频繁性和由此引起的财务关系的复杂性

在开发经营过程中，开发企业将与周边很多单位发生经济往来关系，不仅包括材料物资供应单位、建筑产品购买单位，而且还包括勘察设计单位、施工企业、委托建房单位、房屋承租单位等。加之企业间的购销业务大量采用预收预付结算方法，开发企业因经济业务往来而引起的资金结算关系极为复杂。在与材料物资供应单位发生的购销业务中，首先要交订金或预付一部分货款，待材料物资发出时再办理应付货款的结算；在与施工企业的承包往来中，大量采用的办法是预付备料款或工程款，然后再根据工程进度结算应付的工程进度款；在与购房单位或委托单位发生的房屋销售、转让或代建往来业务中，也是采用先预收购房订金或代建工程款，待房屋或工程移交时，再结算房屋或工程款的方式，由此引起的企业与各方之间的财务关系和债权债务关系及相应的会计核算既重要又复杂。

（四）核算周期具有长期性

开发企业的生产周期一般都较长，一个开发项目从勘察设计、征地拆迁到房屋建造、经营销售、交付使用直至售后服务及房屋维修，往往要跨年度（一个、两个甚至几个年度）进行。这一特点决定了开发企业会计核算周期较长，因而在核算上要特别注意按照权责发生制原则和配比原则处理好固定资产折旧和期间费用之间的关系，以保证各期损益计算的正确性。

四、房地产开发企业会计科目设置

为了对房地产企业的经营活动进行会计核算，必须要设置相应的会计科目。会计科目是对会计要素进行分类所形成的具体项目，是设置会计账户的依据。

会计科目按其提供会计信息的详细程度不同，可分为总分类科目和明细分类科目。根据财政部《企业会计准则—应用指南》的统一规定，并根据房地产开发企业的经营特点和会计核算的需要，房地产开发企业可根据实际需要设置相关总分类会计科目及其明细子科目（具体见"附录1房地产开发企业会计科目设置"）。

根据附录1，房地产开发企业在保证会计科目设置统一性的前提下，可以根据具体情况和核算的要求对统一规定的会计科目作必要的增设或合并。附录1列示的房地产开发企业会计科目，其中大部分都是各个行业通用的会计科目，使用这些会计科目能够保证在会计科目设置上的统一性，只有"开发成本"、"开发间接费用"和"开发产品"等个别会计科目属于房地产开发企业专用的会计科目。

房地产开发企业的会计科目分资产类、负债类、所有者权益类、成本类、损益类五大类。在资产类会计科目中，"开发产品"、"周转房"是房地产开发企业特别设置的会计科目；在成本类会计科目中，"开发成本"、"开发间接费用"是房地产开发企业特有的会计科目，是用于进行房地产企业成本核算的科目；其他则属于各个行业通用的会计科目。

在设置总分类会计科目的基础上，房地产开发企业还需要根据会计核算和提供信息指标的要求，设置明细分类科目。如房地产开发企业在"应交税费"总分类科目下可设置"应交增值税"、"应交城市维护建设税"、"应交教育费附加"、"应交地方教育附加"、"应交土地增值税"、"应交企业所得税"等二级明细分类科目，以对应交税费的不同税种分别进行核算和反映。

第三节

房地产相关税收政策及主要税种、税率

一、房地产开发企业相关税收政策

房地产开发企业相关税收政策本节不作详细叙述，内容详见"附录2房地产开发企业相关税收政策"。

二、房地产开发企业涉及的主要税种、税率

目前，我国房地产开发企业涉及的应纳税种较多，主要有增值税、城建税、教育费附加、房产税、城镇土地使用税、耕地占用税、印花税、契税、土地增值税、个人所得税和企业所得税等，房地产开发企业开发经营各阶段应纳税种及税率见表1-1。

开发经营各阶段应纳税种及税率表　　　　表1-1

环节		涉及的主要税费
企业设立阶段	印花税	1. 权利、许可证照。包括工商营业执照、房屋产权证、土地使用证，按件贴花5元
		2. 财务账簿。记载资金的账簿，按实收资本和资本公积合计金额的0.5‰贴花，其他账簿按件贴花5元
		3. 产权转移书据。包括土地使用权转让合同、土地使用权出让合同等，按所载金额的0.5‰贴花
	契税	1. 接受土地使用权等不动产出资。按照土地使用权出让、土地使用权出售、房屋买卖成交价格的3%~5%缴纳契税
		2. 以自有房产投入本人独资经营的企业，免交契税
	耕地占用税	取得土地使用权符合耕地占用条件的，按照时间占用耕地面积和适用税率一次性缴纳。不符合耕地占用条件的不用缴纳
	土地使用税	从取得红线图次月起，按实际占用的土地面积和定额税率计算缴纳

续表

环节	涉及的主要税费	
开发建设阶段	印花税	签订的各类合同，按规定税率（0.05‰~1‰）计算贴花
转让阶段	增值税	简易计税法按5%征收率；一般纳税人11%税率
	城建税	按增值税的7%、5%或1%缴纳
	教育费附加	按增值税的3%缴纳
	地方教育费附加	按增值税的2%缴纳
	印花税	签订的各类合同，按规定税率（0.05‰~1‰）计算贴花
	土地增值税	土地增值税在取得收入时或预售款时预缴按收入的0.5%~4%预缴具体税率由所在税务局定，一般是按预收款及收入的1%预缴。房屋售完后清算，多退少补。增值率不超过20%免征土地增值税
	企业所得税	25%
房屋持有阶段	土地使用税	按实际占用的土地面积和定额税率计算缴纳
	房产税	自用房屋，按房产计税余值1.2%计算缴纳；出租房产，按租金收入12%缴纳

第二章

企业设立阶段

第一节

企业设立阶段业务概述

一、房地产开发企业设立的基础知识

根据工商部门和建设管理部门的要求,只有依据《中华人民共和国公司法》设立房地产开发公司并完善有关手续后,方可正常开展业务。

房地产开发企业又分为内资房地产企业和外商投资房地产开发企业。内资从事房地产开发是先成立公司,办理所有手续之后即可拿地经营开发;外商投资房地产则需要先取得开发房地产的土地之后,再办理成立公司的所有手续。与内资房地产开发企业相比,需多办理外汇登记证(目前外汇管理局仅发放IC卡,在开户银行外汇账户系统内控制管理)和由商务部批准的批准证书,除此之外,其他条件和内资企业相同。

工商局要求:房地产开发公司注册资金根据资质级别不同有所区别。先办理工商执照,后办理资质审批、税务登记证、组织机构代码证(除资质审批,五证合一后只需办理法人营业执照即可,但税务等相关部门应根据有关规定备案登记)。

建设管理部门要求:房地产开发企业应当按照申请核定企业资质等级。未取得房地产开发资质等级证书(以下简称资质证书)的企业,不得从事房地产开发经营业务。

二、房地产开发企业的经营资质

(一)《房地产开发企业资质管理规定》(以下简称《规定》)的相关规定:

第五条 房地产开发企业按照企业条件分为一、二、三、四级资质等级。各资质等级企业的条件如下:

(1)一级资质

1)注册资本不低于5 000万元;

2)从事房地产开发经营5年以上;

3）近3年房屋建筑面积累计竣工30万m^2以上，或者累计完成与此相当的房地产开发投资额；

4）连续5年建筑工程质量合格率达100%；

5）上一年房屋建筑施工面积15万m^2以上，或者完成与此相当的房地产开发投资额；

6）有职称的建筑、结构、财务、房地产及有关经济类的专业管理人员不少于40人，其中，具有中级以上职称的管理人员不少于20人，持有资格证书的专职会计人员不少于4人；

7）工程技术、财务、统计等业务负责人具有相应专业中级以上职称；

8）具有完善的质量保证体系，商品住宅销售中实行了《住宅质量保证书》和《住宅使用说明书》制度；

9）未发生过重大工程质量事故。

（2）二级资质

1）注册资本不低于2 000万元；

2）从事房地产开发经营3年以上；

3）近3年房屋建筑面积累计竣工15万m^2以上，或者累计完成与此相当的房地产开发投资额；

4）连续3年建筑工程质量合格率达100%；

5）上一年房屋建筑施工面积10万m^2以上，或者完成与此相当的房地产开发投资额；

6）有职称的建筑、结构、财务、房地产及有关经济类的专业管理人员不少于20人，其中，具有中级以上职称的管理人员不少于10人，持有资格证书的专职会计人员不少于3人；

7）工程技术、财务、统计等业务负责人具有相应专业中级以上职称；

8）具有完善的质量保证体系，商品住宅销售中实行了《住宅质量保证书》和《住宅使用说明书》制度；

9）未发生过重大工程质量事故。

（3）三级资质

1）注册资本不低于800万元；

2）从事房地产开发经营2年以上；

3）房屋建筑面积累计竣工5万m^2以上，或者累计完成与此相当的房地产开发投资额；

4）连续2年建筑工程质量合格率达100%；

5）有职称的建筑、结构、财务、房地产及有关经济类的专业管理人员不少于10人，其中，具有中级以上职称的管理人员不少于5人，持有资格证书的专职会计人员不少于2人；

6）工程技术、财务等业务负责人具有相应专业中级以上职称，统计等其他业务负责人具有相应专业初级以上职称；

7）具有完善的质量保证体系，在商品住宅销售中实行了《住宅质量保证书》和《住宅使用说明书》制度；

8）未发生过重大工程质量事故。

（4）四级资质

1）注册资本不低于500万元；

2）从事房地产开发经营1年以上；

3）已竣工的建筑工程质量合格率达100%；

4）有职称的建筑、结构、财务、房地产及有关经济类的专业管理人员不少于5人，持有资格证书的专职会计人员不少于2人；

5）工程技术负责人具有相应专业中级以上职称，财务负责人具有相应专业初级以上职称，配有专业统计人员；

6）商品住宅销售中实行了《住宅质量保证书》和《住宅使用说明书》制度；

7）未发生过重大工程质量事故。

第六条 新设立的房地产开发企业应当自领取营业执照之日起30日内，持下列文件到房地产开发主管部门备案：

（1）营业执照复印件；

（2）企业章程；

（3）验资证明；

（4）企业法定代表人的身份证明；

（5）专业技术人员的资格证书和劳动合同；

（6）房地产开发主管部门认为需要出示的其他文件。房地产开发主管部门应当在收到备案申请后30日内向符合条件的企业核发《暂定资质证书》。

《暂定资质证书》有效期为1年。房地产开发主管部门可以视企业经营情况延长《暂定资质证书》的有效期，但延长期限不得超过2年。自领取《暂定资质证书》之日起1年内无开发项目的，《暂定资质证书》有效期不得延长。

第七条 房地产开发企业应当在《暂定资质证书》有效期届满前1个月内向

房地产开发主管部门申请核定资质等级。房地产开发主管部门应当根据其开发经营业绩核定相应的资质等级。

第八条 申请《暂定资质证书》的条件不得低于四级资质企业的条件。

第九条 临时聘用或者兼职的管理、技术人员不得计入企业管理、技术人员总数。

第十条 申请核发资质等级的房地产开发企业，应当提交下列证明文件：

（1）企业资质等级申报表；

（2）房地产开发企业资质证书（正、副本）；

（3）企业资产负债表和验资报告；

（4）企业法定代表人和经济、技术、财务负责人的职称证件；

（5）已开发经营项目的有关证明材料；

（6）房地产开发项目手册及《住宅质量保证书》、《住宅使用说明书》执行情况报告；

（7）其他有关文件、证明。

（二）《中华人民共和国公司法》的相关规定

依据公司法的要求，设立房地产开发公司应符合以下规定：

（1）设立有限责任公司符合股东法定人数：有限责任公司由50个以下股东出资设立。

（2）第二十六条规定：有限责任公司的注册资本为在公司登记机关登记的全体股东认缴的出资额。法律、行政法规以及国务院决定对有限责任公司注册资本实缴、注册资本最低限额另有规定的，从其规定。

（3）第二十七条规定：股东可以用货币出资，也可以用实物、知识产权、土地使用权等可以用货币估价并可以依法转让的非货币财产作价出资；但是，法律、行政法规规定不得作为出资的财产除外。

对作为出资的非货币财产应当评估作价，核实财产，不得高估或者低估作价。法律、行政法规对评估作价有规定的，从其规定。

（4）第三十五条规定：公司成立后，股东不得抽逃出资。

第二节 企业设立阶段会计处理

一、房地产开发企业设立的出资方式

（一）投资者以货币出资

房地产开发企业增加注册资本，应在投资者将货币存入公司在银行开设的账户时，依据银行加盖受理章的现金缴款单或者银行进账单回单的金额，借记"银行存款"科目；按投资者在注册资本或股本中所占份额，贷记"实收资本"或"股本"科目，按其差额，贷记"资本公积—资本溢价"或"资本公积—股本溢价"科目。

（二）投资者以非货币财产出资

很多情况下，投资者也可以非货币的形式出资，具体见表2-1。

非货币财产出资的相关规定　　　　　　　表2-1

《公司法规定》	非货币资产投资		
	接受投资人固定资产	接受实物投资	接受无形资产投资
股东可以用货币出资，也可以用实物、知识产权、土地使用权等可以用货币估价并可以依法转让的非货币财产作价出资；但是，法律、行政法规规定不得作为出资的财产除外。对作为出资的非货币财产应当评估作价，核实财产，不得高估或者低估作价。法律、行政法规对评估作价另有规定的，从其规定	接受投资者作价投入的房屋、建筑物、机器设备等固定资产，应按投资合同或协议约定价值确定固定资产价值（投资合同或协议约定价值不公允的除外）	企业在接受股东或国家的原材料等实物投资时，应对这些实物的价值进行评估，按投资各方确认的价值作为入账价值	对投资人投入的各种无形资产如专利权、著作权、商标权、土地使用权、非专利技术等，一般情况下应以投资各方确认的价值作为入账价值

企业接受股东或者发起人以非货币财产投资时，应当在投资人依法办理财产转移手续后，依照财产移交清册，借记"固定资产"、"无形资产"、"长期股权投资"等科目，贷记"实收资本"或"股本"科目，按其差额，贷记"资本公积—资本溢价"或"资本公积—股本溢价"科目。

（三）以债权出资

以债务转为资本方式进行债务重组的，应分以下情况处理：债务人为股份有限公司时，债务人应将债权人因放弃债权而享有股份的面值总额确认为股本，债务人若是其他企业，则确认为实收资本；股份的公允价值总额与股本之间的差额确认为资本公积。重组债务的账面价值与股份的公允价值总额之间的差额确认为债务重组利得，计入当期损益。

二、开办费的核算

（一）开办费的定义

开办费是指企业在筹建期间实际发生的费用，包括筹办人员的职工薪酬、办公费、培训费、差旅费、印刷费、注册登记费以及不计入固定资产价值的借款费用等。筹建期间是指从企业被批准筹建之日起至开业之日，即企业取得营业执照上标明的设立日期。依据是：2003年11月18日国家税务总局《关于新办企业所得税优惠执行口径的批复》（国税函［2003］1239号）的相关规定。

（二）开办费的开支范围

根据相关规定，我们将开办费的开支范围进行了归纳，一般来说分为允许计入开办费的支出和不能计入开办费的支出。

1. 允许计入开办费的支出
（1）筹建人员的费用：
1）筹建人员的职工薪酬：具体包括筹办人员的工资薪金、福利费，以及应交纳的各种社会保险、住房公积金等。
2）差旅费：包括市内交通费和外埠差旅费。
3）董事会费和联合委员会费。
（2）企业登记、公证的费用：
主要包括企业的工商登记费、验资费、评估费、税务登记费、公证费等。

（3）筹措资本的费用：

主要指筹资支付的手续费以及不计入固定资产和无形资产的汇兑损益和利息等。

（4）人员培训费：

主要有以下两种情况：

1）进设备和技术需要消化吸收，及选派一些职工在筹建期间外出进修学习的费用。

2）聘请专家进行技术指导和培训的劳务费及相关费用。

（5）企业资产的摊销、报废和毁损。

（6）其他费用：

1）建期间发生的办公费、广告费、业务招待费等。

2）印花税、车船税等。

3）投资人确认由企业负担的进行可行性研究所发生的费用。

4）其他与筹建有关的费用，例如资讯调查费、诉讼费、文件印刷费、通信费以及庆典礼品费等支出。

2. 不能计入开办费的支出

（1）取得各项资产所发生的费用。

包括购建固定资产和无形资产所支付的运输费、安装费、保险费和购建时发生的职工薪酬。

（2）规定应由投资各方负担的费用。

如投资各方为筹建企业进行调查和洽谈发生的差旅费、咨询费、招待费等支出。

（3）为培训职工而购建的固定资产、无形资产等支出。

（4）投资方因投入资本自行筹措款项所支付的利息，不计入开办费，应由出资方自行负担。

（5）以外币现金存入银行而支付的手续费。该费用应由投资者负担。

开办费在实际发生时，依据相关原始凭证，借记"管理费用—开办费"，贷记"银行存款"等科目。

第三节

企业设立阶段纳税处理

房地产企业设立阶段涉及的税种主要有印花税和契税等。

一、印花税

（1）营业账簿（记载资金的账簿）按照实收资本和资本公积合计金额的0.05%在账簿启用时贴花；其他账簿在启用时按件贴花，每件5元。

（2）权利许可证照：房产证、土地证、营业执照，每件5元。

（3）土地使用权合同：对于以土地使用权投资入股的，公司以土地使用权转让合同按产权转移数据征收印花税，按照合同记载金额的0.05%贴花。

二、契税

在房地产企业设立阶段，如果接受出资人以土地使用权等不动产出资的，接受出资的单位应按照成交价格的3%~5%缴纳契税。

三、税收的账务处理

房地产企业发生的印花税和契税，一般不通过"应缴税费"科目进行核算，印花税在实际缴纳时直接进入"税金及附加"，契税发生时依据取得土地使用权的用途计入不同的会计科目。

四、开办费的税务规定

《企业所得税法》第十三条规定：在计算应纳税所得额时，企业发生的下列支出，作为长期待摊费用，按照规定摊销的，准予扣除：

（1）已足额提取折旧的固定资产的改建支出；

（2）租入固定资产的改建支出；

（3）固定资产的大修理支出；

（4）其他应当作为长期待摊费用的支出。

新准则下开办费是在"管理费用"科目核算,且直接计入当期损益的;而新税法下对于开办费的税务处理与新会计准则一致,即企业当期一次性税前扣除开办费。因此,在"开办费"的会计处理与税务处理不再分离,二者协调一致了。以后在开办费方面不存在会计与税务的差异,当然也不存在纳税调整了。

第三章

获取土地阶段

第一节

获取土地阶段业务概述

房地产企业获取土地使用权的方式一般有：接受土地使用权出让、接受土地使用权转让、投资者投入的土地使用权以及其他方式。

（1）通过出让方式取得土地使用权的入账价值通常是土地出让金加上相关税费，相关税费是指涉及的契税、印花税及耕地占用税等。我们把房地产公司通过"招拍挂"从政府购买的土地，叫做从一级市场获取土地。

（2）通过土地使用权转让取得的土地使用权的成本，包括购买价款、其他行政事业性收费和其他税费。也就是从其他公司购买的土地。

（3）投资者投入的土地使用权，应当以投资合同或协议约定的价值作为成本，但合同或协议约定价值不公允的除外。

第二节

获取土地阶段会计处理

一、取得土地使用权的确认

房地产开发企业取得土地使用权的方式一般有出让取得的土地使用权、转让取得的土地使用权、投资者投入的土地使用权以及其他方式,房地产开发企业较少有无偿划拨取得土地使用权的情况。取得土地使用权的入账问题见表3-1。

不同方式下取得土地使用权的入账价值　　　表3-1

取得方式	入账价值的确认
通过出让方式取得的土地使用权	通过出让方式取得土地使用权的入账价值通常是土地出让金加上相关税费,如果还发生了与取得土地有关的费用,如缴纳的行政事业性收费、征地补偿费等,应一并计入土地取得成本
通过转让方式取得的土地使用权	通过转让方式取得土地使用权的成本,包括购买价款、其他行政事业性收费和其他税费等。如果接受转让的土地为无偿划拨取得且约定由受让方办理出让手续及补交土地出让金的,土地使用权的成本应包括按照相关规定补交土地出让金及相关税费。如果受让土地原来属于出让土地,土地使用权的成本包括支付的转让费和相关税费
投资者投入的土地使用权	投资者投入的土地使用权,应当按照投资合同或协议约定的价值作为成本,但合同或协议约定价值不公允的除外
其他方式取得的土地使用权	房地产开发企业合并取得的土地使用权的成本,应当按照《企业会计准则第20号—企业合并》确定;非货币资产交换取得的土地使用权的成本,应当按照《企业会计准则第7号—非货币性资产交换》确定;债务重组取得的土地使用权的成本,应当按照《企业会计准则第12号—债务重组》确定;政府补助取得的土地使用权的成本,应当按照《企业会计准则第16号—政府补助》确定

二、获取土地使用权的会计处理

土地使用权因其用途不同具有不同的会计处理方法,见表3-2。

不同用途下的土地使用权的会计处理　　表3-2

用途分类	会计处理
企业（含房地产开发企业）取得的土地使用权，用于建造对外出售的房屋建筑物	根据《企业会计准则第6号—无形资产》应用指南的规定，所建造房屋的成本相关的土地使用权账面价值应计入
改变土地使用权用途，用于赚取租金的	转为投资性房地产
取得的土地使用权用于自行开发建造厂房等自用建筑物	相关的土地使用权账面价值不与地上建筑物合并计算成本，仍作为无形资产进行核算
没有确定使用用途	作为无形资产进行核算
取得的土地使用权缴纳的相关契税、耕地占用税及印花税	契税、耕地占用税要视取得土地使用权的用途计入不同的会计账户，印花税直接计入"税金及附加"核算

（一）用于土地开发或商品房开发的土地使用权

企业（含房地产开发企业）如果取得的土地使用权用于土地开发的或商品房开发的，应将土地使用权的取得成本计入"开发成本或在建工程"中，即借记"开发成本或在建工程—土地开发或房屋开发"账户，贷记"银行存款"、"应付账款"等账户，所缴纳的印花税直接计入"税金及附加"账户核算。

（二）用于赚取租金或资本增值的

土地使用权改变用途，用于赚取租金或资本增值的应当将其转为投资性房地产进行核算，即借记"投资性房地产"账户，贷记"无形资产"账户。

（三）自建用房的土地使用权

企业（含房地产开发企业）取得的土地使用权用于自建用房等地上建筑物时，土地使用权的取得成本直接计入"无形资产"账户，且土地使用权的账面价值不与地上建筑物合并计算成本，而仍作为无形资产进行核算，土地使用权与地上建筑物分别进行摊销和提取折旧。为建造办公楼等自用而取得的土地使用权所缴纳的契税，计入"无形资产"账户。

（四）暂时没有确定使用用途的土地使用权

如果取得的土地暂时没有确定使用用途，计入"无形资产—土地使用权"账户。

第三节

获取土地阶段纳税处理

在取得土地使用权阶段,涉及的主要纳税税种为契税、印花税等,如果获取的土地为耕地的还涉及耕地占用税,在取得土地使用权后,将会涉及土地使用税。另外,如果以接受投资取得的土地使用权,将涉及企业所得税的计税成本和土地增值税的扣除项目确定问题。

一、土地使用税

房地产开发企业取得的土地使用权,根据2006年12月31日《国务院关于修改〈中华人民共和国城镇土地使用税暂行条例〉的决定》(国务院令第483号)的规定,取得土地使用权后需要以实际占用的土地面积为计税依据,按照税法规定的差别幅度税额计算缴纳城镇土地使用税。具体的要求见表3-3。

城镇土地使用税的相关规定　　　　　表3-3

事项	具体规定
差别幅度税额	城镇土地使用税采用定额税率,即采用有幅度的差别税额,按大、中、小城市和县城、建制镇、工矿区分别规定每平方米土地使用税率年应纳税额
应纳税额的计算	城镇土地使用税的应纳税额可以通过纳税人实际占用的土地面积乘以该土地所在地段的适用税额求得,其计算公式为:全年应纳税额=实际占用土地面积(m^2)×适用税率
纳税期限及纳税义务发生时间	按年计算、分期缴纳的征收方式,具体纳税期限由各省、自治区、直辖市人民政府确定。 以出让或转让方式有偿取得土地使用权的,应由受让方从合同约定交付土地时间的次月起缴纳城镇土地使用税。房地产开发企业新征用的耕地,自批准征用之日起满1年时开始缴纳土地使用税。新征用的非耕地,自批准征用的次月起开始缴纳土地使用税
纳税地点和征收机构	城镇土地使用税由土地所在地的地方税务机关征收;城镇土地使用税在土地所在地缴纳,纳税人使用的土地不属于同一省、自治区、直辖市管辖的,应分别向土地所在地的税务机关缴纳土地使用税。在同一省、自治区、直辖市管辖范围内,纳税人跨地区使用的土地,其纳税地点由各省、自治区、直辖市地方税务局确定

续表

事项	具体规定
税收优惠	房地产开发企业建造商品房的用地,原则上应按照规定计征城镇土地使用税。但在商品房出售之前确有困难的,其用地是否给予缓征或减征、免征照顾,可由各省、自治区、直辖市地方税务局根据从严的原则结合具体情况确定。 房地产开发企业办的学校、医院、托儿所以及幼儿园,其用地能与企业其他用地明确区分的,免征城镇土地使用税。市政街道、广场、绿化地带等公共用地,免征土地使用税

城镇土地使用税税率见表3-4。

城镇土地使用税税率表　　　　　　　　　　　表3-4

级别	人口（人）	每平方米税额（元）
大城市	50万以上	1.5～30
中等城市	20～50万	1.2～24
小城市	20万以下	0.9～18
县城、建制镇、工矿区		0.6～12

二、耕地占用税

房地产开发企业获取土地使用权,根据《中华人民共和国耕地占用税暂行条例》(2007年12月1日国务院令第511号)的规定,获取的土地符合耕地条件的需依据实际占用耕地面积,按照规定的适用税额一次性缴纳耕地占用税,不符合耕地条件的不必缴纳耕地占用税。耕地占用税中"耕地"是指用于种植农作物的土地,占用前3年内曾用于种植农作物的土地,也视为耕地。耕地占用税的具体规定见表3-5。

耕地占用税的相关规定　　　　　　　　　　　表3-5

事项	具体规定
征税范围	占用耕地建房或者从事非农业建设、占用园地、林地、牧草地、农田水利用地、养殖水面以及渔业水域滩涂等其他农用地建房或者从事非农业建设的单位和个人,都是耕地占用税的纳税人,应当缴纳耕地占用税。经申请批准占用耕地的,纳税人为农用地转用审批文件中标明的建设用地人；农用地转用审批文件中未标明建设用地人的,纳税人为用地申请人。未经批准占用耕地的,纳税人为实际用地人
计税依据	耕地占用税以纳税人实际占用的耕地面积为计税依据,按照规定的适用税额一次性征收。实际占用的耕地面积,包括经批准占用的耕地面积和未经批准占用的耕地面积

续表

事项	具体规定
税额	（1）人均耕地不超过1亩的地区（以县级行政区域为单位，下同），每平方米为10～50元； （2）人均耕地超过1亩但不超过2亩的地区，每平方米为8～40元； （3）人均耕地超过2亩但不超过3亩的地区，每平方米为6～30元； （4）人均耕地超过3亩的地区，每平方米为5～25元
应纳税额的计算	应纳税额=计税依据×税额=实际占用的耕地面积×税额
耕地占用税的征收管理	（1）纳税义务发生时间：经申请批准占用耕地的，耕地占用税纳税义务发生时间为纳税人收到土地管理部门办理占用农用地手续通知的当天。 （2）纳税期限：土地管理部门在通知单位或者个人办理占用耕地手续时，应当同时通知耕地所在地同级地方税务机关。获准占用耕地的单位或者个人应当在收到土地管理部门的通知之日起30日内缴纳耕地占用税。土地管理部门凭耕地占用税完税凭证或者免税凭证和其他有关文件发放建设用地批准书。 （3）纳税地点：纳税人占用耕地或其他农用地，应当在耕地或其他农用地所在地地方税务机关申报纳税

国务院财政、税务主管部门根据人均耕地面积和经济发展情况确定各省、自治区、直辖市的平均税额。具体的税额见表3-6。

各省、自治区、直辖市耕地占用税平均税额表　　　　表3-6

地区	每平方米税额（元）
上海	45
北京	40
天津	35
江苏、浙江、福建、广东	30
辽宁、湖北、湖南	25
河北、安徽、江西、山东、河南、重庆、四川	22.5
广西、海南、贵州、云南、陕西	20
山西、吉林、黑龙江	17.5
内蒙古、西藏、甘肃、青海、宁夏、新疆	12.5

三、契税

房地产开发企业取得土地使用权,根据《中华人民共和国契税暂行条例》(1997年7月7日国务院令第224号)及其相关规定,需要依据国有土地使用权出让、土地使用权出售成交价格的3%~5%适用税率交纳契税。以自有房产作股投入本人独资经营的企业,免交契税。具体的税率见表3-7。

契税的相关规定　　　　　　　　　　表3-7

事项	具体要求
契税税率	考虑到我国经济发展不平衡,各地经济差别较大的实际情况,契税实行3%~5%的幅度税率
契税应纳税额的计算	应纳税额=计税依据×适用税率
契税的征收管理	签订土地权属转移合同的当天,或者取得其他具有土地权属转移合同性质凭证的当天为纳税义务发生时间,自纳税义务发生之日起10日内,向土地所在地的契税征收机关办理纳税申报,并在契税征收机关核定的期限内缴纳税款
以国家作价出资(入股)方式转移国有土地使用权	根据《中华人民共和国契税暂行条例》第二条第一款规定,国有土地使用权出让属于契税的征收范围
改变土地使用权出让合同约定的土地用途涉及的契税问题	根据《国家税务总局关于改变土地使用权出让方式征收契税的批复》(国税函〔2008〕662号)的规定,对纳税人因改变土地用途而签订土地使用权出让合同变更协议或者重新签订土地使用权出让合同的,应征收契税。计税依据为因改变土地用途应补缴的土地收益金及应补缴政府的其他费用

四、印花税

根据财政部、国家税务总局关于《印花税若干政策的通知》(财税〔2006〕162号)的规定,对土地使用权出让合同、土地使用权转让合同按产权转移书据征收印花税,按合同记载金额的0.05%贴花。取得房产证及土地使用权证等权利许可证照按件贴花,每件5元。

第四章

开发建设阶段

第一节
开发成本概述

一、开发产品成本的内容

是指在开发产品成本的计算中,为了归集和分配开发费用而确定的费用承担者。企业应根据其开发项目的特点及实际情况,按照下列原则,选择成本核算对象:

(1)一般的开发项目,以每一独立编制的概算或施工图预算所列单项工程为成本核算对象。

(2)同一开发地点、结构类型相同的群体开发项目,开竣工时间相近、由同一施工单位施工的,可以并为一个成本核算对象。

(3)对于个别规模较大、工期较长的开发项目,可以结合经济责任制的需要,按开发项目的一定区域和部位,划分成本核算对象。

成本核算对象应在开发项目开工前确定,一经确定就不能随意改变,更不能相互混淆。

二、开发产品成本的项目

开发产品成本项目一般可分为土地征用及拆迁补偿费、前期工程费、基础设施费、建筑安装工程费、公共配套设施费、开发间接费等。

(一)土地征用及拆迁补偿费

土地征用及拆迁补偿费是房地产开发时为征用土地所发生的各项费用,包括土地出让金、劳动力安置费、青苗补偿费、土地补偿费、拆迁补偿费及其他因征用土地而发生的费用(如耕地占用税)。

(二)前期工程费

前期工程费指企业在前期准备阶段发生的各项费用,包括总体规划设计费、可行性研究费、政府代收代缴的各项费用、勘察设计费、各项临时工程（临时水、临时电、临时路等）费用、七通一平或三通一平费用等。

（三）基础设施费

基础设施费指建造各项基础设施发生的费用。基础设施主要是指与开发产品相关的道路、供热设施、供水设施、供电设施、供气设施、通信设施、照明设施以及绿化（包括排污、排洪、环卫）等，这些设施发生的设备及安装费都在基础设施费项目内归集。

（四）建筑安装工程费

建筑安装工程费指企业以出包方式支付承建单位的建筑安装工程费和企业自营工程发生的建筑安装费。

（五）公共配套设施费

公共配套设施费指为开发项目服务的，不能有偿转让的各项公共配套设施发生的费用，如锅炉房、水塔、公共厕所、自行车棚等。凡能有偿转让的公共配套设施如商店、邮局、学校、医院、理发店等都不能计入该成本项目内。

（六）开发间接费

开发间接费指企业所属的开发部门或工程指挥部门为组织和管理开发项目而发生的各项费用支出，包括工资、福利费、办公费、差旅费、折旧费、修理费、水电费、劳动保护费、周转房摊销等。企业的各行政部门为管理公司而发生的各项费用不在此列，应在"管理费用"中核算。

目前我国房地产开发企业经营规模、经营范围、经营方式等各不相同。比如，就土地开发而言，有些企业只进行建设场地地面的清理平整，将原有建筑物、障碍物拆除，就算完成土地开发。而有些企业除进行地面的清理平整，还要进行地下各种管线的铺设、地面道路的建设，做到七通一平，才算完成土地开发等。所以，每一个开发企业应根据前述成本项目的设置原则，结合开发项目的具体情况，有选择地设置成本项目。

三、开发产品成本费用核算的账务处理程序

（一）应设置的会计账户

为了核算房地产开发企业的开发产品，应设置"开发产品"、"周转房"账户进行会计核算。

1. "开发产品"账户

"开发产品"账户核算房地产开发企业开发产品的增加、减少及结存情况。该账户借方登记已竣工验收的开发产品的实际成本。贷方登记月末结转的已销售、转让、结算或出租的开发产品的实际成本。月末借方余额表示尚未销售、转让、结算或出租的各种开发产品的实际成本。该账户应按开发产品的种类，如土地、房屋、配套设施、代建工程和周转房等设置明细账户，并在明细账户下，按成本核算对象设置账页，一般为多栏式明细账。

2. "周转房"账户

"周转房"账户核算房地产开发企业周转房的实际成本，该账户应设置"在用周转房"和"周转房摊销"两个二级账户。"在用周转房"二级账户核算在用周转房的实际成本，借方登记增加的在用周转房实际成本，贷方登记减少的在用周转房实际成本，借方余额反映在用周转房的原始价值。"周转房摊销"二级账户核算周转房的摊销价值，贷方登记按月提取的在用周转房摊销价值，借方登记改变周转房用途，对外销售应冲减的已提摊销价值，贷方余额反映在用周转房的累计已提摊销价值。"周转房"账户应按周转房的种类设置明细账户。

（二）开发产品增加的核算

企业的开发产品，在竣工验收时，应按实际成本借记"开发产品"账户，贷记"开发成本"账户。

由于房地产企业行业的特殊性，施工一般跨年度，竣工验收较慢，等到房地产企业拿到住建委颁发的竣工验收单已经很晚了，按照国家税务总局关于《房地产开发经营业务企业所得税处理办法》（国税发〔2009〕31号）文件第三条"企业房地产开发经营业务包括土地的开发，建造、销售住宅、商业用房以及其他建筑物、附着物、配套设施等开发产品。除土地开发之外，其他开发产品符合下列条件之一的，应视为已经完工：

（1）开发产品竣工证明材料已报房地产管理部门备案。

（2）开发产品已开始投入使用。

（3）开发产品已取得了初始产权证明。

只要具备以上三个条件即可结转收入成本，结转开发产品。成本的分摊原则为：

（1）土地成本按照占地面积法分摊。

占地面积法指按已动工开发成本对象占地面积占开发用地总面积的比例进行分配。

（2）基础设施、公共配套设施等按照建筑面积法分摊。

建筑面积法指按已动工开发成本对象建筑面积占开发用地总建筑面积的比例进行分配。

（3）利息支出按照预算造价法分摊。

预算造价法指按期内某一成本对象预算造价占期内全部成本对象预算造价的比例进行分配。

（三）开发产品减少的核算

企业的开发产品会因对外转让、销售等原因而减少。对于减少的开发产品，应区分不同情况及时进行会计处理。

（1）企业对外转让、销售开发产品时（一次性），应于月份终了时按开发产品的实际成本，借记"主营业务成本"账户，贷记"开发产品"；

（2）采用分期收款方式销售开发产品的，在将开发产品移交使用单位或办妥分期收款销售合同后，按分期收款的开发产品的实际成本，借记"分期收款开发产品"账户，贷记"开发产品"账户；

（3）企业将开发的房屋安置拆迁居民周转使用，应于移交使用时，按土地和房屋的实际成本，借记"周转房"账户，贷记"开发产品—土地（或房屋）"账户；

（4）企业将开发产品用于出租时，应按照确定的建造成本，借记"投资性房地产"账户，贷记"开发产品"账户；

（5）企业将开发的房屋转为自用，应于房屋自用时，按开发产品的实际成本，借记"固定资产"账户，贷记"开发产品—房屋"账户。

第二节

土地开发成本的核算

一、房地产企业土地开发支出划分和归集的原则

房地产开发企业开发的土地，按其用途可将它分为如下两种：一种是为了转让、出租而开发的商品性土地（也叫商品性建设场地）；另一种是为开发商品房、出租房等房屋而开发的自用土地。前者是企业的最终开发产品，其费用支出单独构成土地的开发成本；而后者则是企业的中间开发产品，其费用支出应计入商品房、出租房等有关房屋开发成本。现行会计制度中设置的"开发成本—土地开发成本"科目，它的核算的内容，与企业发生的土地开发支出并不完全对口，原则上仅限于企业开发各种商品性土地所发生的支出。企业为开发商品房、出租房等房屋而开发的土地，其费用可分清负担对象的，应直接计入有关房屋开发成本，在"开发成本—房屋开发成本"科目进行核算。如果企业开发的自用土地，分不清负担对象，应由两个或两个以上成本核算对象负担，其费用可先通过"开发成本—土地开发成本"科目进行归集，待土地开发完成投入使用时，再按一定的标准，如房屋占地面积或房屋建筑面积等，将其分配计入有关房屋开发成本。如果企业开发商品房、出租房使用的土地属于企业开发商品性土地的一部分，则应将整块土地作为一个成本核算对象，在"开发成本—土地开发成本"账户中归集其发生的全部开发支出，计算其总成本和单位成本，并于土地开发完成时，将成本结转到"开发产品"账户。待使用土地时，再将使用土地所应负担的开发成本，从"开发产品"账户转入"开发成本—房屋开发成本"账户，计入商品房、出租房等房屋的开发成本。

二、土地开发成本核算对象的确定和成本项目的设置

（一）土地开发成本核算对象的确定

为了既有利于土地开发支出的归集，又有利于土地开发成本的结转，对需

要单独核算土地开发成本的开发项目,可按下列原则确定土地开发成本的核算对象:

(1)对开发面积不大、开发工期较短的土地,可以每一块独立的开发项目为成本核算对象;

(2)对开发面积较大、开发工期较长、分区域开发的土地,可以一定区域作为土地开发成本核算对象。

成本核算对象应在开工之前确定,一经确定就不能随意改变,更不能相互混淆。

(二)土地开发成本项目的设置

企业开发的土地,因其设计要求不同,开发的层次、程度和内容都不相同,有的只是进行场地的清理平整,如原有建筑物、障碍物的拆除和土地的平整;有的除了场地平整外,还要进行地下各种管线的铺设、地面道路的建设等。因此,就各个具体的土地开发项目来说,它的开发支出内容是不完全相同的。企业要根据所开发土地的具体情况和会计制度规定的成本项目,设置土地开发项目的成本项目。对于会计制度规定的、企业没有发生支出内容的成本项目,如建筑安装工程费、配套设施费,可不必设置。根据土地开发支出的一般情况,企业对土地开发成本的核算,可设置如下几个成本项目:

(1)土地征用及拆迁补偿费或土地批租费;

(2)前期工程费;

(3)基础设施费;

(4)开发间接费。

其中土地征用及拆迁补偿费是指按照城市建设总体规划进行土地开发所发生的土地征用费、耕地占用税、劳动力安置费,及有关地上、地下物拆迁补偿费等。但对拆迁旧建筑物回收的残值应估价入账并冲减有关成本。开发土地如通过批租方式取得的,应列入批租地价。前期工程费是指土地开发项目前期工程发生的费用,包括规划、设计费,项目可行性研究费,水文、地质勘查、测绘费、场地平整费等。基础设施费是指土地开发过程中发生的各种基础设施费,包括道路、供水、供电、供气、排污、排洪、通信等设施费用。开发间接费指应由商品性土地开发成本负担的开发间接费用。土地开发项目如要负担不能有偿转让的配套设施费,还应设置"配套设施费"成本项目,用以核算应计入土地开发成本的配套设施费。

三、土地开发成本的核算

企业在土地开发过程中发生的各项支出,除可将直接计入房屋开发成本的自用土地开发支出在"开发成本—房屋开发成本"账户核算外,其他土地开发支出均应通过"开发成本—土地开发成本"账户进行核算。为了分清转让、出租用土地开发成本和不能确定负担对象自用土地开发成本,对土地开发成本应按土地开发项目的类别,分别设置"商品性土地开发成本"和"自用土地开发成本"两个二级账户,并按成本核算对象和成本项目设置明细分类账。对发生的土地征用及拆迁补偿费、前期工程费、基础设施费等土地开发支出,可直接记入各土地开发成本明细分类账,并记入"开发成本—商品性土地开发成本"、"开发成本—自用土地开发成本"账户的借方和"银行存款"、"应付账款—应付工程款"等账户的贷方。发生的开发间接费用,应先在"开发间接费用"账户进行核算,于月份终了再按一定标准,分配计入有关开发成本核算对象。应由商品性土地开发成本负担的开发间接费,应记入"开发成本—商品性土地开发成本"账户的借方和"开发间接费用"账户的贷方。

【例4-1】现举例说明土地开发成本的核算如下:

如某房地产开发企业在某月份内,共发生了下列有关土地开发支出如表4-1所示:

土地开发费用支出表　　　　　　　　表4-1

项目	301 商品性土地	351 自用土地
支付征地拆迁费	78 000元	72 000元
支付承包设计单位前期工程款	20 000元	18 000元
应付承包施工单位基础设施款	25 000元	18 000元
分配开发间接费	10 000元	
合计	133 000元	108 000元

(1)在用银行存款支付征地拆迁费时,应作如下分录:

借:开发成本—商品性土地开发成本　　　　　　　　　　　　78 000
　　开发成本—自用土地开发成本　　　　　　　　　　　　　72 000

贷：银行存款　　　　　　　　　　　　　　　　　　　　　150 000
（2）用银行存款支付设计单位前期工程款时，应作：
　　借：开发成本—商品性土地开发成本　　　　　　　　　　　20 000
　　　　开发成本—自用土地开发成本　　　　　　　　　　　　18 000
　　贷：银行存款　　　　　　　　　　　　　　　　　　　　　38 000
（3）将应付施工企业基础设施工程款入账时，应作：
　　借：开发成本—商品性土地开发成本　　　　　　　　　　　25 000
　　　　开发成本—自用土地开发成本　　　　　　　　　　　　18 000
　　贷：应付账款—应付工程款　　　　　　　　　　　　　　　43 000
（4）分配应记入商品性土地开发成本的开发间接费用时，应作：
　　借：开发成本—商品性土地开发成本　　　　　　　　　　　10 000
　　贷：开发间接费用　　　　　　　　　　　　　　　　　　　10 000

同时应将各项土地开发支出分别记入商品性土地开发成本、自用土地开发成本明细分类账。

四、已完工开发成本的结转

已完土地开发成本的结转，应根据已完成开发土地的用途，采用不同的成本结转方法。为转让、出租而开发的商品性土地，在开发完成并经验收后，应将其实际成本自"开发成本—商品性土地开发成本"账户的贷方转入"开发产品—土地"账户的借方。

【例4-2】（接例4-1）假如上述开发企业商品性土地经开发完成并验收，加上以前月份开发支出共1 002 000元，应作如下分录入账：
　　借：开发产品—土地　　　　　　　　　　　　　　　　　　1 002 000
　　贷：开发成本—商品性土地开发成本　　　　　　　　　　　1 002 000

为本企业房屋开发用的土地，应于开发完成把土地投入使用时，将土地开发的实际成本结转计入有关房屋的开发成本，结转计入房屋开发成本的土地开发支出，可采用分项平行结转法或归类集中结转法。分项平行结转法是指将土地开发支出的各项费用按成本项目分别平行转入有关房屋开发成本的对应成本项目。归类集中结转法是指将土地开发支出归类合并为"土地征用及拆迁补偿费或批租地价"和"基础设施费"两个费用项目，然后转入有关房屋开发成本的"土地征用及拆迁补偿费或批租地价"和"基础设施费"成本项目。凡与土地征用及拆迁补偿费或批租地价有关的费用，均转入有关房屋开发成本的"土地征用及拆迁补偿费或批租地价"项目；对其他土地开发支出，包括前期工程费、基础设施费等，则合并转入有关房屋开发成本的"基础设施费"项目。经结转的自用土地开发支出，应将它自"开发成本—自用土地开发成本"账户的贷方转入"开发成本—房屋开发成本"账户的借方。

假如上述开发企业自用土地在开发完成后，加上以前月份开发支出540 000元共648 000元。这块土地用于建造151出租房和181周转房，其中151出租房用地1500m^2，181周转房用地1200m^2，则单方自用土地开发成本为240元[648000元/（1500+1200）]，应结转151出租房开发成本的土地开发支出为360 000元（240元×1500），结转181周转房开发成本的土地开发支出为288 000元（240元×1200），在总分类核算上应作如下分录入账：

借：开发成本—房屋开发成本　　　　　　　　　　　　　　　648 000
　　贷：开发成本—自用土地开发成本　　　　　　　　　　　　648 000

如果自用土地开发完成后，还不能确定房屋和配套设施等项目的用地，则应先将其成本结转"开发产品—自用土地"账户的借方，于自用土地投入使用时，再从"开发产品—自用土地"账户的贷方将其开发成本转入"开发成本—房屋开发成本"等账户的借方。

第三节
房屋开发成本的核算

房屋开发是房地产开发企业的主要经济业务，房屋开发是指城市各种房屋建设从可行性研究、规划设计、建筑安装工程施工到房屋建成竣工验收的全过程。房屋再开发是指对旧城区成片地进行更新改造，拆除原有的房屋建筑物，按规划设计要求重新建造各种房屋。房地产开发企业在房屋开发过程中发生的各项支出，应按房屋成本核算对象和成本项目进行归集。

一、房屋开发的种类及核算对象

房地产开发企业开发建设的房屋用途可以分为五类：第一类是为销售而开发的商品房，开发完成以后将作为商品对外销售；第二类是为出租经营而开发建设的投资性房地产，出租时按照确定的成本结转投资性房地产；第三类是安置拆迁居民而开发建设的周转房，开发完成以后用于安置拆迁居民周转使用；第四类是企业接受其他单位委托代为开发建设的代建房（第四类代建房在代建工程部分介绍）；第五类自行建造的自用房屋，自用房屋发生的工程成本应通过"在建工程"账户核算，工程完工达到预定可使用状态时，从"在建工程"账户转入"固定资产"账户，自建自用的房屋本章不作重点介绍。

房地产企业为销售而开发的商品房，开发完成以后将作为商品对外销售。房地产开发企业确定房屋开发成本计算对象时，应考虑房屋开发内容、地点、用途、结构、施工方式、施工进度等因素，按以下原则来确定：

（1）一般开发应以每一独立编制有设计概算和施工图预算的单项工程，即每栋独立的房屋作为成本计算对象。

（2）对于同一开发地点、开竣工时间相近、结构类型相同，并由同一施工队伍施工的群体开发项目，可以合并作为一个成本计算对象，待开发完成后，再将其实际总成本按每栋独立房屋概算、预算的比例进行分配，求得每栋房屋的开发成本。

（3）对于个别规模较大、工期较长的房屋开发项目，可以结合工程进度和责任制的要求，以房屋开发项目的各个部位作为成本计算对象，待开发完成后再将各部位的实际成本进行汇总，求得该栋房屋的开发成本。

二、房屋开发成本的核算

房屋开发建设发生的各项成本费用支出，能够分清负担对象的，可以直接计入有关房屋开发成本核算对象；有些房屋开发费用发生时由多个成本核算对象共同负担，需按一定标准分配计入有关房屋开发成本核算对象。因此，房地产开发企业应根据不同的支出内容，采用相应的办法将房屋开发成本归集到各成本核算对象的成本项目。

（一）土地征用及拆迁补偿费

房地产开发企业发生的土地征用及拆迁补偿费根据能否区分负担对象等情况，有不同的归集方法，具体如下：

（1）能够分清负担对象的，应直接计入房屋开发成本核算对象的"土地征用及拆迁补偿费"成本项目，即借记"开发成本—房屋开发成本—土地征用及拆迁补偿费"账户，贷记"银行存款"、"应付账款"等账户。

（2）不能分清负担对象的，应先在"开发成本—土地开发"账户进行归集，待土地开发完成投入使用时，再按一定的分配方法将其计入有关房屋成本核算对象的"土地征用及拆迁补偿费"成本项目，即借记"开发成本—房屋开发成本—土地征用及拆迁补偿费"账户，贷记"开发成本—土地开发"账户。

（3）房地产开发企业开发完工的商品性建设场地，改变用途为房屋开发时，应将商品性建设场地的开发费用转入有关房屋成本核算对象的"土地征用及拆迁补偿费"成本项目，即借记"开发成本—房屋开发成本—土地征用及拆迁补偿费"账户，贷记"开发产品—商品性土地"账户。

（4）房地产开发企业综合开发的土地，先通过"开发成本—土地开发"进行归集，待开发产品投入使用时，应按一定的标准分配房屋建筑物和商品性建设场地应负担的土地开发成本，即借记"开发成本—房屋开发成本—土地征用及拆迁补偿费"、"开发产品—商品性土地"账户，贷记"开发成本—土地开发"。

房地产开发企业将土地开发成本结转房屋开发成本时，应采用平行结转法，即土地开发成本项目中土地征用及拆迁补偿费应结转为房屋开发成本项目中的土地征用及拆迁补偿费；土地开发成本项目中的前期工程费应结转为房屋开发成本项目中的前期工程费。

（二）前期工程费

房屋开发建设过程中发生的前期工程费，是指房屋开发过程中发生的规划、设计、可行性研究以及水文地质勘查、测绘、场地平整等各项前期工程支出。能分清成本核算对象的，应直接计入有关房屋开发成本核算对象的"前期工程费"成本项目，即借记"开发成本—房屋开发—前期工程费"账户同时借记"应交税费—应交增值税（进项税额）"（实行简易征收增值税的不用核算进项税额，以下所有关于进项税额的核算，都同此处理），贷记"银行存款"、"应付账款"等账户；应由两个或两个以上成本核算对象共同负担的前期工程费，应按一定的标准分配计入有关房屋成本核算对象的"前期工程费"成本项目。

（三）建筑安装工程费

建筑安装工程费是指项目开发过程中发生的列入建筑安装工程施工图预算项目内的各项费用（含设备费、发包工程向承包方支付的临时设施费和劳动保险费），有甲供材料、设备的，还应包括相应的甲供材料、设备费。具体包括土建工程费、安装工程费和装修工程费等。

房地产开发企业开发建设房屋，应根据工程的不同施工方式，采用不同的核算方法。采用发包方式进行建筑安装工程施工的房屋开发项目，建筑安装工程支出应依据"工程结算单"，企业承付的已完工程价款确定，直接计入有关房屋开发成本核算对象的"建筑安装工程费"成本项目，即根据施工单位提供的建安发票（注意：包含甲供材）借记"开发成本—房屋开发—建筑安装工程费"、"应交税费—应交增值税（进项税额）"账户，贷记"银行存款"、"应付账款"、"预付账款"等账户。若开发企业对建筑安装工程采用招标方式发包，并将几个工程一并招标发包，则在工程完工结算工程价款时，应按各项工程的预算造价的比例，计算它们的标价即实际建筑安装工程费。

如某开发企业将两幢商品房建筑安装工程进行招标，标价为1000万元，这两幢商品房的预算造价为：101商品房720万元，102商品房480万元，合计1200万元。则在工程完工结算工程价款时，应按如下方法计算各幢商品房的实际建筑安装工程费：

某项工程实际建筑安装工程费=工程标价×该项工程预算造价÷各项工程预算造价合计

该例中：

101　商品房　　1 000万元×720万元÷1 200万元=600万元

102　商品房　　1 000万元×480万元÷1 200万元=400万元

采用自营方式进行建筑安装工程施工的房屋开发项目，其发生的各项建筑安装工程支出，一般可直接记入有关房屋开发成本核算对象的"建筑安装工程费"成本项目，即记入"开发成本—房屋开发成本"及"应交税费—应交增值税（进项税额）"账户的借方和"库存材料"、"应付工资"、"银行存款"等账户的贷方。如果开发企业自行施工大型建筑安装工程，可以按照本章第七节第四部分所述设置"工程施工"、"施工间接费用"等账户，用来核算和归集各项建筑安装工程支出，月末将其实际成本转入"开发成本—房屋开发成本"建筑安装工程费账户。

企业用于房屋开发的各项设备，即附属于房屋工程主体的各项设备，应在出库交付安装时，记入有关房屋开发成本核算对象的"建筑安装工程费"成本项目，并记入"开发成本—房屋开发成本"账户的借方和"库存设备"账户的贷方。

（四）基础设施费

基础设施费是指项目开发过程中发生的小区内，建筑安装工程施工图预算项目之外的道路、供电、供水、供气、供热、排污、排洪、通信、照明和绿化等基础设施工程费用，红线外两米与大市政接口的费用，以及向水、电、气、热、通信等大市政公司交纳的费用。具体包括道路工程费、供电工程费、给水排水工程费、煤气工程费、供暖工程费、通信工程费、电视工程费、照明工程费、景观绿化工程费、环卫工程费、安防智能化工程费以及小区周围设置的永久性围墙、围栏支出、园区大门等。

房屋开发建设过程中发生的基础设施费，能分清成本核算对象的，应直接计入有关房屋开发成本核算对象的"基础设施费"成本项目，借记"开发成本—房屋开发成本—基础设施费"、"应交税费—应交增值税（进项税额）"账户，贷记"银行存款"、"应付账款"等账户；应由两个或两个以上成本核算对象共同负担的基础设施费，应按一定的标准分配计入有关房屋成本核算对象的"基础设施费"成本项目。如开发完成商品性土地已转入"开发产品"账户，则在用以建造房屋时，应将其应负担的基础设施费（按归类集中结转的还应包括应负担的前期工程费和开发间接费）计入有关房屋开发成本核算对象，并记入"开发成本—房屋开发成本"账户的借方和"开发产品"账户的贷方。

（五）公共配套设施

公共配套设施费是指房屋开发过程中，根据有关法规，产权及其收益权不属于开发商，开发商不能有偿转让也不能转作自留固定资产的公共配套设施支出。该成本项目下按各项配套设施设立明细科目，具体核算内容可区分为以下情况：

（1）在开发小区内发生的不会产生经营收入的不可经营性公共配套设施支出，如建造消防、水泵房、水塔、锅炉房（建筑成本）、变电所（建筑成本）、居委会、派出所、岗亭、儿童乐园和自行车棚等设施的支出。

（2）在开发小区内发生的根据法规或经营惯例，其经营收入归于经营者或业委会的可经营性公共配套设施支出，如建造幼托、邮局、图书馆、阅览室、健身房、游泳池和球场等设施的支出。

（3）开发小区内城市规划中规定的大配套设施项目不能有偿转让和取得经营收益权时，发生的没有投资来源的费用。

（4）对于产权、收入归属情况较为复杂的地下室、车位等设施，应根据当地政府法规、开发商的销售承诺等具体情况确定是否摊入本成本项目。如开发商通过补交地价或人防工程费等措施，得到政府部门认可，取得了该配套设施的产权，则应作为经营性项目独立核算。

发生的公共配套设施支出，能够分清成本核算对象的，应直接计入有关房屋开发成本核算对象的"配套设施费"项目，借记"开发成本—房屋开发成本—配套设施费"、"应交税费—应交增值税（进项税额）"账户，贷记"银行存款"、"应付账款"等账户；如果发生的配套设施支出，应由两个或两个以上成本核算对象共同负担的，应先在"开发成本—配套设施开发"账户进行汇集，待配套设施完工时，再按一定标准（如有关项目的预算成本或计划成本），分配计入有关房屋开发成本核算对象的"配套设施费"成本项目，借记"开发成本—房屋开发成本—配套设施费"账户，贷记"开发成本—配套设施开发"账户。

（六）开发间接费

房地产开发企业在开发建设房屋过程中发生的各项间接费用，应先通过"开发间接费用"账户进行核算，期末，再按一定标准分配计入各有关开发产品成本。应由房屋开发成本负担的开发间接费用，应计入有关房屋开发成本核算对象的"开发间接费"成本项目，即借记"开发成本—房屋开发—开发间接费"账户，贷记"开发间接费用"账户。

三、房屋开发成本核算举例

如一般纳税人某房地产开发股份公司在2017年度内,共发生了下列有关含税房屋开发支出,如表4-2所示:

含税房屋费用支出表(单位:元)　　　　表4-2

项目	101 商品房	102 商品房	151 出租房	181 周转房
支付征地拆迁费	100 000	80 000	75 000	75 000
应付含税承包设计单位前期工程费	30 000	30 000	30 000	30 000
应付含税施工企业基础设施工程款	90 000	75 000	70 000	70 000
应付含税施工企业建筑安装工程款	600 000	480 000	450 000	450 000
分配不含税配套设施费(水塔)	80 000	65 000	60 000	60 000
预提不含税配套设施费(幼托)	80 000	72 000	64 000	64 000
分配不含税开发间接费用	82 000	66 000	62 000	62 000

则在用银行存款支付征地拆迁费时,应作:

借:开发成本—房屋开发成本—土地征用及拆迁补偿费(101商品房)

　　　　　　　　　　　　　　　　　　　　　　　　　　100 000

　　　　　　—土地征用及拆迁补偿费(102商品房)

　　　　　　　　　　　　　　　　　　　　　　　　　　80 000

　　贷:银行存款　　　　　　　　　　　　　　　　　　180 000

结转出租房、周转房使用土地应负担的自用土地开发成本时,应作:

借:开发成本—房屋开发成本—土地征用及拆迁补偿费(151出租房)

　　　　　　　　　　　　　　　　　　　　　　　　　　75 000

　　　　　　—土地征用及拆迁补偿费(181周转房)

　　　　　　　　　　　　　　　　　　　　　　　　　　75 000

　　贷:开发成本—自用土地开发成本　　　　　　　　　150 000

将应付设计单位前期工程款入账时,应作:

借:开发成本—房屋开发成本—前期工程费(101商品房)　27 027.03

　　　　　　—前期工程费(102商品房)　　　　　　　　27 027.03

	—前期工程费（151出租房）	27 027.03
	—前期工程费（181周转房）	27 027.03
应交税费—应交增值税（进项税额）		11 891.88
贷：应付账款—应付工程款		120 000

将应付施工企业基础设施工程款入账时，应作：

借：开发成本—房屋开发成本—基础设施费（101商品房）		81 081.08
	—基础设施费（102商品房）	67 567.57
	—基础设施费（151出租房）	63 063.06
	—基础设施费（181周转房）	63 063.06
应交税费—应交增值税（进项税额）		30 225.23
贷：应付账款—应付工程款		305 000

将应付施工企业建筑安装工程款入账时，应作：

借：开发成本—房屋开发成本—建筑安装费（101商品房）		540 540.54
	—建筑安装费（102商品房）	432 432.43
	—建筑安装费（151出租房）	405 405.41
	—建筑安装费（181周转房）	405 405.41
应交税费—应交增值税（进项税额）		196 216.21
贷：应付账款—应付工程款		1 980 000

分配应由房屋开发成本负担的水塔配套设施支出时，应作：

借：开发成本—房屋开发成本—配套设施费（101商品房）		80 000
	—配套设施费（102商品房）	65 000
	—配套设施费（151出租房）	60 000
	—配套设施费（181周转房）	60 000
贷：开发成本—配套设施开发成本—水塔		265 000

预提应由房屋开发成本负担的幼托设施支出时，应作：

借：开发成本—房屋开发成本—配套设施费（101商品房）		80 000
	—配套设施费（102商品房）	72 000
	—配套设施费（151出租房）	64 000
	—配套设施费（181周转房）	64 000
贷：应付账款—预提配套设施费		280 000

分配应由房屋开发成本负担的开发间接费用时，应作：

借：开发成本—房屋开发成本—开发间接费（101商品房）		82 000

—开发间接费（102商品房）	66 000
—开发间接费（151出租房）	62 000
—开发间接费（181周转房）	62 000
贷：开发间接费用	272 000

同时应将各项房屋开发支出分别记入各有关房屋开发成本明细分类账；最后，在竣工验收以后，应将完工验收的商品房、出租房、周转房等的开发成本结转至"开发产品"账户的借方，作如下分录入账：

借：开发产品—房屋（101商品房） 990 648.65
　　　　　—房屋（102商品房） 810 027.03
　　　　　—房屋（151出租房） 756 495.5
　　　　　—房屋（181周转房） 756 495.5
　贷：开发成本—房屋开发成本—土地征用及拆迁补偿费（101商品房）
　　　　　　　　　　　　　　　　　　　　　　　　　　　　　　　100 000
　　　　　　　　　　　　　—土地征用及拆迁补偿费（102商品房）
　　　　　　　　　　　　　　　　　　　　　　　　　　　　　　　 80 000
　　　　　　　　　　　　　—土地征用及拆迁补偿费（151出租房）
　　　　　　　　　　　　　　　　　　　　　　　　　　　　　　　 75 000
　　　　　　　　　　　　　—土地征用及拆迁补偿费（181周转房）
　　　　　　　　　　　　　　　　　　　　　　　　　　　　　　　 75 000
　　　　　　　　　　　　　—前期工程费（101商品房） 27 027.03
　　　　　　　　　　　　　—前期工程费（102商品房） 27 027.03
　　　　　　　　　　　　　—前期工程费（151出租房） 27 027.03
　　　　　　　　　　　　　—前期工程费（181周转房） 27 027.03
　　　　　　　　　　　　　—基础设施费（101商品房） 81 081.08
　　　　　　　　　　　　　—基础设施费（102商品房） 67 567.57
　　　　　　　　　　　　　—基础设施费（151出租房） 63 063.06
　　　　　　　　　　　　　—基础设施费（181周转房） 63 063.06
　　　　　　　　　　　　　—建筑安装费（101商品房） 540 540.54
　　　　　　　　　　　　　—建筑安装费（102商品房） 432 432.43
　　　　　　　　　　　　　—建筑安装费（151出租房） 405 405.41
　　　　　　　　　　　　　—建筑安装费（181周转房） 405 405.41
　　　　　　　　　　　　　—配套设施费（101商品房） 160 000

—配套设施费（102商品房）	137 000
—配套设施费（151出租房）	124 000
—配套设施费（181周转房）	124 000
—开发间接费（101商品房）	82 000
—开发间接费（102商品房）	66 000
—开发间接费（151出租房）	62 000
—开发间接费（181周转房）	62 000

上述结转分录合并简化如下：

  借：开发产品   3 313 666.68

    贷：开发成本—房屋开发成本   3 313 666.68

四、已完工房屋开发成本的结转

  房地产开发企业对已完成开发过程的商品房、周转房及投资性房地产，应在竣工验收以后将其开发成本结转"开发产品"账户。会计人员应根据房屋开发成本明细分类账记录的完工房屋实际成本，计入"开发产品—房屋"账户的借方和"开发成本—房屋开发成本"账户的贷方。

第四节
基础设施、配套设施开发成本核算

一、基础设施开发成本的核算

基础设施费是指项目开发过程中发生的小区内，建筑安装工程施工图预算项目之外的道路、供电、供水、供气、供热、排污、排洪、通信、照明和绿化等基础设施工程费用，红线外2m与大市政接口的费用，以及向水、电、气、热、通信等大市政公司交纳的费用。具体包括道路工程费、供电工程费、给水排水工程费、煤气工程费、供暖工程费、通信工程费、电视工程费、照明工程费、景观绿化工程费、环卫工程费、安防智能化工程费以及小区周围设置的永久性围墙、围栏支出、园区大门等产生的费用。

房屋开发建设过程中发生的基础设施费，能分清成本核算对象的，应直接计入有关房屋开发成本核算对象的"基础设施费"成本项目，借记"开发成本—房屋开发—基础设施费"、应交税费—应交增值税（进项税额）账户，贷记"银行存款"、"应付账款"等账户；应由两个或两个以上成本核算对象共同负担的基础设施费，应按一定的标准分配计入有关房屋成本核算对象的"基础设施费"成本项目。

二、未完配套设施成本的结转

对配套设施与房屋等开发产品不同步开发，或房屋等开发完成等待出售或出租，而配套设施尚未全部完成的，经批准后可按配套设施的预算成本或计划成本，预提配套设施费，将它记入房屋等开发成本明细分类账的"配套设施费"项目，并记入"开发成本—房屋开发成本"、应交税费—应交增值税（进项税额）等账户的借方和"应付账款或其他应付款"账户的贷方。因为一个开发小区的开发，时间较长，有的需要几年，开发企业在开发进度安排上，有时先建房屋，后建配套设施。这样，往往是房屋已经建成而有的配套设施可能尚未完成，或者是商品房已经销售，而幼托、消防设施等尚未完工的情况。这种房屋开发与配套设施建设的时间差，使得那些已具备使用条件并已出售的房屋应负担的配套设施费，无法与配套设施的实际开发成本进行结转和分配，只能以未完成配套设施的预算成本或计划成本为基数，计算出已出售房屋应负担的数额，用预提方式记入出售房屋等的开发成本。开发产品预提的配套设施费的计算，一般可按以下公式进行：

某项开发产品预提的配套设施费=该项开发产品预算成本（或计划成本）×配套设施费预提率

配套设施费预提率=该配套设施的预算成本（或计划成本）÷应负担该配套设施费各开发产品的预算成本（或计划成本）合计×100%

式中应负担配套设施费的开发产品一般应包括开发房屋、能有偿转让在开发小区内开发的大配套设施。

如某开发小区内幼托设施开发成本应由101、102商品房，151出租房，181周转房和201大配套设施商店负担。由于幼托设施在商品房等完工出售、出租时尚未完工，为了及时结转完工的商品房等成本，应先将幼托设施配套设施费预提计入商品房等的开发成本。假定各项开发产品和幼托设施的不含税预算成本如下：

101商品房1 000 000元；

102商品房900 000元；

151出租房800 000元；

181周转房800 000元；

201大配套设施—商店500 000元；

251幼托设施320 000元。

则，幼托设施配套设施费预提率

=320 000÷（1 000 000+900 000+800 000+800 000+500 000）×100%

=320 000÷4 000 000×100%=8%

各项开发产品预提幼托设施的配套设施费为：

101商品房1 000 000元×8%=80 000元

102商品房900 000元×8%=72 000元

151出租房800 000元×8%=64 000元

181周转房800 000元×8%=64 000元

201大配套设施—商店500 000元×8%=40 000元

三、已完配套设施成本的结转

已完成全部开发过程并经验收的配套设施，应按其使用情况和用途结转其开发成本。

（1）对能有偿转让给有关部门的大配套设施，如上述商店设施，应在完工验收后将其实际成本自"开发成本—配套设施开发成本"账户的贷方转入"开发产品—配套设施"账户的借方，作如下分录：

借：开发产品—配套设施　　　　　　　　　　　　　　　　575 000
　　贷：开发成本—配套设施开发成本　　　　　　　　　　575 000

其中，配套设施有偿转让收入，应作为经营收入处理。

（2）按规定应将其开发成本分配计入商品房等开发产品成本的公共配套设施，如上述水塔设施，在完工验收后，应将其发生的实际开发成本按一定的标准、有关开发产品的实际成本、预算成本或计划成本等，分配计入有关房屋和大配套设施的开发成本，作如下分录：

借：开发成本—房屋开发成本　　　　　　　　　　　　　　265 000
　　开发成本—配套设施开发成本　　　　　　　　　　　　 35 000
　　贷：开发成本—配套设施开发成本　　　　　　　　　　300 000

（3）对用预提方式将配套设施支出计入有关开发产品成本的公共配套设施，如幼托设施，应在完工验收后，将其实际发生的开发成本冲减预提的配套设施费，作如下分录：

借：应付账款或其他应付款　　　　　　　　　　　　　　　320 000
　　贷：开发成本—配套设施开发成本　　　　　　　　　　320 000

如预提配套设施费大于或少于实际开发成本，可将其多提数或少提数冲减有关开发产品成本或作追加的分配。如有关开发产品已完工并办理竣工决算，可将其差额冲减或追加分配于尚未办理竣工决算的开发产品的成本。

第五节

开发间接费的核算

一、开发间接费用的构成

开发间接费用是指房地产开发企业内部独立核算单位在开发现场组织管理开发产品而发生的各项费用。这些费用虽也属于直接为房地产开发而发生的费用，但它不能确定其为某项开发产品所应负担，因而无法将它直接计入各项开发产品成本。为了简化核算手续，将它先计入"开发间接费用"账户，然后按照适当分配标准，将它分配记入各项开发产品成本。

二、开发间接费用的归集与分配

（一）开发间接费用的归集

开发间接费用的总分类核算，在"开发间接费用"账户进行。企业所属各内部独立核算单位发生的各项开发间接费用，都要自"应付工资"、"应付福利费"、"累计折旧"、"递延资产"、"银行存款"、"周转房—周转房摊销"等账户的贷方转入"开发间接费用"账户的借方。

（二）开发间接费用的分配

每月月终，应对开发间接费用进行分配，按实际发生数计入有关开发产品的成本。开发间接费用的分配方法，企业可根据开发经营的特点自行确定，一经确定不得随意改变。

不论土地开发、房屋开发、配套设施和代建工程，均应分配开发间接费用。为了简化核算手续并防止重复分配，对应计入房屋等开发成本的自用土地和不能有偿转让的配套设施的开发成本，均不分配开发间接费用。这部分开发产品应负担的开发间接费用，可直接分配计入有关房屋开发成本。也就是说，企业内部独立核算单位发生的开发间接费用，可仅对有关开发房屋、商品性土地、能有偿转让配套设施及代建工程进行分配。

开发间接费的常用分配方法有：

（1）建筑面积法。指按已动工成本核算对象建筑面积占开发用地总建筑面积的比例进行分配。此种方法简单，但是如果建筑类型成本差异较大，就会有点不太合理。

（2）直接成本法。指按期内某一成本对象的直接开发成本占期内全部成本对象直接开发成本的比例进行分配。此种方法要求会计核算能够真实反映现场实际发生的开发成本，包含已发生未支付成本。对成本动态核算要求较高。

某项开发产品成本分配的开发间接费=月份内该项开发产品实际发生的直接成本×本月实际发生的开发间接费用÷应分配开发间接费各开发产品实际发生的直接成本总额。

（3）预算造价法。指按期内某一成本对象预算造价占期内全部成本对象预算造价的比例进行分配。此种方法要求预算造价成本应相对准确，如果不准确，会存在人为调整各成本核算对象的怀疑。

第六节

开发建设阶段纳税处理

开发建设阶段是开发商委托设计公司和建筑公司进行项目设计、建设的阶段。该阶段主要涉及印花税、代扣代缴涉税事项、城镇土地使用税、房产税等税务事项。

一、印花税

房地产开发建设阶段需要缴纳印花税的主要包括采购甲供材料、建筑安装工程承包合同、建设工程勘察设计合同、借款合同、财产保险合同等合同。

甲供材料应按购销合同税目，按购销金额，万分之三税率贴花；

建筑安装工程承包合同，按承包金额，万分之三税率贴花；

建设工程勘察设计合同，按收取的费用金额，万分之五的税率贴花；

借款合同，按借款金额的万分之零点五贴花；

财产保险合同：包括财产、责任、保证、信用等保险合同，按收取的保险费收入金额的千分之一税率贴花；

会计处理为，借记"税金及附加"，贷记"现金或银行存款等账户"。

二、代扣代缴涉税事项

房地产设计，施工期间涉及的增值税事项，主要包括：对境外支付款项时增值税、企业所得税代扣代缴问题。

（一）增值税

1. 代扣代缴相关政策

依据《营业税改征增值税试点有关事项的规定》（财税［2013］106号）附件2中第二则第（一）项中第3点：二，原增值税纳税人［指按照《中华人民共和国增值税暂行条例》（以下称《增值税暂行条例》）缴纳增值税的纳税人］有关政策：（一）进项税额：原增值税一般纳税人接受境外单位或者个人提供的应税服务，按照规定应当扣缴增值税的，准予从销项税额中抵扣的进项税额为从税务机关或者代理人取得的解缴税款的税收缴款凭证上注明的增值税额。

纳税人凭税收缴款凭证抵扣进项税额的，应当具备书面合同、付款证明和境外单位的对账单或者发票。资料不全的，其进项税额不得从销项税额中抵扣。

因此，境内房地产企业接受境外建筑设计劳务，属于应发生增值税纳税义务的劳务。

2. 代扣代缴义务的判断

财税〔2013〕106号文附件1《营业税改征增值税试点实施办法》规定："第十条在境内提供应税服务，是指应税服务提供方或者接受方在境内。下列情形不属于在境内提供应税服务：（一）境外单位或者个人向境内单位或者个人提供完全在境外消费的应税服务。（二）境外单位或者个人向境内单位或者个人出租完全在境外使用的有形动产"。

3. 代扣代缴义务发生时间

增值税扣缴义务发生时间为纳税人增值税纳税义务发生的当天。

4. 代扣代缴增值税税款的计算

关于《将铁路运输和邮政业纳入营业税改征增值税试点的通知》（财税〔2013〕106号）文附件1："第十七条境外单位或者个人在境内提供应税服务，在境内未设有经营机构的，扣缴义务人按照下列公式计算应扣缴税额：应扣缴税额＝接受方支付的价款÷（1+税率）×税率"。

（二）企业所得税

根据《中华人民共和国企业所得税法实施条例》第三十八条"对非居民企业在中国境内取得工程作业和劳务所得应缴纳的所得税，税务机关可以指定工程价款或者劳务费的支付人为扣缴义务人"的规定，境内房地产企业还应履行扣缴义务代扣代缴该境外劳务的企业所得税。

会计处理为，代扣时，借记"其他应收款或应收账款等"，贷记"应交税费—应交增值税或应交所得税"等账户；缴纳时，借记"应交税费—应交增值税或应交所得税"，贷记"现金或银行存款等账户"。

三、城镇土地使用税

房地产开发企业开发建设阶段的城镇土地使用税及相关会计处理同取得土地阶段。

四、房产税

《财政部、税务总局关于检发〈关于房产税若干具体问题的解释和暂行规定〉、〈关于车船使用税若干具体问题的解释和暂行规定〉的通知》(财税地[1986]8号)[①]第二十一条明确规定:"凡是在基建工地为基建工地服务的各种工棚、材料棚、休息棚和办公室、食堂、茶炉房、汽车房等临时性房屋,不论是施工企业自行建造还是由基建单位出资建造交施工企业使用的,在施工期间,一律免征房产税。但是,如果在基建工程结束以后,施工企业将这种临时性房屋交还或者估价转让给基建单位的,应当从基建单位接收的次月起,依照规定征收房产税。"第十九条还明确:"纳税人自建的房屋,自建成之次月起征收房产税。纳税人委托施工企业建设的房屋,从办理验收手续之次月起征收房产税。"

因此,施工期间不予征税的临时性建筑物必须同时满足两个条件:其一必须为基建工地服务,其二必须处于施工期间。相反如果基建工程结束,临时性建筑物归基建单位使用,则须从基建单位使用的次月起缴纳房产税。

会计处理为,借记"税金及附加",贷记"应交税费—应交房产税等账户"。

---

① 注:条款失效。第十一条失效,参见:《财政部国家税务总局关于具备房屋功能的地下建筑征收房产税的通知》,财税〔2005〕181号。条款失效。第七条失效,参见:《财政部国家税务总局关于房产税城镇土地使用税有关问题的通知》,财税〔2009〕128号。注释:条款失效,第五条,第七条,第十一条,第十五条,第十八条,第二十条废止;第二十四条"税务机关审核"的内容废止。参见:《国家税务总局关于公布全文失效废止部分条款失效废止的税收规范性文件目录的公告》国家税务总局公告2011年第2号。

第七节

自营开发工程成本的核算

一、自营工程成本核算的对象和项目

由于开发企业基础设施、建筑安装等工程具有多样性和固定性的特点，每一工程几乎都有它的独特形式和结构，需要一套单独的设计图纸，在建设它时，要采用不同的施工方法和施工组织。即使采用相同的标准设计，也由于必须在指定的地点建造，以致它们的地形、地质、水文等自然条件和交通、材料资源等社会条件不同，在建造时，往往也需要对设计图纸以及施工方法、施工组织等作适当改变。工程的这些特点，使工程施工具有个体性。因此，基础设施、建筑安装等工程的施工属于单件生产，在对工程组织成本核算时，必须采用定单成本核算法，即按照各项工程进行分别核算成本的方法。凡是可以直接计入各项工程的生产费用，应直接计入各项工程成本；凡是不能直接计入各项工程而应由有关工程共同负担的生产费用，要先按照发生地点先行归集，然后按照一定的标准，定期分配计入有关工程成本。按定单成本核算法核算工程成本，必须确定工程成本计算的对象。工程成本核算的对象，通常是具有工程预算的单位工程。因为单位工程是编制工程预算、工程进度计划的对象。根据单位工程来组织工程成本核算，便于反映工程预算的执行结果，分析工程成本超降的原因，及时反映施工活动的经济效益。

为了简化工程成本核算手续，对于：（1）在同一施工地点、同一结构类型、开竣工时间相接近的各个单位工程；（2）在同一工地上施工的几个预算造价较小的工程，也可把它们的成本合并核算，然后按照各该单位工程预算造价的比例，算得各该单位工程的实际成本。

为了便于核算各项工程成本和分清工程成本超降的原因，必须对生产费用按照经济用途加以分类。施工单位的生产费用按照它的经济用途，一般应分为下列成本项目：

（1）材料费指在施工过程中所耗用的构成工程实体的材料、结构件的实际成本以及周转材料的摊销和租赁费用。

（2）人工费指直接从事工程施工工人（包括施工现场制作构件工人，施工现场水平、垂直运输等辅助工人，但不包括机械施工人员）的工资、奖金、津贴和职工福利费。

（3）机械使用费指在施工过程中使用施工机械所发生的费用，包括机上操作人员工资，职工福利费，燃料动力费，机械折旧、修理费，替换工具及部件费，润滑及擦拭材料费，安装、拆卸及辅助设施费，养路费，牌照税，使用外单位施工机械的租赁费，以及按照规定支付的施工机械进出场费。

（4）其他直接费指现场施工用水、电、蒸汽费，冬雨期施工增加费，夜间施工增加费，土方运输费，材料二次搬运费，生产工具用具使用费，工程定位复测费，工程点交费，场地清理费等。

（5）施工间接费是指施工单位为组织和管理工程施工所发生的全部支出，包括施工单位管理人员工资、职工福利费、办公费、差旅交通费、行政管理用固定资产折旧修理费、低值易耗品摊销、财产保险费、劳动保护费、民工管理费等。如搭建为工程施工所必需的生产、生活用的临时建筑物、构筑物及其他临时设施，还应包括临时设施摊销费。

上述材料费、人工费、机械使用费和其他直接费，由于直接耗用于工程的施工过程，叫做直接费，可以直接计入"工程施工"科目和各项工程成本。施工间接费由属于组织和管理工程施工所发生的各项费用，要按照一定标准分配计入各项工程成本，叫做间接费，在核算上应先将它记入"施工间接费用"科目，然后按照一定标准分配计入各项工程成本。

二、材料费的归集和分配

房地产开发企业的原材料主要包括用于房地产开发的库存钢材、木材、水泥等建筑材料和库存设备。库存设备指将直接用于产品开发，并构成开发产品实体一部分的设备，如空调设备、监控设备、供暖设备、电照设备等。

（一）原材料的核算（按实际成本核算）

1. 原材料核算的账户设置

为了核算库存材料的实际成本，企业应设置以下两个账户：

（1）"在途物资"账户

"在途物资"账户核算企业从外部购入但尚未到达或尚未验收入库的各种存

货（包括材料、设备、低值易耗品等）的实际成本。该账户借方登记外购的尚未入库材料的实际采购成本（包括买价和运杂费等），贷方登记已验收入库材料的实际成本。如有余额在借方，表示的是在途物资的实际成本。

该账户应按购入物资的品种或类别设置明细账，进行明细核算。如：

在途物资—A材料

在途物资—B设备等

（2）"原材料"账户

该账户核算企业各种库存材料的实际成本，借方登记已验收入库材料的实际成本，贷方登记企业已领用发出材料的实际成本。余额在借方，表示的是库存材料的实际成本。

该账户应按库存材料的类别或品种设置明细账，进行明细核算。如：

原材料—A材料

原材料—B材料

原材料—设备等

2. 一般建筑材料核算的财务处理

购入材料的账务处理：这里所谓的一般建筑材料主要包括建筑用的钢材、水泥、木材等建筑原材料。企业购入材料的过程中，大致可能发生以下四种情况，企业应根据不同情况进行账务处理。

1）材料已验收入库，发票账单已到，货款已付。

在这种情况下，也可以不通过"在途物资"账户，而直接记入"原材料"账户。

【例4-3】3月2日，企业从乙公司购入A材料一批，发票账单已到，增值税专用发票上注明的价款50 000元，增值税8 500元，另由售货方垫付运杂费2 000元（取得普通发票），款项已用银行存款支付，材料已验收入库。应作如下会计分录：

借：原材料—A材料　　　　　　　　　　　　　　　　　　　　52 000
　　应交税费—应交增值税（进项税额）　　　　　　　　　　　　8 500
　　贷：银行存款　　　　　　　　　　　　　　　　　　　　　60 500

如果上述业务，货款尚未支付，分录如下：

借：原材料—A材料　　　　　　　　　　　　　　　　　　　　52 000

| 应交税费——应交增值税（进项税额） | 8 500 |
| 贷：应付账款——乙公司 | 60 500 |

2）发票账单已到，货款已付，但材料尚未到达验收入库。

按上例，如果货款已付，材料尚未到达，应作如下分录：

借：在途物资——A材料	52 000
应交税费——应交增值税（进项税额）	8 500
贷：银行存款	60 500

待材料到达并验收入库后再作如下分录：

| 借：原材料——A材料 | 52 000 |
| 贷：在途物资——A材料 | 52 000 |

3）材料已到达并已验收入库，但发票账单尚未到达，可暂时不做账务处理，待发票账单到达后，再进行会计处理。但到月末发票账单仍然未到，则应按暂估料款入账，借记"原材料"，贷记"应付账款——暂估应付款"账户，下月初再做相反的分录冲回，待发票账单到达后，再按实际采购成本进行账务处理。

4）如果所购材料在验收时发生短缺，则区分以下情况进行处理。如属于运输部门的责任，则要求运输部门赔偿，如属于合理损耗，则应计入材料的采购成本。

（二）"甲供材"的核算

"甲供材"一般不会影响房地产开发企业和施工单位双方的会计处理，对于"甲供材"要根据工程承包合同的约定作不同的会计处理。

（1）合同约定总价中含"甲供材"价格的，在房地产开发企业发出材料时，作为预付账款处理，借记"预付账款"账户，贷记"原材料"账户。

（2）合同约定总价中不含"甲供材"价格的，在房地产开发企业发出材料时，借记"开发成本"账户，贷记"原材料"账户。

（三）周转材料的核算

房地产开发企业的周转材料主要指企业周转使用的低值易耗品。低值易耗品是指达不到固定资产标准，不能作为固定资产核算的各种用具物品，如工具、管理用具、劳保用品等。

低值易耗品的采购、入库、保管、领发与原材料、库存设备的会计处理基本相同。但因为低值易耗品可以在一定期间内多次周转使用，所以低值易耗品在领用后，其成本结转方法与原材料有所不同。低值易耗品领用后，它的成本是通过价值摊销的方式计入有关成本费用的。低值易耗品的价值摊销存在着不同的方法。

1. 低值易耗品的摊销方法

按最新会计准则，低值易耗品的摊销有两种方法。

（1）一次摊销法

低值易耗品一次摊销法是指在领用低值易耗品时，将其全部价值一次转入有关成本费用。在低值易耗品报废时，收回残料的价值，冲减有关成本费用。一次摊销法适用于经常领用价值较小且容易损坏的低值易耗品。

（2）五五摊销法

低值易耗品的五五摊销法是指在领用低值易耗品时，将其价值的50%摊入有关成本费用，在其报废时，将余下的50%部分扣除收回残料的价值后摊入有关成本费用的一种方法。

2. 低值易耗品摊销的会计处理（按实际成本核算）

为了核算低值易耗品成本和摊销情况，企业要设置"周转材料—低值易耗品"账户，该账户借方登记入库低值易耗品的实际成本，其贷方登记发出或摊销的低值易耗品的成本。其借方余额表示在库和在用的低值易耗品的实际成本。

（1）一次摊销法

低值易耗品的一次摊销法，在领用时，要直接借记有关成本费用账户，贷记"周转材料—低值易耗品"账户。

【例4-4】某房地产企业发生下列业务：

1）开发现场管理机构领用低值易耗品一批，成本3 200元，企业管理部门领用低值易耗品一批，成本1 300元，采用一次摊销法进行摊销。作如下会计分录：

借：开发间接费用　　　　　　　　　　　　　　　　　　3 200
　　管理费用　　　　　　　　　　　　　　　　　　　　1 300
　　贷：周转材料—低值易耗品　　　　　　　　　　　　4 500

2）本月企业管理部门报废低值易耗品一批，收回残料300元；开发现场报废低值易耗品一批，收回残料200元。

残料均已入库。作如下会计分录：

借：原材料　　　　　　　　　　　　　　　　　　　　　　　500
　　贷：管理费用　　　　　　　　　　　　　　　　　　　　300
　　　　开发间接费用　　　　　　　　　　　　　　　　　　200

（2）五五摊销法

采用五五摊销法，要在"周转材料——低值易耗品"二级账户下，设置"在库低值易耗品"、"在用低值易耗品"和"低值易耗品摊销"三个三级账户。账务处理如下：

1）购入低值易耗品时：

借：周转材料——低值易耗品——在库低值易耗品
　　应交税费——应交增值税（进项税额）
　　贷：银行存款等

2）领用低值易耗品时，按低值易耗品全部价值将在库转为在用：

借：周转材料——低值易耗品——在用低值易耗品
　　贷：周转材料——低值易耗品——在库低值易耗品

3）在领用的同时，通过"——低值易耗品摊销"三级账户，摊销低值易耗品成本的50%：

借：管理费用等
　　贷：周转材料——低值易耗品——低值易耗品摊销

4）低值易耗品报废时：将收回残料价值借记"库存材料"账户，贷记"在用低值易耗品"明细账户。

借：原材料
　　贷：周转材料——低值易耗品——在用低值易耗品

同时将在用低值易耗品50%的价值扣除残料后借记有关成本费用，贷记"周转材料——低值易耗品——低值易耗品摊销"明细账。

5）将低值易耗品摊销完以后，"低值易耗品摊销"三级账的贷方发生额，与"在用低值易耗品"三级账的借方余额正好相等，然后将两个明细账户进行对冲：

借：周转材料——低值易耗品——低值易耗品摊销
　　贷：周转材料——低值易耗品——在用低值易耗品

经过上述对冲，已将两个明细账的余额全部冲平。

【例4-5】某房地产开发企业开发现场管理机构领用办公用具一批，价值5 000元，采用五五摊销法摊销。

1）领用时，将在库低值易耗品转为在用。

借：周转材料—低值易耗品—在用低值易耗品　　　　　　　5 000
　　贷：周转材料—低值易耗品—在库低值易耗品　　　　　　　5 000

领用的同时，通过"低值易耗品摊销"明细账摊销其价值的50%。

借：开发间接费用　　　　　　　　　　　　　　　　　　　　2 500
　　贷：周转材料—低值易耗品—低值易耗品摊销　　　　　　　2 500

2）一定时期后，该批低值易耗品已报废，收回残料价值300元。

残料入库时：

借：原材料　　　　　　　　　　　　　　　　　　　　　　　　300
　　贷：周转材料—低值易耗品—在用低值易耗品　　　　　　　　300

同时，将原低值易耗品价值的50%扣除残料价值后，进行摊销。

5 000×50%-300=2 200（元）

借：开发间接费用　　　　　　　　　　　　　　　　　　　　2 200
　　贷：周转材料—低值易耗品—低值易耗品摊销　　　　　　　2 200

3）将"低值易耗品摊销"与"在用低值易耗品"两个明细账户进行对冲。

借：周转材料—低值易耗品—低值易耗品摊销　　　　　　　　4 700
　　贷：周转材料—低值易耗品—在用低值易耗品　　　　　　　4 700

说明：考虑到房地产开发企业的周转材料主要是低值易耗品，所以也可以不设"周转材料"账户，而直接将"低值易耗品"设为一级账户，这样可以减少账户层次。

三、人工费的归集和分配

（一）应付职工薪酬核算的内容

职工薪酬是职工对企业投入劳动而获得的报酬，是房地产开发企业必须付出的人力成本。应付职工薪酬是指企业根据有关规定应付给职工的各种薪酬。按现行规定，职工薪酬主要包括职工的工资、奖金、津贴和补贴，职工福利费，医疗、养老、失业、工伤、生育等社会保险费，住房公积金，工会经费，职工教育经费，非货币性福利等。

1. 职工工资、奖金、津贴和补贴

职工工资、奖金、津贴和补贴，是指按国家统计局《关于职工工资总额组成

的规定》，构成工资总额的计时工资、计件工资、加班加点工资和奖金、津贴、物价补贴等。按国家法律、法规和政策规定，企业在职工因病、工伤、产假、计划生育假、婚丧假、事假、探亲假、定期休假和停工学习等按计时工资的一定比例支付的工资，也属于职工工资范畴，应计入工资总额。

2. 职工福利费

职工福利费，是指尚未实行分离办社会职能或主辅分离、辅业改制的企业，内设医务室、职工浴室、理发室、托儿所等集体福利机构人员的工资、医务经费、职工因公负伤赴外地就医路费、职工防暑降温费、职工困难补贴、救济费、职工食堂经费补贴、职工交通补贴、职工误餐补贴和未实行医疗统筹企业职工医疗费用，以及按规定发生的其他职工福利支出，包括丧葬补助费、抚恤费、安家费、探亲假路费和独生子女费等。

3. 社会保险费

社会保险费，包括医疗保险费、养老保险费、失业保险费、工伤保险费和生育保险费，企业一般按工资总额的一定比例计提，并向社会保险经办机构缴纳。此外，企业根据《企业年金试行方法》、《企业年金基金管理试行方法》等有关规定。向有关单位、企业年金基金账户管理人，缴纳的补充养老保险费和以商业保险形式提供给职工的各种保险待遇也应归属于社会保险的范围。

4. 住房公积金

住房公积金，是指企业按照国家《住房公积金管理条例》规定的基准，企业的工资总额和一定比例计提，并向住房公积金管理机构为职工缴存的住房公积金。

5. 工会经费

工会经费，是指企业用于开展职工教育、文娱、体育、宣传活动以及其他活动等方面的开支，根据工资总额的一定比例，从成本费用中提取的金额。

6. 职工教育经费

职工教育经费，是指企业为职工学习先进技术，提高职工职业技能而用于职工教育事业培训的一项费用，如上岗和转岗培训、各类岗位适应性培训、岗位培训、职业技术等级培训、高技能人才培训、专业技术人员继续教育、特种作业人员培训、企业组织的职工外送培训的经费支出、职工参加的职业技能鉴定和职业资格认证等经费支出等，根据工资总额的一定比例，从成本费用中提取的金额。

7. 非货币性福利

非货币性福利，是指企业以自己的产品或外购商品发放给职工作为福利，企业提供给职工无偿使用自己拥有的资产或租赁资产，比如提供给企业高级管理人员使用的住房，免费为职工提供医疗保健的服务，或向职工提供企业支付了一定补贴的商品或服务等，比如以低于成本的价格向职工出售住房等。

8. 辞退福利

辞退福利，是指由于分离办社会职能、实施主辅分离、辅业改制、重组、改组计划或职工不能胜任等原因，企业在职工劳动合同尚未到期之前解除与职工的劳动关系，或者为鼓励职工自愿接受裁减而提出补偿建议的计划中给予职工的经济补偿。

9. 其他职工薪酬

其他职工薪酬是指以上所述的职工薪酬以外的其他为获得职工提供的服务而给予的薪酬，比如，企业提供给职工以权益形式结算的认股权、以现金形式结算但以权益工具公允价值为基础确定的现金股票增值权等。

（二）应付职工薪酬的核算

1. 应设置的会计账户

"应付职工薪酬"账户核算房地产开发企业应支付给职工的各项报酬。该账户贷方分配计入有关成本费用的职工薪酬的数额，借方登记实际发放、支付和缴纳的职工薪酬，期末贷方余额反映企业应付未付或应缴纳而尚未缴纳的职工薪酬。

该账户应设置"短期薪酬"、"离职后福利"、"辞退福利"、"其他长期职工福利"、"非货币性福利"、"股份支付"等明细，进行明细核算。

2. 应付职工薪酬分配的核算

所谓职工薪酬分配的核算，是指月末计算出企业各部门人员的职工薪酬，并将应付职工薪酬计入有关成本费用的过程。

（1）"应付职工薪酬—短期薪酬—工资"的分配

房地产开发企业工资薪酬分配的会计处理是，开发现场管理人员的工资计入"开发间接费用"账户，销售部门人员的工资计入"销售费用"账户，管理部门人员的工资计入"管理费用"账户。

（2）"应付职工薪酬—短期薪酬—职工福利"的支付和分配

根据新会计准则，职工的医疗保险已通过"应付职工薪酬—短期薪酬—社会保险"明细科目核算。非货币性的职工福利则通过"应付职工薪酬—非货币性福利"明细科目核算，"应付职工薪酬—短期薪酬—职工福利"明细科目核算的范围已经很小，所以国家没有规定职工福利的计提基础和计提比例。企业在会计实务中简化处理，只需将职工福利的实际发生额在发生的当期进行分配，计入有关成本和费用，而不进行预提。

（3）"应付职工薪酬—短期薪酬—社会保险费"的分配

企业向社会保险机构为职工缴纳的医疗、工伤、生育等三项社会保险（养老和失业保险等在"应付职工薪酬—离职后福利"中进行会计处理），可分为两部分，一部分由企业来负担，另一部分由职工个人负担。

由企业负担的部分同工资薪酬一样，要计入有关成本费用，在本科目中进行会计处理；由职工个人负担的部分，企业在向职工发放工资时，从职工的工资中扣除。

（4）"应付职工薪酬—短期薪酬—住房公积金"的分配

企业为职工向住房公积金管理中心交存的住房公积金，也分为两部分；一部分由企业负担；另一部分由职工个人负担。由企业负担的部分同上述社会保险一样，要计入有关成本费用；由职工个人负担的部分，企业在向职工发放工资时，从职工的工资薪酬中扣除。

企业为职工计提的住房公积金，国家也规定了计提基础和比例。其会计处理与上述社会保险费的会计处理相同。

（5）"应付职工薪酬—短期薪酬—工会经费"的分配与支付

"应付职工薪酬—短期薪酬—工会经费"是为开展工会活动而按照工资总额的一定比例从成本费用中提取的。按现行规定，工会经费是按照工资总额的2%计提。为简化核算，企业计提的工会经费可直接计入管理费用。

（6）"应付职工薪酬—短期薪酬—职工教育经费"的分配

"应付职工薪酬—短期薪酬—职工教育经费"是企业为职工学习先进技术和提高文化水平而支付的费用。职工教育经费是按照工资总额的一定比例从成本费用中提取的，按现行规定，职工教育经费是按照工资总额的2.5%计提的。为了简化核算，企业计提的职工教育经费可直接计入管理费用。

（7）"应付职工薪酬—非货币性福利"的分配

非货币性福利主要包括企业以自己的产品或其他有形资产发放给职工作为福利、企业向职工提供无偿使用自己拥有的资产（如企业提供给高级管理人员的汽车、住房等）、企业为职工无偿提供商品或类似医疗保健的服务等。

3. **工资薪酬发放的核算**

工资的发放，也称工资的结算，是将应付给职工的工资薪酬发放给职工的过程。在工资发放时要将职工个人所得税、职工个人承担的社会保险和住房公积金等从应发工资中扣除，将扣除后的实发工资用银行存款或库存现金发放。

四、机械使用费的归集和分配

施工单位因采用机械化施工而发生的各项费用，应另行组织核算。因为使用施工机械而发生的机械使用费，是单独记入工程成本的"机械使用费"项目的。

机械使用费的内容，一般包括：

（1）人工费指机上操作人员的工资和职工福利费。

（2）燃料、动力费指施工机械耗用的燃料、动力费。

（3）材料费指施工机械耗用的润滑材料和擦拭材料等费用。

（4）折旧、修理费指对施工机械计提的折旧费、应计的修理费和租入机械的租赁费。

（5）替换工具、部件费指施工机械使用的传动皮带、轮胎、胶皮管、钢丝绳、变压器、开关、电线、电缆等替换工具和部件的摊销费和维修费。

（6）运输装卸费指将施工机械运到施工现场、运离施工现场和在工地范围内转移的运输、安装、拆卸及试车等费用，若运往其他施工现场，运出费用由其他施工现场的工程成本负担。

（7）辅助设施费指为使用施工机械建造、铺设的基础、底座、工作台、行走轨道等费用。施工机械的辅助设施费，如数额较大，可先记入"预付账款"科目，然后按照现场施工期限分次从"预付账款"科目转入"工程施工—机械使用费"科目，摊入各月工程成本。

（8）养路费、牌照税指为施工机械如铲车、压路机等缴纳的养路费和牌照税。

（9）间接费指机械施工队组织机械施工、管理机械发生的费用和停机棚的折旧、修理费。

至于施工机械所加工的材料，如搅拌混凝土时所用的水泥、砂、石等，应记入工程成本的"材料费"项目；为施工机械担任运料、配料和搬运成品工人的工资，应记入工程成本的"人工费"项目；土建施工队因组织机械施工而发生的有关管理费，一般应记入"施工间接费用"的有关项目，不列作施工机械使用费。

机械使用费的总分类核算，应先在"工程施工—机械使用费"科目进行。施工单位发生的各项机械使用费，都要自"库存材料"或"原材料"、"低值易耗品"、"材料成本差异"、"应付职工薪酬"、"银行存款"、"累计折旧"、"预付账款"等科目的贷方转入"工程施工—机械使用费"科目的借方，作如下分录入账：

借：工程施工—机械使用费 19 000
　　贷：库存材料或原材料 1 100
　　　　低值易耗品 150
　　　　材料成本差异 25
　　　　应付职工薪酬 4 560
　　　　银行存款 2 165
　　　　累计折旧 8 000
　　　　预付账款 3 000

机械使用费的明细分类核算，对大型机械可按各机械分别进行；对中型机械一般可按机械类别进行。至于那些没有专人使用的小型施工机械，如打夯机、卷扬机、砂浆机、钢筋木工机械等的使用费，可合并计算它们的折旧、修理费。

大型机械使用费的分配，一般都以施工机械的工作台时（或工作台班或完成工作量）为标准。各施工机械对各项工程施工的工作台时，可以根据各种机械的使用记录，在"机械使用月报"中加以汇总。

根据机械使用费明细分类账记录的机械使用费合计数和机械使用月报中各项工程的工作台时，就可通过下列算式将机械使用费进行分配。

某项工程应分配的机械使用费=该项工程使用机械的工作台时×（机械使用费合计/机械工作台时合计）

对于各种中型机械的机械使用费的核算，也可不分机械种类进行。在这种情况下，对于各项工程应分配的机械使用费，可在月终先根据机械使用月报中各种机械的工作台时合计分别乘该种机械台时费计划数，求得当月按各种机械台时费计划数计算的机械使用费合计，然后与当月实际发生的机械使用费合计数比较，求得机械使用费实际数对按台时费计划数的百分比，再将各项工程按台时费计划数计算的机械使用费进行调整。

某项工程应分配的机械使用费=∑（该工程使用机械的工作台时×机械台时费计划数）×［实际发生的机械使用费/∑（机械工作台时合计×该机械台时费计划数）］

【例4-6】现举例说明它的分配计算方法如下：

（1）先确定各种施工机械每个台时费计划数：

施工机械台时费计划数的计算，可参照以往核算资料确定，也可根据施工机械原值、折旧率、随机驾驶人员工资、估计年工作台时等资料加以计算。设例中：0.5m³履带挖土机的台时费计划数为20元，0.4m³混凝土搅拌机的台时费计划数为8元。

（2）求出各种施工机械按台时费计划数计算的机械使用费合计：

设例中：

0.5m³履带挖土机：290台时×台时费计划数20元=5 800元

0.4m³混凝土搅拌机：300台时×台时费计划数8元=2 400元

其他施工机械：11 800元。

按台时费计划数计算的机械使用费合计20 000元

（3）根据机械使用费明细分类账汇总计算实际发生的机械使用费，设例中19 000元。

（4）计算机械使用费实际数对按台时费计划数计算的百分比，设例中为19 000元/20 000元×100%=95%。

（5）将各项工程按台时费计划数计算的机械使用费按实际数加以调整。

如某商品房建筑工程按各机械工作台时和按台时费计划数计算的机械使用费合计数为9 000元，则应分配的机械使用费为：9 000元×95%=8 550元。

五、其他直接费的归集和分配

工程成本中的"其他直接费"，是指在施工现场直接发生但不能记入"材料费"、"人工费"和"机械使用费"项目的其他直接发生的费用，主要包括：

（1）施工过程中耗用的水、电、风、汽费；

（2）冬、雨期施工费包括为保证工程质量，采取保温、防雨措施所需增加的材料、人工和各项设施费用；

（3）因场地狭小等原因而发生的材料每次搬运费；

（4）土方运输费。

此外，还包括生产工具用具使用费、检验试验费、工程定位复测费、工程点交费、场地清理费等。

施工单位在现场耗用的水、电、风、汽和运输等劳务，可按实际结算数记入"工程施工"账户的借方和有关工程成本的"其他直接费"项目。如用银行存款为某项工程支付土方运输费2 000元，应作：

借：工程施工　　　　　　　　　　　　　　　　　　　　　1 801.8

　　应交税费—应交增值税（进项税额）　　　　　　　　　　198.2

  贷：银行存款   2 000

  对于不能直接记入各项工程成本的水、电、风、汽等劳务费用，可在月终根据各项工程的实际耗用量，将各项劳务费用分配于各有关工程成本。

  根据水、电、风、汽、运输费用分配表，就可将各项工程分配的水、电、风、汽和材料二次搬运费等计入各项工程成本的"其他直接费"项目。

  对于施工现场发生的各项冬、雨期施工费以及工程定位复测费、工程点交费、场地清理兼、检验试验费等其他直接费，凡能直接计入各项工程成本的，应直接计入；不能直接计入各项工程成本的，应先行汇总登记，然后按照一定标准将它分配计入有关工程成本。

六、间接费用的归集和分配

（一）管理费用

  "管理费用"账户核算房地产开发企业为组织和管理企业开发经营所发生的管理费用。该账户借方登记企业发生的各项管理费用，贷方登记期末结转入"本年利润"账户的各项管理费用。期末，"管理费用"账户的余额结转"本年利润"账户后无余额。该账户应按费用项目设置多栏式明细账。

（二）销售费用

  "销售费用"账户核算房地产开发企业销售开发产品的过程中发生的各种费用。该账户借方登记企业发生的各项销售费用，贷方登记期末结转入"本年利润"账户和各项销售费用。期末，"销售费用"账户的余额结转"本年利润"账户后无余额。该账户应按费用项目设置多栏式明细账。

（三）财务费用

  "财务费用"账户核算房地产开发企业为筹集生产经营所需资金等而发生的筹资费用。该账户借方登记企业发生的财务费用，贷方登记期末结转入"本年利润"账户的各项财务费用。期末，"财务费用"账户的余额结转"本年利润"账户后无余额。该账户应按费用项目设置多栏式明细账。在此特别说明，房地产企业的贷款一般是项目贷款，用于申请贷款的项目，因此，房地产企业的贷款利息应予以资本化，计入开发成本—某某项目—开发间接费或单独设置开发成本—某某项目—利息支出。

第八节

发包开发工程及其价款结算的核算

房地产开发企业的基础设施、配套设施、建筑及安装等工程的施工通常采用出包方式进行，在出包的工程中需要进行的会计核算业务有投标保证金的核算、预付备料款、工程款的核算、工程价款结算及其应付工程款的核算等。

一、工程价款结算的办法

工程发包指房地产开发企业将房地产开发项目的施工采用发包方式委托施工单位进行施工。工程发包的主要工作包括发包方式选择、各类合同条件谈判和合同签订等。发包方式一般有直接委托、招标，招标又可以采用邀请招标和公开招标，将工程发包给施工企业。

合同谈判主要包括价款、结算方式及付款方式的谈判。房地产开发企业与施工企业在工程承包合同中规定的工程价款的结算，应根据国家有关工程价款结算办法，结合当地的有关规定具体确定，目前主要有如下三种方式：

（1）按月结算

按月结算就是按照每月实际完成的分部分项工程进行结算，由于房地产企业施工跨年度，施工管理复杂，按月结算及时性强，但工作量大。

（2）分段结算

分段结算就是将一个单位工程按形象进度划分为几个阶段（部位），如基础、结构、装饰及竣工验收等，按照完成阶段，分段验收结算工程价款。分段结算也可按月预付工程款，注意，此时一定要扣除甲供材料（甲供材料一般为大宗材料，由甲方提供，比如钢筋、钢板、管材以及水泥等。施工合同里对于甲供材料有详细的清单），即在月中按照当月施工计划工作量预付，于工程竣工验收后按工程承包合同价值扣除预付工程款后进行结算。这种结算方式比较普遍。

（3）竣工结算

开发项目工期在12个月之内或价值较小的，也可以采取每月月中支付，竣工后一次决算。

二、应付工程款和预付备料款、工程款的核算

（一）投标保证金的核算

出包工程招标，房地产开发企业会要求投标单位缴纳一定金额的投标保证金。投标结果确定后，在约定期限内房地产开发企业将投标保证金退回未中标的单位，中标单位支付的投标保证金转为履约保证金。

投标保证金通过"其他应付款"账户核算，可按投标单位的名称进行明细核算。收到投标单位支付的投标保证金，借记"银行存款"等账户，贷记"其他应付款——投标保证金"账户，退回投标单位的投标保证金，借记"其他应付款——投标保证金"账户，贷记"银行存款"账户，中标单位的投标保证金转为履约保证金，借记"其他应付款——投标保证金"账户，贷记"其他应付款——履约保证金"账户。

（二）预付备料款、工程款的核算

房地产开发企业在工程出包中，通常会在工程承包合同中明确规定房地产开发企业在开工前拨付给承包方一定数额的工程预付备料款，以此作为承包商为工程项目储备主要材料所需要的流动资金。由于房地产开发企业拨付给承包方的备料款属于预支性质，在工程进行时，随着工程所需主要材料储备的逐步减少，应以抵充工程价款的方式扣回。房地产开发企业和承包方双方应当在专门条款内约定房地产开发企业向承包方预付工程款的时间和数额，开工后随工程进度按约定的时间和比例逐次扣回。

房地产开发企业出包工程，一般是先预付给承包单位一部分款项，待工程完工结算，或按期结算时，再确认应付工程价款。为了简化核算，可以将预付工程款和应付工程款合并在"应付账款"一个账户核算。预付工程款时登记在"应付账款"账户的借方，待工程完工结算时，或结算本月完工部分的工程账款时，将应付工程价款登记在"应付账款"账户的贷方，用该账户的贷方发生额减去借方的发生额，就是应向工程承包单位补付的款项。对于不设"预付账款"账户的企业，如果"应付账款"账户出现了借方余额，就是预付账款，在资产负债表中应进行重分类调整，作为一项债权类资产在"预付账款"项目列示。

房地产开发企业与施工企业有关预付备料款、结算工程款的核算，应在"应付账款——应付工程款"和"预付账款——预付承包单位款"两个账户进行。开发企

业按照规定预付给承包单位的备料款和工程款，应计入"预付账款—预付承包单位款"账户的借方。

对于已经完工但没有办理结算的工程款项或虽然办理了竣工决算但没有取得发票的成本部分，通过"预提费用"科目贷方预提，同时计入"开发成本—房屋开发成本"等相关科目的借方。等取得相关发票时再借"预提费用"，贷"应付账款"或"银行存款"等科目。

（三）质量保证金的核算

在房地产开发企业开发建设过程中，项目工程质保金由房地产开发企业从施工企业工程计量拨款中直接扣留按项目工程价款结算总额×合同约定的比例，一般为5%，且一般不计算利息。施工企业应在项目工程竣工验收合格后的缺陷责任期内，认真履行合同约定的责任，缺陷责任期满后，应及时向房地产开发企业申请返还工程质保金。房地产开发企业及时向施工企业退还工程质保金。对于项目工程质保金，在会计核算中，一般与施工单位决算后，施工单位开具全额发票，而按规定没有支付给施工单位的部分。应计入"开发成本"账户的借方和"其他应付款—质保金"、银行存款或"库存现金"账户的贷方，支付质保金时，应计入"其他应付款—质保金"账户的借方和"银行存款"（或"库存现金"）账户的贷方。对于质量保证金，在收取时，应计入"银行存款"（或"库存现金"）账户的借方和"其他应付款—质保金"账户的贷方，在退还给施工单位时，应计入"其他应付款—质保金"的借方和"银行存款"（或库存现金）账户的贷方。

第九节

代建工程开发成本的核算

一、代建工程的种类及其成本核算的对象

代建工程是指开发企业接受委托单位的委托,代为开发的各种工程,包括土地、房屋、市政工程等。由于各种代建工程有着不同的开发特点和内容,在会计上也应根据各类代建工程成本核算的不同特点和要求,采用相应的费用归集和成本核算方法。现行会计制度规定,企业代委托单位开发的土地、各种房屋所发生的各项支出,应分别通过"开发成本—商品性土地开发成本"和"开发成本—房屋开发成本"账户进行核算,并在这两个账户下分别按土地、房屋成本核算对象,和成本项目归集各项支出,进行代建工程项目开发成本的明细分类核算。除土地、房屋以外,企业代委托单位开发的其他工程如市政工程等,其所发生的支出,则应通过"开发成本—代建工程开发成本"账户进行核算。因此,开发企业在"开发成本—代建工程开发成本"账户核算的,仅限于企业接受委托单位委托,代为开发的除土地、房屋以外的其他工程所发生的支出。

代建工程开发成本的核算对象,应根据各项工程实际情况确定。成本项目一般可设置如下几项:

(1)土地征用及拆迁补偿费;
(2)前期工程费;
(3)基础设施费;
(4)建筑安装工程费;
(5)开发间接费。

在实际核算工作中,应根据代建工程支出内容设置使用。

二、代建工程开发成本的核算

开发企业发生的各项代建工程支出和对代建工程分配的开发间接费用,应记入"开发成本—代建工程开发成本"账户的借方和"银行存款"、"应付账款—

应付工程款"、"库存材料"、"应付工资"、"开发间接费用"等账户的贷方。同时应按成本核算对象和成本项目分别归类记入各代建工程开发成本明细分类账。代建工程开发成本明细分类账的格式，基本上和房屋开发成本明细分类账相同。

完成全部开发过程并经验收的代建工程，应将其实际开发成本自"开发成本—代建工程开发成本"账户的贷方转入"开发产品"账户的借方，并在将代建工程移交委托代建单位，办妥工程价款结算手续后，将代建工程开发成本自"开发产品"账户的贷方转入"主营业务成本或其他业务成本"账户的借方。

如，某一般纳税人开发企业接受市政工程管理部门的委托，代为扩建开发小区旁边一条道路。扩建过程中，用银行存款支付拆迁补偿费300 000元和前期工程费177 600元，已确认应付基础设施工程款599 400元，同时应分配已发生开发间接费用88 000元，在发生上列各项扩建工程开发支出和分配开发间接费用时（上述费用除拆迁补偿费，其余费用均已取得增值税专用发票），应作如下分录入账：

```
借：开发成本—代建工程开发成本                    1 080 000
    应交税费—应交增值税（进行税额）                  77 000
  贷：银行存款                                    477 600
      应付账款—应付工程款                         599 400
      开发间接费用                                 80 000
```

道路扩建工程完工并经验收，结转已完工程成本时，应作如下分录入账：

```
借：开发产品—代建工程                            1 080 000
  贷：开发成本—代建工程开发成本                   1 080 000
```

第五章

预售、竣工及转让销售阶段

第一节

预售、竣工及转让销售阶段业务概述

房地产开发产品房预售，是指房地产开发企业与购房者约定，由购房者交付定金或预付款，而在未来一定日期拥有现房的房产交易行为。它与现房的买卖已成为我国商品房市场中的两种主要的房屋销售形式。

一、土地使用权转让

根据《城市房地产管理法》和《城市房地产转让管理规定》的规定，房地产转让时，房屋所有权和该房屋占用范围内的土地使用权同时转让。

以出让方式取得土地使用权的，房地产转让时，土地使用权出让合同载明的权利、义务随之转移。房地产转让，应当签订书面转让合同，合同中应当载明土地使用权取得的方式。

以出让方式取得土地使用权的，转让房地产时，应当符合下列条件：

（1）按照出让合同约定已经支付全部土地使用权出让金，并取得土地使用权证书；

（2）按照出让合同约定进行投资开发，属于房屋建设工程的，应完成开发投资总额的25%以上；属于成片开发土地的，依照规划对土地进行开发建设，完成供排水、供电、供热、道路交通、通信等市政基础设施、公用设施的建设，达到场地平整，形成工业用地或者其他建设用地条件。

以出让方式取得土地使用权的，转让房地产后，其土地使用权的使用年限为原土地使用权出让合同约定的使用年限减去原土地使用者已经使用年限后的剩余年限。

以出让方式取得土地使用权的，转让房地产后，受让人改变原土地使用权出让合同约定的土地用途的，必须取得原出让方和市、县人民政府城市规划行政主管部门的同意，签订土地使用权出让合同变更协议或者重新签订土地使用权出让合同，相应调整土地使用权出让金。

以划拨方式取得土地使用权的，转让房地产时，应当按照国务院规定，报有批准权的人民政府审批。有批准权的人民政府准予转让的，应当由受让方办理土地使用权出让手续，并依照国家有关规定缴纳土地使用权出让金。

以划拨方式取得土地使用权的，转让房地产时，属于下列情形之一的，经有批准权的人民政府批准，可以不办理土地使用权出让手续，但应当将转让房地产所获收益中的土地收益上缴国家或者作其他处理：

（1）经城市规划行政主管部门批准，转让的土地用于建设《中华人民共和国城市房地产管理法》第二十三条规定的项目的；

（2）私有住宅转让后仍用于居住的；

（3）按照国务院住房制度改革有关规定出售公有住宅的；

（4）同一宗土地上部分房屋转让而土地使用权不可分割转让的；

（5）转让的房地产暂时难以确定土地使用权出让用途、年限和其他条件的；

（6）根据城市规划土地使用权不宜出让的；

（7）县级以上人民政府规定暂时无法或不需要采取土地使用权出让方式的其他情形。

二、商品房销售

（一）商品房销售的方式

商品房销售包括商品房现售和商品房预售。商品房现售，是指房地产开发企业将竣工验收合格的商品房出售给买受人，并由买受人支付房价款的行为；商品房预售，是指房地产开发企业将正在建设中的商品房预先出售给买受人，并由买受人支付定金或者房价款的行为。

房地产开发企业可以自行销售商品房，也可以委托房地产中介服务机构销售商品房。

商品房销售及商品房销售管理应当遵守《商品房销售管理办法》的有关规定。

（二）商品房销售付款方式

承购人购买商品房，可以根据持有的资金情况，选择不同的付款方式：一次性付款、分期付款、按揭付款和公积金贷款。

1. 一次性付款

一次性付款是过去最为常见的付款方式，目前一般多用于那些低价位小单元的楼盘销售。承购人一次性付款一般都能从销售商处得到房价款一定比例的优惠，如是现房则能很快获得房屋的产权，如果是期房则这种付款方式价格最低。

2. 分期付款

分期付款又分为免息分期付款和低息分期付款，是目前比较吸引人的付款方式。分期付款可以缓解承购人一次性付款的经济压力，也可用房款督促房地产开发企业履行合同中的承诺，但随着付款期限的延长，利率会越高，房款额比一次性付款的房款额高。

3. 按揭付款

按揭付款，即购房抵押贷款，是承购人以所购房屋的产权作抵押，由银行先行支付房款给销售商，以后承购人按月向银行分期支付本息的付款方式，因为它能使市场潜在需求迅速转化为有效需求，同时缩短开发商资金回笼时间，所以成为促进房地产市场活跃的最有效手段。按揭付款可以筹集到所需资金，实现购房愿望，但目前手续繁琐、限制较多。

4. 公积金贷款

居民购房除了动用历年的积蓄，购房资金不足部分一般都首先申请个人住房公积金贷款，仍不足部分则再申请由银行个人住房按揭贷款解决，目前运用此种个人住房公积金贷款与银行个人住房按揭贷款相结合的"组合贷款"已是购房最普遍的贷款方式。因为它比较符合现实又较为合理，毕竟每户家庭可以计贷的个人住房公积金额度不会很多，若全部向银行贷款又会在利息上负担太重。

三、销售配套设施

配套设施是指企业根据城市建设规划的要求，或开发项目建设规划的要求，为满足居住的需要而与开发项目配套建设的各种服务性设施。

按法律规定，房屋配套设施通常应在房屋交付时同时具备使用条件。购房者在签订合同时必须按上述要求明确交付的配套设施的条件，以便在交付时有相关的依据。但是若未能达到要求，现行法律中并未明确如何承担违约责任，目前主要依据合同约定来追究违约责任。

配套设施可以分为"不能有偿转让的公共配套设施"和"可有偿转让的公共配套设施"两类。建成后能够有偿转让的配套设施，房地产开发企业应单独核算其成本，作为开发产品对外销售。

四、代建工程

代建工程是指房地产开发企业接受委托单位的委托，代为开发的各种工程，包括土地、房屋、市政工程等。在具体操作中，代建工程存在两种结算方式：

（一）全额结算

房地产开发企业（受托方）与委托建房单位（委托方）实行全额结算，只向委托方收取代建手续费的业务，就是说在建设过程中施工方、设计方、监理等不与受托方签订合同，而直接与委托方签订合同，受托方只收取一定代理费的房地产开发方式。

（二）拨付结算

受托方与委托方实行拨付结算，就是说在建设过程中施工方、设计方、监理等直接与受托方签订合同，不与委托方签订合同，资金由委托方拨付给受托方，受托方再拨付给施工方、设计方、监理等。代建工程最后销售或移交给委托方，受托方不收委托方的代建手续费也不参与利润分配。

第二节

营业收入及营业成本的核算

一、房地产企业主营业务收入的核算

"主营业务收入"科目属于损益类科目,用来核算房地产开发企业销售、转让、出租开发产品或代建工程等主营业务实现的收入。贷方登记企业本期确认的主营业务收入;借方登记本期发生的销售折让和销售退回应冲减的主营业务收入,以及期末转入"本年利润"科目的主营业务收入;期末结转后本科目应无余额。本科目可按"土地转让收入"、"商品房销售收入"、"配套设施销售收入"、"代建工程结算收入"、"出租产品租金收入"等主营业务收入的种类进行明细核算。

二、房地产企业主营业务成本的核算

"主营业务成本"科目属于损益类科目,用来核算企业在确认主营业务收入时应结转的开发产品的成本。借方登记企业期末根据本期销售、转让开发产品或代建工程的实际成本计算结转的主营业务成本,以及企业按月计提的出租产品摊销和发生的修理费用;贷方登记本期发生的销售退回应冲减的主营业务成本,以及期末转入"本年利润"科目的主营业务成本;期末结转后本科目应无余额。本科目可按"土地转让成本"、"商品房销售成本"、"配套设施销售成本"、"代建工程结算成本"、"出租产品经营成本"等主营业务成本的种类进行明细核算。

三、房地产企业其他业务的核算

(一)一般销售业务的账务处理

当房地产开发企业销售、转让开发产品获得的营业收入符合5个确认条件时,企业应及时确认收入,并结转相关的成本及税金。

【例5-1】2016年8月20日,某房地产开发企业采用现房销售方式,将一栋2015年4月30日前开发完成的写字楼出售给乙公司,其不含税售价为5 000万元。该写字楼的实际成本为2 900万元,增值税征收率5%,价款一次付清。其账务处理方法如下:

(1)确认商品房销售收入时:

借:银行存款 52 500 000
　　贷:主营业务收入——商品房销售收入 50 000 000
　　　　应交税费——简易计税 2 500 000

(2)结转商品房销售成本时:

借:主营业务成本——商品房销售成本 29 000 000
　　贷:开发产品——房屋 29 000 000

(二)商品房预售的账务处理

房地产开发企业进行商品房预售,一般涉及会员费、诚意金、办卡费、预售定金、预售款以及代收的配套费用、维修基金、办证费等业务的会计核算。

1. 会员费及诚意金的核算

按照国家关于商品房预售的有关规定,商品房认购协议书要在房地产企业取得政府行政主管部门核发的商品房预售许可证以后才能够与客户签订,也就是说,房地产企业收取的会员费和诚意金是在企业预售之前收取的款项。这部分款项因为没有预售证的支撑,其约束性很低,购房者可随时收回此款项。

由于会员费及诚意金的非约束性,不能将其作为预收款项处理,而应作为企业的应付款处理。

会员费、诚意金在"其他应付款"科目下核算,房地产企业可根据实际情况设置明细科目进行辅助核算,以满足管理的需要。该科目贷方核算收到的上述款项,借方核算退还的款项或转入"预收账款"等科目的款项。

【例5-2】某房地产开发企业开发的项目,预计在2016年9月能够取得商品房预售许可证,并计划于取得该证后马上开盘销售。该企业为了做好销售开盘前的准备,于2016年8月7日开始收取有购买意向客户的诚意金,诚意金为每套商品房2万元,当日共收取诚意金100万元。其账务处理方法如下:

借:银行存款 1 000 000

贷：其他应付款—诚意金　　　　　　　　　　　　　　　　　1 000 000

9月10日正式开盘销售，当日退还诚意金20万元，有部分诚意金客户签订了商品房认购协议，这部分客户原交付的40万元诚意金转为商品房销售定金。其账务处理方法如下：

　　借：其他应付款—诚意金　　　　　　　　　　　　　　　　　　600 000
　　　　贷：预收账款—销售定金　　　　　　　　　　　　　　　　400 000
　　　　　　银行存款　　　　　　　　　　　　　　　　　　　　　200 000

2. 销售定金及预收款的核算

定金是在签订商品房销售（预售）合同之前收取的款项，在销售合同签订后转作购房款，如果客户在协议规定的期限内不签订购房合同，房地产企业一般情况下将不再退还客户已经缴纳的定金。

房地产企业收取的定金，是在企业已取得预售房许可证并已与客户签订商品房认购协议基础上收取的款项，从实质上，它属于销售款的一部分。因此，定金应视同收取购房款，在"预收账款"科目核算。

房地产企业收取销售定金时，借记"银行存款"科目，贷记"预收账款—销售定金"科目。房地产企业与客户正式签订商品房预售合同时，按转出销售定金的金额，借记"预收账款—销售定金"科目，贷记"预收账款—销售款"科目，如果客户违反认购协议的规定，未能最终签订商品房预售合同，按不再退还的定金的金额，借记"预收账款—销售定金"科目，贷记"营业外收入"科目。

【例5-3】 某房地产开发企业于2016年9月20日共收取销售定金50万元，按照双方认购协议的规定，9月30日，该企业与其中部分客户正式签订了商品房预售合同，这部分客户已交付的销售定金为30万元。其账务处理方法如下：

（1）收取销售定金时：

　　借：银行存款　　　　　　　　　　　　　　　　　　　　　　　500 000
　　　　贷：预收账款—销售定金　　　　　　　　　　　　　　　　500 000

（2）签订商品房预售合同时：

　　借：预收账款—销售定金　　　　　　　　　　　　　　　　　　300 000
　　　　贷：预收账款—销售款　　　　　　　　　　　　　　　　　300 000

【例5-4】 A公司为房地产开发企业，A公司在主管国税机关登记为一般纳税人，并且将其房地产老项目备案为按简易计税方式征税。2016年5月销售房地产老项目楼盘一套，销售合同中注明含税价1 050万元，当月收到预收房款420万元，8月收到剩余房款630万元，并向客户全额开具发票。（以下涉及单位均为"万元"）问：做出A公司2016年5月~9月与上述业务相关的会计分录？

案例解析：

（1）2016年5月收到预收款：

借：银行存款　　　　　　　　　　　　　　　　　　　　　　　420

　　贷：预收账款　　　　　　　　　　　　　　　　　　　　　420

（2）2016年6月申报预缴税款：

借：应交税费—预交增值税　　　　　　　　　　　　　　　　　12

　　贷：银行存款　　　　　　　　　　　　　　　　　　　　　12

预缴税款=［420÷（1+5%）］×3%=12（万元）

文件依据： 国家税务总局2016年第18号公告《房地产开发企业销售自行开发的房地产项目增值税征收管理暂行办法》中第十条、第十一条、第十二条规定：第十条：一般纳税人采取预收款方式销售自行开发的房地产项目，应在收到预收款时按照3%的预征率预缴增值税。第十一条：应预缴税款按照以下公式计算：应预缴税款=预收款÷（1+适用税率或征收率）×3%适用一般计税方法计税的，按照11%的适用税率计算；适用简易计税方法计税的，按照5%的征收率计算。第十二条：一般纳税人应在取得预收款的次月纳税申报期向主管国税机关预缴税款。

6月末结转本月已预缴的增值税：

借：应交税费—未交增值税　　　　　　　　　　　　　　　　　12

　　贷：应交税费—预交增值税　　　　　　　　　　　　　　　12

（3）2016年8月收到剩余房款，确认收入：

借：银行存款　　　　　　　　　　　　　　　　　　　　　　　630

　　预收账款　　　　　　　　　　　　　　　　　　　　　　　420

　　贷：主营业务收入　　　　　　　　　　　　　　　　　　　1 000

　　　　应交税费—未交增值税　　　　　　　　　　　　　　　50

（4）2016年9月申报缴税

借：应交税费—未交增值税　　　　　　　　　　　　　　　　　38

　　贷：银行存款　　　　　　　　　　　　　　　　　　　　　38

申报缴税额=应纳税额－预缴税额=50－12=38（万元）

文件依据：国家税务总局2016年第18号公告《房地产开发企业销售自行开发的房地产项目增值税征收管理暂行办法》中第十五条规定，一般纳税人销售自行开发的房地产项目适用简易计税方法计税的，应按照《试点实施办法》第四十五条规定的纳税义务发生时间，以当期销售额和5%的征收率计算当期应纳税额，抵减已预缴税款后，向主管国税机关申报纳税。未抵减完的预缴税款可以结转下期继续抵减。

第三节

期间费用的核算

一、销售费用的核算

销售费用,是指企业在销售开发产品过程中发生的费用,包括产品销售之前的改装修复费、产品看护费、水电费、采暖费、产品销售过程中的广告费、展览费以及为销售本企业的产品而专设的销售机构的职工薪酬、固定资产折旧费、修理费等。

二、管理费用的核算

管理费用是指企业行政管理部门为管理和组织企业开发经营活动而发生的各项费用。主要包括以下方面的内容:

公司经费或企业经费(具体包括行政管理部门职工薪酬、差旅费、办公费、折旧费、机物料消耗等)、开发现场和企业管理部门固定资产修理费、工会经费、职工教育费、劳动保险费、董事会费、咨询费、聘请中介机构费、诉讼费、排污费、技术转让费、研究与开发费、无形资产摊销、业务招待费、存货盘亏损失等。

三、财务费用的核算

财务费用,是指企业为筹集开发经营所需资金而发生的各项费用,包括利息支出(减利息收入)、汇兑损失(减汇兑收益)以及筹资过程中发生的手续费等。

【例5-5】某房地产开发企业本月发生以下期间费用:

(1)企业行政管理部门购买办公用品2 000元,已用银行存款支付,作如下会计分录:

借:管理费用—公司经费　　　　　　　　　　　　　　　　2 000
　　贷:银行存款　　　　　　　　　　　　　　　　　　　2 000

（2）企业接到银行付款通知，本月银行手续费800元，已从存款账户中扣除，作如下会计分录：

  借：财务费用—手续费   800
    贷：银行存款   800

（3）企业用银行存款支付咨询费1 500元，广告费8 000元。作如下会计分录：

  借：管理费用—咨询费   1 500
    销售费用—广告费   8 000
    贷：银行存款   9 500

（4）企业接到银行通知，本月银行存款利息收入200元，已转入存款账户。作如下会计分录：

  借：银行存款   200
    贷：财务费用—利息收入   200

（5）企业分配本月工资，其中总部管理人员工资8 000元，房屋看护人员工资3 000元。作如下会计分录：

  借：管理费用—公司经费   8 000
    销售费用—产品看护费   3 000
    贷：应付职工薪酬—短期薪酬—工资   11 000

（6）月末，将本月发生的销售费用、管理费用和财务费用，全部转入"本年利润"账户。作如下会计分录：

  借：本年利润   23 100
    贷：销售费用   11 000
      管理费用   11 500
      财务费用   600

第四节

预售、竣工及转让销售阶段纳税处理

一、预售阶段

预售阶段其实与施工阶段对房地产开发来说应该是同一个阶段，但由于房地产企业预售收入税务处理的特殊性，笔者将其单独作为一个阶段来分析。

为了防止开发企业通过故意延缓收入实现的确认时间，随意确定成本对象或混淆成本界限等方式递延或逃避纳税义务，保证国家税收及时足额入库以及不同纳税人之间税负和纳税时间的公平，税法对房地产企业取得的预售收入的主要税种均作出了规定。

（一）增值税

1. 房地产企业是增值税纳税义务人

根据《财政部 国家税务总局关于全面推开营业税改征增值税试点的通知》（财税〔2016〕36号）及现行增值税有关规定，原《中华人民共和国营业税暂行条例》（国务院令第540号）第一条规定的在中华人民共和国境内提供本条例规定的劳务、转让无形资产或者销售不动产的单位和个人，为增值税的纳税人，应当根据国家税务总局公告2016年第18号文件制定发布的《房地产开发企业销售自行开发的房地产项目增值税征收管理暂行办法》缴纳增值税。房地产企业预售开发产品，属于销售不动产的行为，当然成为增值税纳税义务人。

2. 计税依据

增值税的计税依据即纳税人的销售额，包括纳税人提供应税劳务、转让无形资产或者销售不动产向对方收取的全部价款和价外费用。

价外费用，包括收取的手续费、补贴、基金、集资费、返还利润、奖励费、违约金、滞纳金、延期付款利息、赔偿金、代收款项、代垫款项、罚息及其他各种性质的价外收费，但不包括同时符合以下条件代为收取的政府性基金或者行政事业性收费：

（1）由国务院或者财政部批准设立的政府性基金，由国务院或者省级人民政府及其财政、价格主管部门批准设立的行政事业性收费；

（2）收取时开具省级以上财政部门印制的财政票据；

（3）所收款项全额上缴财政。

因此，房地产开发企业销售不动产向购房者收取的定金、违约金、赔偿金、延期付款利息等价外费用，均应该按照规定缴纳增值税，自觉履行增值税纳税义务，否则存在涉税风险。但房地产开发企业的"代收费用"如果同时符合上述3个条件的，是不需要缴纳增值税的，否则应该作为"价外费用"缴纳增值税。

房地产开发企业中的一般纳税人（以下简称一般纳税人）销售自行开发的房地产项目，适用一般计税方法计税，按照取得的全部价款和价外费用，扣除当期销售房地产项目对应的土地价款后的余额计算销售额。销售额的计算公式如下：

销售额=（全部价款和价外费用−当期允许扣除的土地价款）÷（1+11%）

当期允许扣除的土地价款按照以下公式计算：

当期允许扣除的土地价款=（当期销售房地产项目建筑面积÷房地产项目可供销售建筑面积）×支付的土地价款

当期销售房地产项目建筑面积，是指当期进行纳税申报的增值税销售额对应的建筑面积。

房地产项目可供销售建筑面积，是指房地产项目可以出售的总建筑面积，不包括销售房地产项目时未单独作价结算的配套公共设施的建筑面积。

支付的土地价款，是指向政府、土地管理部门或受政府委托收取土地价款的单位直接支付的土地价款。

一般纳税人销售自行开发的房地产老项目，可以选择适用简易计税方法按照5%的征收率计税。一经选择简易计税方法计税的，36个月内不得变更为一般计税方法计税。小规模纳税人销售自行开发的房地产项目只能选择适用简易计税方法按照5%的征收率计税。

3. 视同销售

根据《财政部 国家税务总局关于全面推开营业税改征增值税试点的通知》（财税〔2016〕36号）及现行增值税有关规定，纳税人有下列情形之一的，视同发生应税行为：

（1）单位或者个人将不动产或者土地使用权无偿赠送其他单位或者个人；

（2）单位或者个人自己新建（以下简称自建）建筑物后销售，其所发生的自建行为；

（3）财政部、国家税务总局规定的其他情形。

4. 纳税义务时间

《实施细则》第二十五条规定，纳税人转让土地使用权或者销售不动产，采取预收款方式的，其纳税义务发生时间为收到预收款的当天。

将不动产或者土地使用权无偿赠送其他单位或者个人的，其纳税义务发生时间为不动产所有权、土地使用权转移的当天。

自建行为的，其纳税义务发生时间为销售自建建筑物的纳税义务发生时间。

（二）土地增值税

《中华人民共和国土地增值税暂行条例实施细则》第十六条明确规定："纳税人在项目全部竣工结算前转让房地产取得的收入，由于涉及成本确定或其他原因，而无法据以计算土地增值税的，可以预征土地增值税，待该项目全部竣工、办理结算后再进行清算，多退少补。具体办法由各省、自治区、直辖市地方税务局根据当地情况制定。"

由于房地产企业开发经营的行业特点，商品房都是按照项目一次性开发，分期分批进行销售，在同一期商品房全部或基本实现销售前，由于许多工程未进行结算，要准确地计算该项目每一批商品房实现的销售收入应缴纳的土地增值税是有一定难度的，只有在每一批商品房取得销售收入时按规定进行预征，待该期商品房全部或基本实现销售后进行结算，该项目应缴的土地增值税才能准确无误，因此，采取了预缴制度。

预缴税款从性质上属于纳税人按照税务部门规定核定的应缴纳税款。首先，没有按照规定申报缴纳预缴税款，不认定为偷税行为。其次，税务部门发现纳税人没有按照规定申报缴纳预缴税款时，应该按照税法规定通知纳税人限期申报缴纳并可以按照规定加收滞纳金。如果纳税人在限期内仍不缴纳税款，税务部门可以根据《税收征管法》第六十八条规定处理：纳税人、扣缴义务人在规定期限内不缴或者少缴应纳或者应解缴的税款，经税务机关责令限期缴纳，逾期仍未缴纳的，税务机关除依照本法第四十条的规定采取强制执行措施追缴其不缴或者少缴的税款外，可以处不缴或者少缴税款的50%以上5倍以下的罚款。

各地对土地增值税的预缴税率存在差异，一般来说，普通标准住宅按照预售收入的1.5%，除普通标准住宅以外的其他住宅为3.5%，其他房地产项目为4.5%。但《国家税务总局关于加强土地增值税征管工作的通知》（国税发[2010]53号）要求各地提高预征率，该文规定，为了发挥土地增值税在预征阶段的调节作用，各地须对目前的预征率进行调整。除保障性住房外，东部地区省份预征率不得低于2%，中部和东北地区省份不得低于1.5%，西部地区省份不得低于1%，各地要根据不同类型房地产确定适当的预征率（地区的划分按照国务院有关文件的规定执行）。对尚未预征或暂缓预征的地区，应切实按照税收法律法规开展预征，确保土地增值税在预征阶段及时、充分发挥调节作用。此后各地陆续规定，提高了土地增值税预征率。

（三）企业所得税

1. 预收收入负有纳税义务

《国家税务总局关于房地产开发业务征收企业所得税问题》（国税发［2009］31号）第六条规定，企业通过正式签订《房地产销售合同》或《房地产预售合同》所取得的收入，应确认为销售收入的实现。

因此，房地产企业通过签订《房地产预售合同》所取得的收入，从企业所得税的角度，不再存在"预收账款"的概念，只要签订了《销售合同》、《预售合同》并收取款项，不管产品是否完工，全部确认为收入，负有企业所得税纳税义务。

2. 预收收入应纳税所得额的计算方法

国税发［2009］31号第九条规定，企业销售未完工开发产品取得的收入，应先按预计计税毛利率分季（或月）计算出预计毛利额，计入当期应纳税所得额。开发产品完工后，企业应及时结算其计税成本并计算此前销售收入的实际毛利额，同时将其实际毛利额与其对应的预计毛利额之间的差额，计入当年度企业本项目与其他项目合并计算的应纳税所得额。

企业销售未完工开发产品的计税毛利率由各省、自治、直辖市国家税务局、地方税务局按下列规定进行确定：

（1）开发项目位于省、自治区、直辖市和计划单列市人民政府所在地城市城区和郊区的，不得低于15%。

（2）开发项目位于地及地级市城区及郊区的，不得低于10%。

（3）开发项目位于其他地区的，不得低于5%。

（4）属于经济适用房、限价房和危改房的，不得低于3%。

3. 预售阶段广告费、业务宣传费、业务招待费的税务处理

原国税发［2006］31号文件规定："广告费、业务宣传费、业务招待费。按以下规定进行处理：

（1）开发企业取得的预售收入不得作为广告费、业务宣传费、业务招待费等

三项费用的计算基数，至预售收入转为实际销售收入时，再将其作为计算基数。

（2）新办开发企业在取得第一笔开发产品实际销售收入之前发生的，与建造、销售开发产品相关的广告费、业务宣传费和业务招待费，可以向后结转，按税收规定的标准扣除，但结转期限最长不得超过3个纳税年度"。

新国税发［2009］31号文件不再限制预售收入作为计算广告费、业务宣传费、业务招待费的基数；取消了相关的广告费、业务宣传费和业务招待费，向后结转期限最长不得超过3个纳税年度的限制。

4. 预售收入相关的税金及附加税前扣除问题

（1）月度或季度申报时，不得扣除。

《国家税务总局关于房地产开发企业所得税预缴问题的通知》（国税函［2008］299号）第一条规定，房地产开发企业按当年实际利润据实分季（或月）预缴企业所得税的，对开发、建造的住宅、商业用房以及其他建筑物、附着物、配套设施等开发产品，在未完工前采取预售方式销售取得的预售收入，按照规定的预计利润率分季（或月）计算出预计利润额，计入利润总额预缴，开发产品完工、结算计税成本后按照实际利润再行调整。

因此，在企业月度或季度申报企业所得税时，预售收入缴纳的税金及附加不能从当期利润额或所得额中扣除。

（2）年度所得税汇算清缴时，可以扣除。

企业销售未完工开发产品取得的收入，应先按预计计税毛利率分季（或月）计算出预计毛利额，计入当期应纳税所得额。

我们知道从毛利额与所得额是两个不同的概念，只有将毛利额扣除相应的税金及其费用才变成所得额。因此，在年度企业所得税汇算清缴时，与预计收入相匹配的税金、附加及相关费用应该予以扣除。

此外，税金是否属于当期的费用，应该以纳税义务发生时间为依据判断，即：纳税义务时间发生，则属于发生期费用；纳税义务时间尚未发生，则不属于缴纳当期费用（如预缴税款）。增值税中已经讲到，采取预收款方式的，其纳税义务发生时间为收到预收款的当天。因此，房地产开发企业按照预售收入缴纳的税款，是按税法规定的纳税义务发生时间应该缴纳的税款，不属预缴税款性质，可以在缴纳发生当期计入当期的税金及附加，可以作为当期利润总额的抵减项目在税前扣除。目前不少地方将预缴的土地增值税也可以税前扣除。

5. 产生时间性差异的处理

企业会计准则对预售业务不确认收入，而税法规定取得预收款项时应交所得税，从而产生可抵扣的暂时性差异。房地产企业应确认递延所得税资产，根据预收账款的账面价值和计税基础产生的可抵扣暂时性差异计算出递延所得税资产，借记"递延所得税资产"，贷记"所得税费用"，同时要调整该年度的应纳税额。

（四）印花税

根据《中华人民共和国印花税暂行条例》及其实施细则的规定，在预售商品房时，如签订商品房销售合同或商品房预售合同的，应在签订合同时，按合同所记载金额的万分之五计税贴花或按月汇总缴纳印花税。

（五）城镇土地使用税

房地产开发企业预售阶段城镇土地使用税税务处理同拿地阶段。

（六）房产税

房地产开发企业预售阶段房产税税务处理涉及施工阶段。

房地产企业竣工销售阶段一般发生以下事项：开发产品已达到交付条件，房地产企业向业主交付房产，财务处理上结转销售收入和销售成本；与施工方进行竣工结算，房地产企业确认竣工结算报告后，向施工方支付工程结算价款。此时，一般开发项目的开发成本基本可以确认。房地产开发商在项目竣工销售环节，涉及的税种主要有：企业所得税、土地增值税、城镇土地使用税、房产税、印花税等税种。

二、竣工及转让销售阶段

房地产企业竣工转让销售阶段一般发生以下事项：开发产品已达到交付条件，房地产企业向业主交付房产，财务处理上结转销售收入和销售成本；与施工方进行竣工结算，房地产企业确认竣工结算报告后，向施工方支付工程结算价款。此时，一般开发项目的开发成本基本可以确认。房地产开发商在项目竣工销售环节，涉及的税种主要有：企业所得税、土地增值税、城镇土地使用税、印花税、房产税等税种。

（1）企业所得税，在第六章第六节单独反映。

（2）土地增值税，在本章第五节单独反映。

（3）城镇土地使用税：

《国家税务总局关于房产税城镇土地使用税有关政策规定的通知》（国税发

[2003]89号）第二条第一款规定，购置新建商品房，自房屋交付使用之次月起计征房产税和城镇土地使用税。可见，房地产企业要将全部开发商品房交付之后，开发商品房占用土地的城镇土地税纳税义务才全部转移给购房人。在占用土地次月起至全部交付商品房当月期间，房地产开发企业对开发商品房占用土地均负有城镇土地使用税纳税义务。在开发产品全部交付给业主次月起，房地产企业就不存在开发商品房占用土地的城镇土地税纳税义务。

【案例5-6】 某房地产企业2008年8月因商品房开发征用土地10万m^2，国有土地使用权出让合同约定于2008年8底交付，并取得国有土地使用权证书。同年9月开始开发，2009年6月销售5万m^2。已售商品房《国有土地使用权分割转让证明书》合计分割土地面积1.5万m^2，2010年6月剩余月份全部房产销售并交付，已售商品房《国有土地使用权分割转让证明书》合计分割土地面积10万m^2。则2008年应纳城镇土地使用税=10×4×年单位税额/12；2009年1～6月应纳城镇土地使用税=10×6×年单位税额/12；2009年7～12月应纳城镇土地使用税=（10－1.5）×6×年单位税额/12；2010年1～6月应纳土地增值税（10－1.5）×6×年单位税额/12；房产全部交付之后开发商品房占用土地无须再纳城镇土地使用税。

（4）印花税：

根据《中华人民共和国印花税暂行条例》及其实施细则的规定，在竣工销售商品房时，如签订商品房销售合同或商品房预售合同的，应在签订合同时，按合同所记载金额的万分之五计税贴花或按月汇总缴纳印花税。

（5）房产税：

根据财税地字［1986］8号规定，凡是在基建工地为基建工地服务的各种工棚、材料棚、休息棚和办公室、食堂、茶炉房、汽车房等临时性房屋，如果在基建工程结束以后，施工企业将这种临时性房屋交还或者估价转让给基建单位的，应当从基建单位接收的次月起，依照规定征收房产税。

因此，如果基建工程结束，临时性建筑物归基建单位使用，则须从基建单位使用的次月起缴纳房产税。

第五节

土地增值税清算

一、土地增值税的清算程序

土地增值税的清算程序大体分为六步：

（1）清算前的准备工作；

（2）清算项目收入总额的计算及《土地增值税清算项目销售收入汇总表》的编制；

（3）扣除项目金额的计算及《扣除项目成本费用计算表》的编制；

（4）土地增值税应纳税额的计算及《土地增值税纳税申报表》的编制；

（5）土地增值税的审计鉴证；

（6）土地增值税的申请清算。

二、清算前的准备工作

土地增值税的清算，包含的时间范围比较长，清算涵盖的内容比较宽，而且，对清算涉及的原始凭证要求严格，没有凭证不得扣除。这就要求纳税人从清算的依据，到将来提供的清算资料都需要做充分的准备。大体包括：

（一）清算范围的界定

（1）明确清算项目及其范围；

（2）正确划分清算项目与非清算项目的收入和支出；

（3）正确划分清算面积和非清算面积（待售面积）；

（4）按照当地省级人民政府制定的"普通标准住宅"标准，正确划分清算项目中普通住宅与非普通住宅的收入和支出；

（5）正确划分不同时期的开发项目，对于分期开发的项目，以分期开发项目为单位进行清算（或以《土地增值税项目登记表》为依据）；

（6）正确划分征税项目与免税项目，防止混淆两者的界限；

（7）明确清算项目的起止日期。

（二）应当搜集、整理的资料

（1）取得土地使用权所支付的地价款凭证、国有土地使用权出让或转让合同；

（2）开发项目工程建设发包合同、工程决算书及其价款结算单、发票等；

（3）银行借款合同及借款计息清单；

（4）转让房地产项目成本费用账簿、分期开发分摊依据，与成本和费用有关的其他证明资料；

（5）无偿移交给政府、公共事业单位用于非营利性社会公共事业的交接凭证；

（6）与转让房地产收入有关的其他证明资料，为编制《房产销售收入统计表》做准备；

（7）与转让房地产有关的完税凭证，为编制分税种的《缴纳税款统计表》准备资料；

（8）项目竣工决算报表和有关账簿；

（9）土地增值税纳税（预缴）申报表及完税凭证；

（10）与土地增值税清算有关的其他证明资料。

三、清算项目销售收入的计算

（1）商品房销售合同与销售发票核对，特别要注意合同面积和实测面积；

（2）销售发票与"主营业务收入"明细账、总账的核对；

（3）正确划分预售收入与销售收入，并与《预售收入备查簿》核对，防止影响清算数据的准确性；

（4）将开发的房地产用于职工福利、奖励、对外投资、分配给股东或投资人、抵偿债务、换取其他单位和个人的非货币性资产等，发生所有权转移时应当做视同销售房地产处理，编制《开发产品视同销售明细表》；

（5）复核销售退回、折扣销售与销售折让业务相关手续是否符合规定，折扣与折让的计算和会计处理是否正确；

（6）复查"预收账款"、"其他应付款"有无应结未结收入的业务；

（7）分房产类别编制《土地增值税清算项目销售收入汇总表》。

四、扣除项目的计算

（一）扣除项目计算的程序

（1）计算扣除项目之前，应复核"开发成本"成本项目的划分是否符合税法的规定，如果有差异，应按照税法要求加以调整。

（2）检查扣除项目的记录、归集是否正确，是否取得合法、有效的凭证，会计及税务处理是否正确；如果没有合法凭证应提请公司补齐有关凭证。

（3）对"开发成本"、"开发产品"总账、明细账进行核对。

（4）计算清算项目的《开发产品成本明细表》。

（5）编制清算面积的《扣除项目成本费用计算表》。

（二）成本项目计算要点

1. 取得土地使用权支付的金额

（1）原始凭证审核，取得土地使用权支付的金额是否获取合法有效的凭证，口径是否一致。

（2）如果同一土地有多个开发项目，审核取得土地使用权支付金额的分配比中有没有关联方或关联项目的费用、有没有期间费用、有没有预提费用。

2. 土地征用及拆迁费

（1）审核支付给个人的拆迁补偿款所需的拆迁（回迁）合同和拆迁补偿花名册，并与相关账目核对。

（2）拆迁费有无合法凭证。

（3）动迁还建的开发产品是否做拆迁和销售两项业务进行处理。

（4）取得土地使用权后分期开发土地费用的分摊是否合理。

取得土地使用权所支付金额的分摊方法是：

纳税人成片受让土地使用权后，分期分批开发，转让房地产的，其扣除项目金额的确定，可按转让土地使用权的面积占总面积的比例计算分摊，或按建筑面积计算分摊，也可按税务机关确认的其他方式计算分摊。

1）转让土地使用权时土地费用的分摊：

土地使用权扣除项目金额=取得土地使用权所支付的金额×（转让土地使用权面积÷总面积）

2）转让房地产时土地费用按建筑面积分摊：

土地使用权扣除项目金额=取得土地使用权所支付的金额×（转让建筑面积÷建筑总面积）

3. 前期工程费

（1）开支范围是否属于前期工程费，有无乱摊费用情况。

（2）费用支出的原始凭证是否符合规定。

4. 建筑安装工程费

（1）自营方式：审核施工所发生的人工费、材料费、机械使用费、其他直接费和管理费支出是否取得合法有效的凭证，会计处理是否符合规定。

（2）出包方式：审核工程发包合同、工程决算书、发票及账务处理是否符合规定。

（3）甲供材料的核算：甲方采购材料是否取得合法有效的凭证，增值税额是否计入材料成本，出入库手续是否完备。

5. 基础设施费和公共配套设施费的审查与核算

（1）审核各项基础设施费和公共配套设施费用是否取得合法有效的凭证。基础设施费和公共配套设施费的核算范围是否符合税法的规定，有无把开发企业自用或经营性的开发产品计入公共配套设施费的情况。

（2）如果有多个开发项目，基础设施费和公共配套设施费用是否分项目核算，是否将应记入其他项目的费用记入了清算项目。

（3）审核各项基础设施费和公共配套设施费用是否含有其他项目的费用。

（4）审核各项基础设施费和公共配套设施费用是否含有以明显不合理的金额开具的各类凭证。

（5）审核是否将期间费用记入基础设施费和公共配套设施费用。

（6）审核有无预提的基础设施费和公共配套设施费用。

（7）获取项目概预算资料，比较、分析概预算费用与实际费用是否存在明显异常。

（8）审核基础设施费和公共配套设施应负担各项开发成本是否已经按规定分摊。

（9）各项基础设施费和公共配套设施费的分摊是否符合有关税收规定。分摊方法如下：基础设施费和公共配套设施费用按可售面积分摊：

属于多个房地产项目共同的成本费用，应按清算项目可售建筑面积占多个项目可售总建筑面积的比例或其他合理的方法，计算确定清算项目的扣除金额。

第六章

利润结转及分配

第一节

利润的构成

企业的利润来源途径有多种,可以通过生产经营活动获得,可以通过投资活动获得,也可以通过与生产经营活动无关的事项获得。企业利润的构成与计算分为三个层次:营业利润、利润总额和净利润,而企业的利润总额包括收入减去费用后的净额、直接计入当期损益的利得和损失。

一、营业利润

营业利润是企业进行生产经营活动所获得的利润,这种生产经营活动是企业的日常业务,具有经常性、稳定性的特点,是企业利润的主要来源。其计算公式如下:

营业利润=营业收入－营业成本－税金及附加－销售费用－管理费用－财务费用－资产减值损失+公允价值变动损益+投资收益

(一)营业收入

营业收入是指企业经营业务所确认的收入总额,包括主营业务收入和其他业务收入。

(二)营业成本

营业成本是指企业经营业务所发生的实际成本总额,包括主营业务成本和其他业务成本。

(三)税金及附加

税金及附加是指企业经营业务所发生的土地增值税、城市维护建设税、教育费附加、地方教育附加、房产税、城镇土地使用税、车船税、印花税等相关税费。

(四)期间费用

期间费用是指企业本期发生的、不能直接或间接归入营业成本,而是直接计入当期损益的各项费用。包括：销售费用、管理费用和财务费用等。

（五）投资收益

投资收益（或损失）是指企业以各种方式对外投资所取得的收益（或发生的损失）。

（六）公允价值变动损益

公允价值变动损益是指企业交易性金融资产、交易性金融负债及以公允价值计价的投资性房地产等公允价值变动形成的应计入当期损益的利得（或损失）。

（七）资产减值损失

资产减值损失是指企业计提各项资产减值准备所形成的损失。

（八）其他收益项目

反映企业收到的与企业日常经营活动相关的政府补助。应根据"其他收益"科目的发生额分析填列。

二、利润总额

利润总额是指企业在一定会计期间的经营成果。利润总额包括收入减去费用后的净额、直接计入当期损益的利得和损失等。其计算公式如下：

利润总额=营业利润+营业外收入－营业外支出

（一）营业外收入

营业外收入是指与企业生产经营活动没有直接关系的各种收入。

（二）营业外支出

营业外支出是指与企业生产经营活动没有直接关系的各种支出。

三、净利润

企业的净利润为企业利润总额扣除所得税费用后的净额，税法规定：企业在获取利润后，应按一定比例缴纳所得税。所得税作为企业的一种费用，可以从利

润总额中扣减,从而得到净利润。其计算公式为:

$$净利润=利润总额-所得税费用$$

所得税费用是指企业确认的应从当期利润总额中扣除的所得税费用。

企业当年实现的利润(或亏损)总额一律通过"本年利润"科目核算。期末,企业应将各损益类科目的余额转入"本年利润"科目。结转后,"本年利润"科目余额如在借方,则表示本期亏损额,余额如在贷方,即为本期净利润。

【例6-1】中联房地产公司1月各收入科目和费用科目的余额如表6-1所示。

部分科目余额表(单位:万元)　　　　　　　表6-1

收入科目	金额	费用科目	金额
主营业务收入	6 000	主营业务成本	4 000
其他业务收入	1 000	其他业务成本	500
投资收益	300	销售费用	200
营业外收入	200	管理费用	500
		财务费用	100
		税金及附加	800
		营业外支出	100
		所得税费用	

应编制会计分录如下:

(1)结转各种收入。

借:主营业务收入	60 000 000
其他业务收入	10 000 000
投资收益	3 000 000
营业外收入	2 000 000
贷:本年利润	75 000 000

(2)结转各种费用。

借:本年利润	62 000 000
贷:主营业务成本	40 000 000
其他业务成本	5 000 000
销售费用	2 000 000
管理费用	5 000 000
财务费用	1 000 000

税金及附加	8 000 000
营业外支出	1 000 000

经过收入与支出的对比后,"本年利润"科目的期末贷方余额1300万元,为本年实现的净利润。

第二节

营业外收支的核算

营业外收支是指企业发生的与日常活动无直接关系的各项收支。营业外收支虽然与企业生产经营活动没有多大的关系，但从企业主体来考虑，同样带来收入或形成企业的支出，也是增加或减少利润的因素，对企业的利润总额及净利润产生较大的影响。

一、营业外收入

营业外收入是指企业发生的与日常活动无直接关系的直接计入当期利润的各项利得。营业外收入主要包括：非流动资产处置利得、非货币性资产交换利得、债务重组利得、政府补助、盘盈利得、捐赠利得等。

（1）非流动资产处置利得包括固定资产处置利得和无形资产出售利得。固定资产处置利得是企业出售固定资产所取得的价款，或报废固定资产的材料价值和变价收入等，扣除被处置固定资产的账面价值、清理费用、与处置相关的税费后的净收益，无形资产出售利得是企业出售无形资产所取得的价款，扣除被出售无形资产的账面价值、与出售相关的税费后的净收益。

（2）非货币性资产交换利得是指在非货币性资产交换中换出资产为固定资产、无形资产的，换入资产公允价值大于换出资产账面价值的差额，扣除相关费用后计入营业外收入的金额。

（3）债务重组利得是指重组债务的账面价值超过清偿债务的现金、非现金资产的公允价值、所转股份的公允价值或重组后债务账面价值之间的差额。

（4）政府补助是企业从政府无偿取得与企业日常经营活动无关货币性资产或非货币性资产形成的利得，不包括政府作为企业所有者对企业的资本投入。

（5）盘盈利得是企业对现金等资产清查盘点时发生盘盈，报经批准后计入营业外收入的金额。

（6）捐赠利得是企业接受捐赠产生的利得。企业接受的捐赠和债务豁免，按照会计准则规定符合确认条件的，通常应当确认为当期收益。如果接受控股股东或控股股东的子公司直接或间接的捐赠，从经济实质上表明属于控股股东对企业的资本性投入，应作为权益性交易，相关利得计入所有者权益（资本公积）。

企业发生破产重整，其非控股股东因执行人民法院批准的破产重整计划，通过让渡所持有的该企业部分股份向企业债权人偿债的，企业应将非控股股东所让渡股份按照其在让渡之日的公允价值计入所有者权益（资本公积），减少所豁免债务的账面价值，并将让渡股份公允价值与被豁免的债务账面价值之间的差额计入当期损益。控股股东按照破产重整计划让渡了所持有的部分该企业股权向企业债权人偿债的，该企业也按此原则处理。

企业应通过"营业外收入"科目，核算营业外收入的取得及结转情况。该科目可按营业外收入项目进行明细核算。期末，应将"营业外收入"科目余额转入"本年利润"科目，借记"营业外收入"科目，贷记"本年利润"科目。结转后本科目应无余额。

二、营业外支出

营业外支出是指企业发生的与日常活动无直接关系的直接计入当期利润的各项损失。营业外支出主要包括：非流动资产处置损失、非货币性资产交换损失、债务重组损失、公益性捐赠支出、非常损失、盘亏损失、罚款支出等。

（1）非流动资产处置损失包括固定资产处置损失和无形资产出售损失。固定资产处置损失是企业出售固定资产所取得的价款，或报废固定资产的材料价值和变价收入等，抵补处置固定资产的账面价值、清理费用、处置相关税费后的净损失；无形资产出售损失是企业出售无形资产所取得的价款，抵补出售无形资产的账面价值、出售相关税费后的净损失。

（2）非货币性资产交换损失是指在非货币性资产交换中换出资产为固定资产、无形资产的，换入资产公允价值小于换出资产账面价值的差额，扣除相关费用后计入营业外支出的金额。

（3）债务重组损失，是指重组债权的账面价值超过受让资产的公允价值、所转股份的公允价值或重组后债权的账面价值之间的差额。

（4）公益性捐赠支出是企业对外进行公益性捐赠发生的支出。

（5）非常损失是企业对于因客观因素（如自然灾害等）造成的损失，扣除保险公司赔偿后应计入营业外支出的净损失。

（6）盘亏损失主要是对于财产清查盘点中盘亏的资产，查明原因并报经批准计入营业外支出的金额。

（7）罚款支出是企业支付的行政罚款、税务罚款，以及其他违反法律法规、合同协议等而支付的罚款、违约金、赔偿金等支出。

企业应通过"营业外支出"科目，核算营业外支出的发生及结转情况。该科目可按营业外支出项目进行明细核算。期末，应将"营业外支出"科目余额转入"本年利润"科目，借记"本年利润"科目，贷记"营业外支出"科目。结转后本科目应无余额。

第三节

利润及利润分配的核算

一、利润的核算

企业当年实现的利润（或亏损）总额一律通过"本年利润"科目核算。期末，企业应将各损益类科目的余额转入"本年利润"科目。结转后，"本年利润"科目余额如在借方，则表示本期亏损额，余额如在贷方，即为本期净利润。

二、利润分配的核算

（一）弥补以前年度亏损

房地产开发企业，无论是用税前利润或税后利润弥补以前年度亏损，都不需要单独编制弥补亏损的会计分录。即不需要单独进行会计处理。年末进行利润结转时，将本年实现的利润从"本年利润"账户结转到"利润分配"账户及其所属明细账户"未分配利润"账户的贷方，这样就自然进行了弥补。

但要注意的是：在年末计算"应纳税所得额"时，如果用税前利润弥补亏损，需要将弥补亏损的数额从应纳税所得额中扣除。而用税后利润弥补亏损，则不能进行扣除。

（二）提取盈余公积的会计处理

企业从净利润中提取盈余公积金，应作如下会计分录：
借：利润分配—提取盈余公积
　　贷：盈余公积—法定盈余公积
　　　　　　—任意盈余公积

（三）向投资者分配利润的核算

企业计算出应向投资者分配的利润，应作如下会计分录：

借：利润分配—应付利润
　　贷：应付利润

（四）企业利润的年终结转

为了按年度考核企业利润的实现及分配情况，每个会计年度结束，应对利润和利润分配进行年终结转。利润的年终结转包括了两个方面：一是将"本年利润"结转到"利润分配"账户及所属的"未分配利润"明细账户；二是将利润分配账户所属的其他明细账户的余额全部转入"未分配利润"明细账户。

（1）年度终了，将本年实现的利润总额（或亏损总额）结转到"利润分配"账户及所属的"未分配利润"明细账户。

1）如果企业当年盈利，分录如下：
借：本年利润
　　贷：利润分配—未分配利润

2）如果企业当年发生亏损，分录如下：
借：利润分配—未分配利润
　　贷：本年利润

无论是盈利还是亏损，年终结转后，"本年利润"账户不留余额。

（2）将"利润分配"账户所属的其他明细账户，全部转入"未分配利润"明细账户。

1）如果企业当年盈利，并进行了利润分配，那么，结转分录如下：
借：利润分配—未分配利润
　　贷：利润分配—提取盈余公积
　　　　　　—应付利润

2）如果企业亏损，并没有进行弥补，也不存在进行利润分配。在这种情况下，将亏损额从"本年利润"账户转入"利润分配—未分配利润"账户的借方后，不需要进行其他的账务处理。

3）如果亏损后，用企业的盈余公积金弥补了亏损，会计分录如下：
①用盈余公积金弥补亏损时：
借：盈余公积—法定盈余公积
　　贷：利润分配—盈余公积补亏
②结转利润分配明细账时：

借：利润分配—盈余公积补亏
　　贷：利润分配—未分配利润

【例6-2】某房地产企业2×16年净利润为240万元，年终按10%的比例提取法定盈余公积金，按税后利润扣除法定盈余公积后的余额的80%向投资者分配利润。会计分录如下：

（1）提取盈余公积金

应提取的法定盈余公积金=2 400 000×10%=240 000

借：利润分配—提取盈余公积　　　　　　　　　　　240 000
　　贷：盈余公积—法定盈余公积　　　　　　　　　240 000

（2）向投资者分配利润

利润分配：2 400 000×（1-10%）×80%=1 728 000

借：利润分配—应付利润　　　　　　　　　　　　1 728 000
　　贷：应付利润　　　　　　　　　　　　　　　1 728 000

（3）年终进行利润结转

结转本年利润：

借：本年利润　　　　　　　　　　　　　　　　　2 400 000
　　贷：利润分配—未分配利润　　　　　　　　　 2 400 000

结转利润分配各明细账户：

借：利润分配—未分配利润　　　　　　　　　　　1 968 000
　　贷：利润分配—提取盈余公积　　　　　　　　　240 000
　　　　利润分配—应付利润　　　　　　　　　　1 728 000

假设在当年利润结转前，"利润分配—未分配利润"账户没余额，在当年利润分配和利润结转以后，"利润分配—未分配利润"账户应有贷方余额432 000元，可留待下年度分配。

第四节

收入利润确认阶段纳税处理

收入利润确认阶段，主要涉及企业所得税税种，应分阶段反映。

一、完工时的税务处理

国家税务总局关于印发《房地产开发经营业务企业所得税处理办法》（国税发〔2009〕31号）的通知》，第九条规定，企业销售未完工开发产品取得的收入，应先按预计计税毛利率分季（或月）计算出预计毛利额，计入当期应纳税所得额。开发产品完工后，企业应及时结算其计税成本并计算此前销售收入的实际毛利额，同时将其实际毛利额与其对应的预计毛利额之间的差额，计入当年度企业本项目与其他项目合并计算的应纳税所得额。

因此，纳税人应注意开发产品是否符合完工条件，如达到完工条件，应及时结算其计税成本并计算此前销售收入的实际毛利额，年度企业所得税汇算清缴时，实际毛利额与其对应的预计毛利额之间的差额作纳税调整。

二、完工条件的判断

《房地产开发经营业务企业所得税处理办法》（国税发〔2009〕31号）规定了关于完工产品要确认的三个条件：（1）开发产品竣工证明材料已报房地产管理部门备案；（2）开发产品已开始投入使用；（3）开发产品已取得了初始产权证明。因此，完工条件的确认是采用竣工、使用、产权孰早的原则，开发产品只要符合上述条件之一的，就应进行完工时的税务处理。

2009年6月26日，国家税务总局下发了《关于房地产企业开发产品完工标准税务确认条件的批复》（国税函〔2009〕342号）一文，对《海南省国家税务局关于海南永生实业投资有限公司偷税案中如何认定开发产品已开始投入使用问题的请示》（琼国税发〔2009〕121号）批复中，强调房地产开发企业建造、开发的开发产品无论工程质量是否通过验收合格，或是否办理完工（竣工）备案手续，以及会计决算手续，当其开发产品开始投入使用时均应视为已经完工。并解释到"开发产品开始投入使用"是指房地产开发企业开始办理开发产品交付手续（包括入住手续）或已开始实际投入使用。

《关于房地产开发企业开发产品完工条件确认问题的通知》（国税函[2010]201号）再次重申了这一问题。文件规定，根据《国家税务总局关于房地产开发经营业务征收企业所得税问题的通知》（国税发[2006]31号）规定的精神，房地产开发企业建造、开发的开发产品无论工程质量是否通过验收合格，或是否办理完工（竣工）备案手续以及会计决算手续，当其开发产品开始投入使用时均应视为已经完工。房地产开发企业应按规定及时结算开发产品计税成本并计算此前以预售方式销售开发产品所取得收入的实际毛利额，同时将开发产品实际毛利额与其对应的预计毛利额之间的差额，计入当年（完工年度）应纳税所得额。

但在实务中很多开发企业已经符合开发产品已开始投入使用条件，但仍采用种种手段，延迟结转收入，例如虽为业务办理了交房手续，但以办理竣工决算为收入结转的时点，通过延迟办理竣工决算拖延收入结转的时间；以款项收齐开具正式发票为结转收入的时点，收入确认由企业人为控制，推迟收入确认时间等。

三、年度申报时的注意事项

房地产企业开发产品完工时，在年度纳税申报时，企业须出具对该项开发产品实际毛利额与预计毛利额之间差异调整情况的报告以及税务机关需要的其他相关资料，例如差异调整的税务鉴证报告、开发项目的地理位置及概况、占地面积、开发用途、初始开发时间、完工时间、可售面积及已售面积、预售收入及其毛利额、实际销售收入及其毛利额、开发成本及其实际销售成本等。

【案例6-3】A房地产企业，开发A项目，2008年签订预售合同，取得预售收入2 500万，2009年竣工完成，开发产品竣工证明材料已报房地产管理部门备案，但未交付给业主。2009年A项目又取得预收收入6 500万元。A企业各项目预计计税毛利率均为15%，暂不考虑流转税及期间费用。

【分析】根据国税发[2009]31号规定，A项目已符合文件规定的其中一个完工条件，即视为税法意义上的完工，此时企业应结算计税成本并计算此前销售收入的实际毛利额，将实际毛利额与预计毛利额之间的差额，计入当年度应纳税所得额。2009年的预售收入，所得税汇算时不能按照预计计税毛利率15%进行计算。而在2008年度预收款2 500万元按照预计计税毛利率在年度汇算清缴中作过纳税调整，则在2009年度作纳税调减处理。假设A项目已知实际计税成本为4 500万元，则A项目汇算清缴应纳税所得额=（6 500−4 500）−（2 500×15%）=2 000−375=1 625（万元）。

第七章

投资性房地产

第一节
投资性房地产的特征与范围

一、投资性房地产的概念及特征

投资性房地产是指为赚取租金或资本增值或两者兼有而持有的房地产。投资性房地产应当单独计量和出售，主要包括：已出租的土地使用权；持有并准备增值后转让的土地使用权以及企业拥有并已出租的建筑物。投资性房地产不包括为生产商品、提供劳务或者经营管理而持有的自用房地产和作为存货的房地产。

在日常经营活动中，企业除了将拥有的房地产用于生产厂房、办公场所等自用外，还可能将持有的部分房地产出租以获取租金或持有闲置的房地产等待合适的市场机会将其出售以获取资本利得。在会计上，这些为赚取租金或资本增值而持有的房地产被划分为一类专门的资产，即投资性房地产。与此相对应，为生产商品、提供劳务或者经营管理而持有的房地产被称作自用房地产。投资性房地产和自用房地产在实物形态上完全相同，例如都表现为土地使用权、建筑物或构建物等，但在产生现金流量的方式上具有各自的特点和显著差异。房地产投资是为了赚取租金或资本增值或两者兼有，因此投资性房地产产生的现金流量在很大程度上独立于企业持有的其他资产。而自用房地产必须与其他资产（如生产设备、原材料、人力资源等）相结合才能产生现金流量。根据实质重于形式原则，两类房地产应区分进行会计处理，投资性房地产适用《企业会计准则第3号——投资性房地产》(财会[2006]第3号)，而自用房地产适用固定资产或无形资产准则。

我国以往的会计准则并没有要求企业区分对待持有的投资性房地产和自用房地产。然而在实务中许多企业持有投资性房地产，由于两类房地产为企业带来现金流量的方式有较大差异，将投资性房地产和企业自用房地产都纳入固定资产或无形资产核算，不利于反映企业房地产的构成情况及各类房地产对企业经营成果的影响。新的会计准则要求企业将投资性房地产作为区别于固定资产和无形资产的一项资产单独进行反映，无疑有利于提高会计信息的相关性，从而更好地为会计信息使用者作出决策提供依据。

就某些企业而言，投资性房地产属于日常经营性活动，形成的租金收入或转让增值收益确认为企业的主营业务收入，但对于大部分企业而言，属于与经营性活动相关的其他经营活动，形成的租金收入或转让增值收益构成企业的其他业务收入。投资性房地产租金收入的确认、计量和披露适用《企业会计准则第21号——租赁》财会〔2006〕3号的规定。

二、投资性房地产的范围

投资性房地产的范围限定为已出租的土地使用权、持有并准备增值后转让的土地使用权、已出租的建筑物。

（一）已出租的土地使用权

已出租的土地使用权，是指企业通过出让或转让方式取得的、以经营租赁方式出租的土地使用权。企业取得的土地使用权通常包括在一级市场上以交纳土地出让金的方式取得的土地使用权，也包括在二级市场上接受其他单位转让的土地使用权。例如，甲公司与乙公司签署了土地使用权租赁协议，甲公司以年租金720万元租赁使用乙公司拥有的40万m^2土地使用权。那么，自租赁协议约定的租赁期开始日起，这项土地使用权属于乙公司的投资性房地产。

对于以经营租赁方式租入土地使用权再转租给其他单位的，不能确认为投资性房地产。

（二）持有并准备增值后转让的土地使用权

持有并准备增值后转让的土地使用权，是指企业取得的、准备增值后转让的土地使用权。这类土地使用权很可能给企业带来资本增值收益，符合投资性房地产的定义。

按照国家有关规定认定的闲置土地，不属于持有并准备增值后转让的土地使用权，也就不属于投资性房地产。

（三）已出租的建筑物

例如，甲公司将其拥有的某栋厂房整体出租给乙公司，租赁期2年。对于甲公司而言，自租赁期开始日起。例如，甲公司将其拥有的某栋厂房整体出租给乙公司，租赁期2年。对于甲公司而言，自租赁期开始日起，该栋厂房属于投资性房地产。企业在判断和确认已出租的建筑物时，应当把握以下要点：

（1）用于出租的建筑物是指企业拥有产权的建筑物。企业以经营租赁方式租入再转租的建筑物不属于投资性房地产。例如，甲企业与乙企业签订了一项经营租赁合同，乙企业将其持有产权的一栋办公楼出租给甲企业，为期5年。甲企业一开始将该办公楼装修后用于自行经营餐馆。2年后，由于连续亏损，甲企业将餐馆转租给丙公司，以赚取租金差价。这种情况下，对于甲企业而言，该栋楼不属于其投资性房地产。对于乙企业而言，则属于其投资性房地产。

（2）已出租的建筑物是企业已经与其他方签订了租赁协议，约定以经营租赁方式出租的建筑物。一般应自租赁协议规定的租赁期开始日起，经营租出的建筑物才属于已出租的建筑物。通常情况下，对企业持有以备经营出租的空置建筑物或在建建筑物，如董事会或类似机构作出书面决议，明确表明将其用于经营租出且持有意图短期内不再发生变化的，即使尚未签订租赁协议，也应视为投资性房地产。这里的空置建筑物，是指企业新购入、自行建造或开发完成但尚未使用的建筑物，以及不再用于日常生产经营活动且经整理后达到可经营出租状态的建筑物。

（3）企业将建筑物出租，按租赁协议向承租人提供的相关辅助服务在整个协议中不重大的，应当将该建筑物确认为投资性房地产。企业将其办公楼出租，同时向承租人提供维护、保安等日常辅助服务，企业应当将其确认为投资性房地产。例如，甲企业在中关村购买了一栋写字楼，共12层。其中1层经营出租给某家大型超市，2~5层经营出租给乙公司，6~12层经营出租给丙公司。甲企业同时为该写字楼提供保安、维修等日常辅助服务。本例中，甲企业将写字楼出租，同时提供的辅助服务不重大。对于甲企业而言，这栋写字楼属于甲企业的投资性房地产。

三、不属于投资性房地产的项目

（一）自用房地产

自用房地产是指为生产商品、提供劳务或者经营管理而持有的房地产，如企业生产经营用的厂房和办公楼属于固定资产，企业生产经营用的土地使用权属于无形资产。

自用房地产的特征在于服务于企业自身的生产经营，其价值会随着房地产的使用而逐渐转移企业的产品或服务中去，通过销售商品或提供服务为企业带来经济利益，在产生现金流量的过程中与企业持有的其他资产密切相关。

例如，企业出租给本企业职工居住的宿舍，虽然也收取租金，但间接为企业自身的生产经营服务，因此具有自用房地产的性质。又如，企业拥有并自行经营的旅馆饭店。旅馆饭店的经营者在向顾客提供住宿服务的同时，还提供餐饮、娱乐等其他服务，其经营目的主要是通过向客户提供服务取得服务收入，因此，企业自行经营的旅馆饭店是企业的经营场所，应当属于自用房地产。

（二）作为存货的房地产

作为存货的房地产通常是指房地产开发企业在正常经营过程中销售的或为销售而正在开发的商品房和土地。这部分房地产属于房地产开发企业的存货，其生产、销售构成企业的主营业务活动，产生的现金流量也与企业的其他资产密切相关。因此，具有存货性质的房地产不属于投资性房地产。

从事房地产经营开发的企业依法取得的、用于开发后出售的土地使用权，属于房地产开发企业的存货，即使房地产开发企业决定待增值后再转让其开发的土地，也不得将其确认为投资性房地产。

实务中，存在某项房地产部分自用或作为存货出售、部分用于赚取租金或资本增值的情形。如某项投资性房地产不同用途的部分能够单独计量和出售的，应当分别确认为固定资产（或无形资产、存货）和投资性房地产。例如，甲开发商建造了一栋商住两用楼盘，一层出租给一家大型超市，已签订经营租赁合同；其余楼层均为普通住宅，正在公开销售中。这种情况下，如果一层商铺能够单独计量和出售，应当确认为甲企业的投资性房地产，其余楼层为甲企业的存货，即开发产品。

第二节

投资性房地产的账务处理

一、投资性房地产的确认和初始计量

投资性房地产只有在符合定义的前提下，同时满足下列条件的，才能予以确认：（1）与该投资性房地产有关的经济利益很可能流入企业；（2）该投资性房地产的成本能够可靠地计量。

企业取得的投资性房地产，应当按照取得时的成本进行初始计量，取得的方式不同，则取得时的成本计量也不同。现分别介绍几种取得方式的成本计量。

（一）外购投资性房地产的确认和初始计量

在采用成本模式计量下，外购的土地使用权和建筑物，按照取得时的实际成本进行初始计量，借记"投资性房地产"科目，贷记"银行存款"等科目。取得时的实际成本包括购买价款、相关税费和可直接归属于该资产的其他支出。企业购入的房地产，部分用于出租（或资本增值）、部分自用或作为存货，用于出租（或资本增值）的部分应予以单独确认的，应按照不同部分的公允价值占公允价值总额的比例将成本在不同部分之间进行分配；对于不能单独计量和出售的用于出租（或资本增值）的部分，不确认为投资性房地产。

在采用公允价值模式计量下，外购的投资性房地产应当按照取得时的实际成本进行初始计量，其实际成本的确定与采用成本模式计量的投资性房地产一致。企业应当在"投资性房地产"科目下设置"成本"和"公允价值变动"两个明细科目，按照外购的土地使用权和建筑物发生的实际成本，记入"投资性房地产——成本"科目。

（二）自行建造投资性房地产的确认和初始计量

在采用成本模式计量下，自行建造投资性房地产，其成本由建造该项资产达到预定可使用状态前所发生的必要支出构成，包括土地成本、建造成本、应予以

资本化的借款费用以及支付和分摊的间接费用等。建造过程中发生的非正常性损失，直接计入当期损益，不计入建造成本。按照建造过程发生的成本，借记"投资性房地产"科目，贷记"银行存款"等科目。在采用公允价值模式计量下，自行建造投资性房地产的计量，将在本节第三部分"投资性房地产持有期间的核算"中介绍。

（三）非投资性房地产转换为投资性房地产的确认和初始计量

非投资性房地产转换为投资性房地产，是以外购和自行建造之外的其他方式取得的投资性房地产，其实质是因房地产用途发生改变而对其进行的重新分类。包括自用的房地产及作为存货的房地产转换为投资性房地产等。此处暂不详细阐述，将在本节第四部分"投资性房地产的转换和处置"中专门阐述。

二、投资性房地产的后续支出

（一）资本化的后续支出

与投资性房地产有关的后续支出，满足投资性房地产确认条件的应当计入投资性房地产成本。例如，企业为了提高投资性房地产的使用效能，往往需要对投资性房地产进行改建、扩建而使其更加坚固耐用，或者通过装修而改善其室内装潢，改扩建或装修支出满足确认条件的，应当将其资本化。企业对某项投资性房地产进行改扩建等再开发且将来仍作为投资性房地产的，在再开发期间应继续将其作为投资性房地产，再开发期间不计提折旧或摊销。

（二）费用化的后续支出

与投资性房地产有关的后续支出，不满足投资性房地产确认条件的应当在发生时计入当期损益。例如，企业对投资性房地产进行日常维护发生一些支出。企业在发生投资性房地产费用化的后续支出时，借记"其他业务成本"等科目，贷记"银行存款"等科目。

三、投资性房地产持有期间的核算

据投资性房地产准则的规定，投资性房地产在后续计量时，通常应当采用成本模式，满足特定条件的情况下也可以采用公允价值模式。但是，同一企业只能采用一种模式对所有投资性房地产进行后续计量，不得同时采用两种计量模式。

（一）采用成本模式计量的投资性房地产

成本模式的会计处理比较简单，主要涉及"投资性房地产"、"投资性房地产累计折旧（摊销）"、"投资性房地产减值准备"等科目，可比照"固定资产"、"无形资产"、"累计折旧"、"累计摊销"、"固定资产减值准备"、"无形资产减值准备"等相关科目进行处理。按期（月）计提折旧或摊销，借记"其他业务成本"等科目，贷记"投资性房地产累计折旧（摊销）"科目；取得的租金收入，借记"银行存款"等科目，贷记"其他业务收入"等科目。

投资性房地产存在减值迹象的，还应当适用资产减值的有关规定。经减值测试后确定发生减值的，应当计提减值准备，借记"资产减值损失"科目，贷记"投资性房地产减值准备"科目。如果已经计提减值准备的投资性房地产的价值又得以恢复，不得转回。

（二）采用公允价值模式计量的投资性房地产

企业存在确凿证据表明其公允价值能够持续可靠取得的，可以采用公允价值计量模式。企业选择公允价值模式，就应当对其所有投资性房地产采用公允价值模式进行后续计量，不得对一部分投资性房地产采用成本模式进行后续计量，对另一部分投资性房地产采用公允价值模式进行后续计量。

采用公允价值模式计量投资性房地产，应当同时满足以下两个条件：（1）投资性房地产所在地有活跃的房地产交易市场；（2）企业能够从房地产交易市场上取得同类或类似房地产的市场价格及其他相关信息，从而对投资性房地产的公允价值做出科学合理的估计。这两个条件必须同时具备，缺一不可。

采用公允价值模式对投资性房地产进行后续计量的企业，对于在建投资性房地产（包括企业首次取得的在建投资性房地产），如果其公允价值无法可靠确定但预期该房地产完工后的公允价值能够持续可靠取得的，应当以成本计量该在建投资性房地产，其公允价值能够可靠计量时或完工后（两者孰早），再以公允价值计量。

在极少情况下，采用公允价值对投资性房地产进行后续计量的企业，有证据表明，当企业首次取得某项投资性房地产（或某项现有房地产在完成建造或开发活动或改变用途后首次成为投资性房地产）时，该投资性房地产的公允价值不能持续可靠取得的，应当对该投资性房地产采用成本模式计量直至处置，并且假设无残值。但是，采用成本模式对投资性房地产进行后续计量的企业，即使有证据表明，企业首次取得某项投资性房地产时，该投资性房地产的公允价值能够持续可靠取得的，该企业仍应对该投资性房地产采用成本模式进行后续计量。

外购或自行建造的采用公允价值模式计量的投资性房地产，应当按照取得时的实际成本进行初始计量。其实际成本的确定与外购或自行建造的采用成本模式计量的投资性房地产一致。企业应当在"投资性房地产"科目下设置"成本"和"公允价值变动"两个明细科目，外购或自行建造时发生的实际成本，计入"投资性房地产（成本）"科目。

投资性房地产采用公允价值模式计量的，不计提折旧或摊销，应当以资产负债表日的公允价值计量。资产负债表日，投资性房地产的公允价值高于其账面余额的差额，借记"投资性房地产——公允价值变动"科目，贷记"公允价值变动损益"科目；公允价值低于其账面余额的差额做相反的分录。

（三）投资性房地产后续计量模式的变更

为保证会计信息的可比性，企业对投资性房地产的计量模式一经确定，不得随意变更。只有在房地产市场比较成熟、能够满足采用公允价值模式条件的情况下，才允许企业对投资性房地产从成本模式计量变更为公允价值模式计量。

成本模式转为公允价值模式的，应当作为会计政策变更处理，并按计量模式变更时公允价值与账面价值的差额调整期初留存收益。已采用公允价值模式计量的投资性房地产，不得从公允价值模式转为成本模式。

四、投资性房地产的转换和处置

（一）投资性房地产的转换

投资性房地产的转换，实质上是因房地产的用途发生改变而对房地产进行的重新分类。企业有确凿证据表明房地产用途发生改变时，应当将投资性房地产转换为其他资产或者将其他资产转换为投资性房地产。主要有三种转换形式：作为存货的房地产转为投资性房地产；自用的建筑物或土地使用权转换为投资性房地产；投资性房地产转为存货或自用。

在成本模式下几种转换形式的处理较为简单，就是将转换前的账面价值作为转换后的入账价值。下面主要介绍公允价值模式下几种转换形式的处理，公允价值模式下的转换应以转换当日存货或自用房地产的公允价值作为投资性房地产的入账价值或以转换当日投资性房地产的公允价值作为存货或自用房地产的入账价值。

（1）公允价值模式下作为存货的房地产转为投资性房地产

房地产开发企业将持有的开发产品以经营租赁的方式出租，存货相应地转换为投资性房地产，转换日为租赁开始日。应当按转换日该项房地产的公允价值记入"投资性房地产—成本"，同时转销原存货账面价值和已计提跌价准备。公允价值小于账面价值的，按其差额记入公允价值变动损益；公允价值大于账面价值的，按其差额记入其他综合收益。待该项投资性房地产处置时，因转换计入其他综合收益的部分应转入当期损益。

（2）公允价值模式下自用建筑物或土地使用权转换为投资性房地产

企业将原本用于生产或经营管理的房地产改为出租，即固定资产或无形资产相应地转换为投资性房地产，转换日为租赁开始日。应当按转换日该项房地产的公允价值记入"投资性房地产—成本"，同时转销原固定资产或无形资产账面价值和已计提的折旧或摊销及减值准备。公允价值小于账面价值的，按其差额记入公允价值变动损益；公允价值大于账面价值的，按其差额记入其他综合收益。待该项投资性房地产处置时，因转换计入其他综合收益的部分应转入当期损益。

（3）公允价值模式下投资性房地产转为自用房地产

企业将原来用于赚取租金或资本增值的房地产改为用于生产商品、提供劳务或者经营管理的固定资产或无形资产，转换日为企业开始自用的日期。应当以转换当日的公允价值作为自用房地产的账面价值，公允价值与原账面价值的差额计入公允价值变动损益。

转换日，按该项投资性房地产的公允价值，借记"固定资产"或"无形资产"科目，按该项投资性房地产的成本，贷记"投资性房地产—成本"科目；按该项投资性房地产的累计公允价值变动，贷记或借记"投资性房地产—公允价值变动"科目；按其差额，贷记或借记"公允价值变动损益"科目。

（4）公允价值模式下投资性房地产转为存货

企业将采用公允价值模式计量的投资性房地产转换为存货时，应当以其转换当日的公允价值作为自用房地产的账面价值，公允价值与原账面价值的差额计入当期损益。

转换日，按该项投资性房地产的公允价值，借记"开发产品"科目，按该项投资性房地产的成本，贷记"投资性房地产—成本"科目；按该项投资性房地产的累计公允价值变动，贷记或借记"投资性房地产—公允价值变动"科目；按其差额，贷记或借记"公允价值变动损益"科目。

（二）投资性房地产的处置

当投资性房地产被处置，或者永久退出使用却不能从其处置中取得经济利益时，应当终止确认该投资性房地产。

企业可以通过对外出售或转让的方式处置投资性房地产取得投资收益。对于那些由于使用而不断磨损直到最终报废，或者由于遭受自然灾害等非正常损失发生毁损的投资性房地产应当及时进行清理。此外，企业因其他原因，如非货币性交易等而减少投资性房地产也属于投资性房地产的处置。企业出售、转让、报废投资性房地产或者发生投资性房地产毁损，应当将处置收入扣除其账面价值和相关税费后的金额计入当期损益。

处置采用成本模式计量的投资性房地产时，应当按实际收到的金额，借记"银行存款"等科目，贷记"其他业务收入"等科目；按该项投资性房地产的账面价值，借记"其他业务成本"科目；按其账面余额，贷记"投资性房地产"科目；按照已计提的折旧或摊销，借记"投资性房地产累计折旧（摊销）"科目；原已计提减值准备的，借记"投资性房地产减值准备"科目。

【例7-1】甲公司将其出租的一栋写字楼确认为投资性房地产，采用成本模式计量。租赁期届满后，甲公司将该栋写字楼出售给乙公司，含税合同价款为31 500万元（甲公司对该笔交易可按简易征收率5%计征增值税，本题不考虑附加税），乙公司已用银行存款付清。出售时，该栋写字楼的成本为28 000万元，已计提折旧3 000万元。甲企业的账务处理如下：

借：银行存款		315 000 000
贷：其他业务收入		300 000 000
应交税费——简易计税		15 000 000
借：其他业务成本		250 000 000
投资性房地产累计折旧（摊销）		30 000 000
贷：投资性房地产——写字楼		280 000 000

处置采用公允价值模式计量的投资性房地产时，应当按实际收到的金额，借记"银行存款"等科目，贷记"其他业务收入"科目；按该项投资性房地产的账面余额，借记"其他业务成本"科目；按其成本，贷记"投资性房地产——成本"科目；按其累计公允价值变动，贷记或借记"投资性房地产——公允价值变动"科目。同时结转投资性房地产累计公允价值变动。若存在原转换日计入其他综合收

益的金额，也一并结转。

【例7-2】甲企业与乙企业签订了租赁协议，将其原先自用的一栋写字楼出租给乙企业使用，租赁期开始日为2×15年5月15日。2×15年5月15日，该写字楼的账面余额50 000万元，已累计折旧5 000万元，公允价值为47 000万元。2×15年12月31日，该项投资性房地产的公允价值为48 000万元。2×16年6月租赁期届满，企业收回该项投资性房地产，并以不含税价55 000万元出售（甲企业对该笔交易可按简易征收率5%计征增值税），出售款项已收讫。假设甲企业采用公允价值模式计量，不考虑除增值税外其他相关税费。

甲企业的账务处理如下：

1）2×15年5月15日，自用房地产转换为投资性房地产：

借：投资性房地产—成本	470 000 000
累计折旧	50 000 000
贷：固定资产	500 000 000
其他综合收益	20 000 000

2）2×15年12月31日，公允价值变动：

借：投资性房地产—公允价值变动	10 000 000
贷：公允价值变动损益	10 000 000

3）2×16年6月，收回并出售投资性房地产：

借：银行存款	577 500 000
贷：其他业务收入	550 000 000
应交税费—简易计税	27 500 000
借：其他业务成本	450 000 000
公允价值变动损益	10 000 000
其他综合收益	20 000 000
贷：投资性房地产—成本	470 000 000
—公允价值变动	10 000 000

第三节

投资性房地产纳税处理

根据《企业会计准则第3号——投资性房地产》的规定，投资性房地产，是指为赚取租金或资本增值，或两者兼有而持有的房地产，包括已出租的土地使用权、持有并准备增值后转让的土地使用权、已出租的建筑物。企业应当在资产负债表日采用成本模式对投资性房地产进行后续计量，但有确凿证据表明投资性房地产的公允价值能够持续可靠取得的，可以对投资性房地产采用公允价值模式进行后续计量。

采用公允价值模式计量的，应当同时满足下列条件：

（1）投资性房地产所在地有活跃的房地产交易市场；

（2）企业能够从房地产交易市场上取得同类或类似房地产的市场价格及其他相关信息，从而对投资性房地产的公允价值作出合理的估计。

采用公允价值模式计量的，不对投资性房地产计提折旧或进行摊销，应当以资产负债表日投资性房地产的公允价值为基础调整其账面价值，公允价值与原账面价值之间的差额计入当期损益。

当投资性房地产被处置，或者永久退出使用且预计不能从其处置中取得经济利益时，应当终止确认该项投资性房地产。企业出售、转让、报废投资性房地产或者发生投资性房地产毁损，应当将处置收入扣除其账面价值和相关税费后的金额计入当期损益。而税法是将投资性房地产作为一般固定资产或无形资产对待。

《国家税务总局关于印发〈企业所得税税前扣除办法的通知〉（国税发［2000］84号）》规定，纳税人的存货、固定资产、无形资产和投资等各项资产成本的确定应遵循历史成本原则。纳税人经营活动中使用的固定资产的折旧费用、无形资产和递延资产的摊销费用可以扣除。

2008年1月1日起施行的《中华人民共和国企业所得税法》第十一条、第十二条也明确规定，在计算应纳税所得额时，企业按照规定计算的固定资产折旧、无形资产摊销费用，准予扣除。

《财政部国家税务总局关于执行〈企业会计准则〉有关企业所得税政策问题

的通知》(财税〔2007〕80号)还就处置投资性房地产的纳税问题做出了进一步明确:企业以公允价值计量的投资性房地产,持有期间公允价值的变动不计入应纳税所得额,在实际处置或结算时,处置取得的价款扣除其历史成本后的差额应计入处置或结算期间的应纳税所得额。

通过对上述相关规定得比较可以看出,公允价值模式下投资性房地产的会计处理与税务处理的差异主要表现在以下三个方面:

(1)对投资性房地产进行后续计量的原则不同。会计准则规定可以选择公允价值模式,而税法遵循的是历史成本原则。

(2)投资性房地产持有期间公允价值变动的处理方法不同。会计准则规定,公允价值与原账面价值之间的差额计入当期损益,而税法规定公允价值的变动不计入应纳税所得额。

(3)投资性房地产出租期间价值损耗的处理方法不同会计准则规定,采用公允价值模式计量的,不对投资性房地产计提折旧或进行摊销,而税法则允许固定资产的折旧费用、无形资产的摊销费用在计算应纳税所得额时扣除。

对于选择采用公允价值模式对投资性房地产(如出租的办公楼)进行后续计量的,其期末账面价值为公允价值。而税法并不认可该项资产在持有期间因公允价值变动形成的利得或损失,该项资产在持有期间因公允价值的变动形成的应计入当期损益的利得或损失不计入应纳税所得额,则其计税基础应为取得时支付的历史成本减去按照税法规定允许税前扣除的折旧额后的金额,所以该项资产在持有期间的账面价值与计税基础之间存在差异。由于税法允许税前扣除的折旧费用,按照会计准则规定在处置时最终也得到扣除,只是税法允许扣除的时间早于会计准则允许扣除的时间,所以其账面价值与计税基础之间的差异是暂时性差异,而此时的暂时性差异将于未来期间计入企业的应纳税所得额,产生未来期间应交所得税的义务,因而属于应纳税暂时性差异,其所得税影响应确认相关的递延所得税负债。

以下示例说明会计处理与税务处理的差异调整:

【例7-3】2015年7月20日,华锋机械制造有限公司(以下简称华锋公司)与锦上花商贸有限公司(简称锦上花公司)签订租赁协议,约定将华锋公司开发的一栋办公楼于开发完成的同时整体出租给锦上花公司使用,租赁期为2年。当年9月30日该办公楼工程达到预定可使用状态并开始起租。由于该办公楼处于商业繁华地段,所在城区有活跃的房地产交易市场,该企业能够从市场上取得同类或类似房地产的市场价格及其他相关信息，华锋公司决定采用公允价值模式对出租的办公楼进行后续计量。该办公楼造价8 000万元，预计使用年限20年。2015年12月31日，该办公楼的公允价值为9 000万元，2016年12月31日，该办公楼的公允价值为8 800万元。2017年9月30日租赁合同到期，华锋公司收回该项投资性房地产，并于2017年10月8日以含税价10 080万元的价格出售（该笔交易可按简易征收率5%计征增值税），出售款项已收讫银行，出售过程中发生土地增值税等相关税费208万元。2015～2017年度利润表中的利润总额均为6 000万元，并采用资产负债表债务法核算所得税。适用的企业所得税率为25%。

华锋公司的会计处理与纳税调整如下（单位：万元）：

1．2015年9月30日，华锋公司开发完成办公楼并出租：

借：投资性房地产——成本　　　　　　　　　　　　　　　　8 000
　　贷：在建工程　　　　　　　　　　　　　　　　　　　　　8 000

2．2015年12月31日，以公允价值为基础调整其账面价值，公允价值与原账面价值之间的差额计入当期损益：

借：投资性房地产——公允价值变动　　　　　　　　　　　　1 000
　　贷：公允价值变动损益　　　　　　　　　　　　　　　　　1 000

3．2015年度终了计算企业所得税时的纳税调整与会计处理

（1）税法允许计提折旧100万元（8 000÷20÷12×3），假设按直线法计提折旧，不考虑残值，下同），而会计准则不允许计提折旧，因此，多计应纳税所得额100万元，应当调减。

（2）税法规定投资性房地产持有期间公允价值的变动不计入应纳税所得额，因此，多计应纳税所得额1 000万元，应当调减。

（3）办公楼账面价值为9 000万元，计税基础为7 900万元（8 000－100），因为两者之间的差额1 100万元（9 000－7 900）会增加企业在未来期间的应纳税所得额和应交所得税，属于应纳税暂时性差异，应确认递延所得税负债。

（4）2015年度应纳税所得额=6 000－100－1 000=4 900（万元），2015年度应交所得税=4 900×25%=1 225（万元）；应确认递延所得税负债=1 100×25%=275（万元）。

借：所得税费用　　　　　　　　　　　　　　　　　　　　　1 500
　　贷：应交税费——应交所得税　　　　　　　　　　　　　　1 225
　　　　递延所得税负债　　　　　　　　　　　　　　　　　　　275

4．2016年12月31日，以公允价值为基础调整其账面价值，公允价值与原账面价值之间的差额计入当期损益：

  借：公允价值变动损益   200
    贷：投资性房地产——公允价值变动   200

5．2016年度终了计算企业所得税时的纳税调整与会计处理：

（1）税法允许计提折旧400万元（8 000÷20），而会计准则不允许计提折旧，因此，多计应纳税所得额400万元，应当调减。

（2）税法规定投资性房地产持有期间公允价值的变动不计入应纳税所得额，因此，少计应纳税所得额200万元，应当调增。

（3）办公楼账面价值为8 800万元，计税基础为7 500万元（8 000－100－400），因为两者之间的差额1 300万元（8 800－7 500）属于应纳税暂时性差异，应确认递延所得税负债=1 300×25%=325（万元），但递延所得税负债的期初余额为275万元，当期应确认的递延所得税负债为50万元。

（4）2016年度应纳税所得额=6 000－400+200=5 800（万元），2016年度应交所得税=5 800×25%=1 450（万元）。

  借：所得税费用   1 500
    贷：应交税费——应交所得税   1 450
      递延所得税负债   50

6．2017年10月28日，华锋公司收回该项投资性房地产，并将该栋办公楼以10 080万元出售。

  借：银行存款   10 080
    贷：其他业务收入   9 600
      应交税费——简易计税   480
  借：其他业务成本   8 000
    公允价值变动损益   800
    贷：投资性房地产——成本   8 000
      ——公允价值变动   800
  借：税金及附加   208
    贷：应交税费——应交土地增值税等   208

7．2017年度终了计算企业所得税时的纳税调整与会计处理：

（1）税法允许计提折旧300万元（8 000÷20÷12×9），而会计准则不允许计提折旧，因此，多计应纳税所得额300万元，应当调减。

（2）处置投资性房地产，会计确认处置收益=9 600－8 000－208－800=592万元，税收确认处置收益=9 600－（8 000－100－400－300）－208=2 192（万元），会计比税收少确认处置收益=2 192－592=1 600（万元），应当调增（包括处置前调减的税法允许计提的累计折旧800万元和公允价值变动导致会计利润净虚增的800万元）。

（3）因为办公楼账面价值与计税基础两者之间的暂时性差异，伴随着销售的实现而消失，所以递延所得税负债期末余额325万元，应全额转销。

（4）2017年度应纳税所得额=6 000－300+1 600=7 300（万元），2017年度应交所得税=7 300×25%=1 825（万元）。

借：所得税费用 　　　　　　　　　　　　　　　　　　　　　1 500
　　递延所得税负债 　　　　　　　　　　　　　　　　　　　　325
　贷：应交税费应交所得税 　　　　　　　　　　　　　　　　　1 825

以上会计与税法处理过程表明，在不考虑其他因素的情况下，虽然在投资性房地产持有期间，由于会计与税法处理方法不同，导致会计利润总额与应纳税所得额之间存在差异，但从整个过程的累计数看，会计利润总额与应纳税所得额是相等的：会计利润总额，2015年度、2016年度、2017年度均为6 000万元，累计数为18 000万元；纳税调整数额，2015年度1 100万元、2016年度200万元、2017年度1 300万元，累计数为0；应纳税所得额，2015年度4 900万元、2016年度5 800万元、2017年度7 300万元，累计数为18 000万元。

第八章

合作开发房地产

第一节

合作开发房地产业务概述

合作开发是指具有房地产开发资质的一方与提供建设用地使用权或提供资金、技术、劳务等的一方或多方在共担风险、共享收益条件下合作开发房地产项目,具体包括合伙制联建、项目公司开发、房屋参建等三种方式。

一、合伙制联建

合伙制联建是指房地产开发企业提供资金、技术、劳务与提供土地的另一方合作进行开发,双方在合同中明确约定按比例分配房屋和土地使用权。

合作双方必须共同获得政府有关部门对土地使用、规划许可、项目施工许可等所有行政审批的批准。此类开发,法律审批手续复杂,合作开发合同虽简单,但常常存在大量法律纠纷,且有相当一部分行为无效,不受法律保护,因此,目前房地产企业较少采用此方式。

二、项目公司开发

项目公司开发是指提供资金、技术、劳务的一方与提供土地的另一方以组建法人资格的经济实体来合作进行房地产开发的行为。主要包括以下两种模式:

(1) 土地协议折价入股方式构成合作投资比例;

(2) 土地评估作价入股方式构成合资投资比例。

三、房屋参建

房屋参建是指参建人以参建名义对已经批准立项的房地产项目参与投资或预购房屋的行为。

合作开发的立项、规划选址、规划用地、建筑设计、施工许可,已经项目转让的土地使用人(股东或权益人)或者项目功能、用途等变更手续,均属于须经批准的行为,均须获得政府有关主管部门的许可或批准,并持有批准文件或证照。

第二节

合作开发房地产的会计核算

一、合伙制联建的核算

合伙制联建双方以各自拥有的土地使用权和房屋所有权相互交换，账务处理分析如下：

（1）出地方以转让部分土地使用权为代价，换取部分房屋的所有权，发生了转让土地使用权的行为，出地方应按土地转让进行账务处理；

（2）出资方以转让部分房屋的所有权为代价，换取了土地的使用权，发生了销售不动产的行为，出资方应按土地受让价格进行房屋销售处理；

（3）出地方和出资方将分得的房屋对外进行销售，均应按房屋销售进行账务处理。

（一）提供土地方的核算

提供土地方按双方确认的出资方受让部分房屋对应的土地价值作土地使用权转让处理，借记"其他应收款"科目，贷记"其他业务收入"等科目，同时按该转出土地账面价值，借记"其他业务成本"等科目，贷记"无形资产"等科目。

提供土地方取得分配的房屋按资产购置处理，借记"固定资产"等科目，贷记"其他应收款"科目。如将分配的房屋对外进行销售，借记"银行存款"科目，贷记"其他业务收入"等科目，同时，借记"其他业务成本"等科目，贷记"固定资产"、"无形资产"等科目。

【例8-1】A房地产公司与B房地产公司都是增值税一般纳税人，A公司提供通过出让方式获得的一土地使用权，现与B公司合作建房，全部土地实际价款成本6 660万元并已取得财政部门监制的财政票据，全部土地含税价8 880万元，B公司提供资金4 440万元。两公司约定，房屋建好后，双方均分即各占50%，A公司分得房屋作为自用办公楼使用。全部房屋总销售成本7 000万元（不含土地价款

4 000万元）。双方签订合作建房合同。（不考虑除增值税外其他税费）

（1）A公司转让土地使用权，会计分录如下：

借：其他应收款—B公司　　　　　　　　　　　　　　44 400 000
　　贷：主营业务收入　　　　　　　　　　　　　　　40 000 000
　　　　应交税费—应交增值税（销项税额）　　　　　　4 400 000

同时结转土地成本，并抵减土地部分差额征税对应销项税。会计分录如下：

借：主营业务成本　　　　　　　　　　　　　　　　　33 300 000
　　贷：无形资产　　　　　　　　　　　　　　　　　33 300 000
借：应交税费—应交增值税（销项税额抵减）　　　　　　3 300 000
　　贷：主营业务成本　　　　　　　　　　　　　　　 3 300 000

（2）A公司分得房屋时，会计分录如下：

借：固定资产　　　　　　　　　　　　　　　　　　　40 000 000
　　应交税费—应交增值税（进项税额）　　　　　　　　4 400 000
　　贷：其他应收款—B公司　　　　　　　　　　　　　44 400 000

（二）提供资金方的核算

提供资金方按双方确认的出资方受让部分房屋对应的土地价值作土地购置处理，借记"开发成本"等科目，贷记"其他应付款"等科目。向提供土地方分配房屋时，借记"其他应付款"等科目，贷记"主营业务收入"、"应交税费—应交增值税"等科目，同时结转房屋销售成本，借记"主营业务成本"科目，贷记"库存商品"科目。

【例8-2】B公司作为提供资金方，其账务处理如下：

（1）B公司购置土地时，会计分录如下：

借：开发成本　　　　　　　　　　　　　　　　　　　40 000 000
　　应交税费—应交增值税（进项税额）　　　　　　　　4 400 000
　　贷：其他应付款—A公司　　　　　　　　　　　　　44 400 000

（2）向A公司分配房屋时，会计分录如下：

借：其他应付款—A公司　　　　　　　　　　　　　　44 400 000
　　贷：主营业务收入　　　　　　　　　　　　　　　40 000 000
　　　　应交税费—应交增值税（销项税额）　　　　　　4 400 000

同时结转房屋销售成本，总销售成本7 000万元，分配给A公司房屋销售成本为3 500万元，会计分录如下：

借：主营业务成本　　　　　　　　　　　　　　　　　　　35 000 000
　　贷：开发产品　　　　　　　　　　　　　　　　　　　　35 000 000

二、项目公司开发的核算

项目公司开发模式分为新成立项目公司方式和收购项目公司方式，具体为：

（1）新成立项目公司方式：出资方以资金入股，提供土地方以土地入股，双方注册成立项目公司，由项目公司进行房地产开发，最终进行利润分配；

（2）收购项目公司方式：出资方以现金形式收购拥有土地公司的部分股权，成为拥有土地公司的股东，由拥有土地公司作为项目公司进行房地产开发。

项目公司开发的主要操作流程为成立项目公司、开发建设、利润分配等。

（一）新成立项目公司的核算

投资者以土地投入的资本，应按投资各方确认的价值，借记有关资产科目，贷记"实收资本"科目。土地作价入股方式包括土地协议折价入股和土地评估作价入股两种。

【例8-3】2015年6月12日，A公司与B公司达成合作开发协议，B公司以其拥有的某地块的土地使用权作为投资，A公司以现金1亿元作为投资，共同成立C房地产开发公司对该地块进行开发。该地块经双方确认的价值为2亿元，C公司的注册资本为3亿元，根据合作开发协议规定，A公司与B公司分别占公司股权的40%和60%。C公司收到A公司投入的资本1亿元，该款项全部存入本公司的开户银行。该地块所有权已变更为C公司。C公司根据有关原始凭证，编制会计分录如下：

借：银行存款　　　　　　　　　　　　　　　　　　　　100 000 000
　　无形资产　　　　　　　　　　　　　　　　　　　　 200 000 000
　　贷：实收资本—B公司　　　　　　　　　　　　　　　 180 000 000
　　　　　　　—A公司　　　　　　　　　　　　　　　　 120 000 000

（二）收购项目公司的核算

收购方按收购价款，借记"长期股权投资"科目，贷记"银行存款"科目；项目公司变更股东，借记"实收资本—原股东"科目，贷记"实收资本—新股东"科目。

【例8-4】2015年6月12日，B公司与A公司达成合作协议，B公司拥有的某地块双方确认价值为2亿元，B公司注册资金为3亿元，A公司以现金1亿元收购B公司40%的股权。

（1）A公司收购B公司股权时，会计分录如下：

借：长期股权投资　　　　　　　　　　　　　　　120 000 000
　　贷：银行存款　　　　　　　　　　　　　　　100 000 000
　　　　营业外收入　　　　　　　　　　　　　　 20 000 000

（2）B公司变更股权时，会计分录如下：

借：实收资本—原股东　　　　　　　　　　　　　120 000 000
　　贷：实收资本—A公司　　　　　　　　　　　　120 000 000

（三）利润分配的核算

利润分配是指按股权比例或公司章程中约定的比例分配利润。合作企业之间不得在合同中约定提供土地使用权或资金的当事人不承担经营风险，只收取固定收益。

利润分配通过"利润分配"科目进行，其借方反映分配到各个方面的利润，如提取法定盈余公积、提取任意盈余公积和应付股利等，贷方反映本年利润的结转及用盈余公积弥补的亏损等。如果企业"本年利润"为负数，发生亏损，应将这部分亏损结转到"利润分配"科目的借方。"利润分配"科目的期末余额如果在借方，表示历年积存的未弥补亏损，如果在贷方，则表示历年积存的未分配利润。为了详细反映企业利润的分配情况，"利润分配"科目应按利润的分配去向设置以下6个明细科目：

（1）盈余公积补亏；
（2）提取法定盈余公积；
（3）提取任意盈余公积；
（4）应付现金股利或利润；
（5）转作股本的股利；

（6）未分配利润。

1. 本年利润结转的核算

为了反映企业历年累积的未分配利润，在"利润分配"科目中，设置了"未分配利润"二级科目，年度终了，企业应将全年实现的利润，自"本年利润"科目的借方转入"利润分配—未分配利润"科目的贷方。发生亏损则作如上相反的分录。

经批准用税前利润弥补亏损或用净利润弥补亏损时，不需专门进行账户处理，以后年度实现利润弥补亏损时，将"本年利润"科目转入"利润分配—未分配利润"的贷方，其贷方发生额与"利润分配—未分配利润"的借方余额自然弥补。

【例8-5】2015年12月31日，B公司全年实现税前利润8 000万元，无企业所得税纳税调整事项。2013年以前每年均盈利，2014年年度亏损2 000万元，"利润分配—未分配利润"科目2015年期初余额为借方1 500万元。根据有关原始凭证，编制会计分录如下：

2014年亏损的所得税处理：

$$2\,000 \times 20\% = 500万元$$

借：递延所得税资产　　　　　　　　　　　　　　　　5 000 000
　　贷：所得税费用　　　　　　　　　　　　　　　　5 000 000

2015年所得税处理：

借：所得税费用　　　　　　　　　　　　　　　　　　5 000 000
　　贷：递延所得税资产　　　　　　　　　　　　　　5 000 000

B公司2015年应缴纳企业所得税（8 000－2 000）×25%=1 500万元

借：所得税费用　　　　　　　　　　　　　　　　　　15 000 000
　　贷：应交税费　　　　　　　　　　　　　　　　　15 000 000

同时：

借：本年利润　　　　　　　　　　　　　　　　　　　60 000 000
　　贷：利润分配—未分配利润　　　　　　　　　　　60 000 000

可供分配的利润=本年利润－以前年度累计亏损
　　　　　　　=6 000－1 500=4 500万元

2. 提取法定盈余公积和任意盈余公积的核算

项目公司从税后利润中提取的法定盈余公积和任意盈余公积，应在"盈余公积"科目下设置"法定盈余公积"、"任意盈余公积"两个二级科目进行核算。

企业按照规定从净利润提取法定盈余公积和任意盈余公积时，借记"利润分配"科目下的"提取法定盈余公积"和"提取任意盈余公积"明细科目，贷记"盈余公积"科目下的"法定盈余公积"和"任意盈余公积"明细科目，会计分录如下：

借：利润分配—提取法定盈余公积
　　　　—提取任意盈余公积
　贷：盈余公积—法定盈余公积
　　　　—任意盈余公积

【例8-6】2015年12月31日，B公司分别按可供分配的利润6 000万元的10%和5%提取法定盈余公积和任意盈余公积。根据相关原始凭证，编制会计分录如下：

法定盈余公积6 000×10%=600万元

任意盈余公积6 000×5%=300万元

借：利润分配—提取法定盈余公积	6 000 000
—提取任意盈余公积	3 000 000
贷：盈余公积—法定盈余公积	6 000 000
—任意盈余公积	3 000 000

3. 向投资者分配利润或股利的计算

股票股利分配方案和现金股利分配方案在董事会决议时，不进行账务处理，作为资产负债表日后非调整事项在会计报表附注中披露。现金股利分配方案待股东大会批准后再进行账务处理，股票股利待股东大会批准并办妥增资手续后再进行账务处理。

核算应分配给优先股和普通股股东的现金股利时，应计入"利润分配—应付现金股利或利润"科目的借方和"应付股利"科目的贷方。

【例8-7】2015年12月31日，B公司分别支付优先股股利1 000万元和普通股股利2 000万元。根据有关原始凭证，编制会计分录如下：

借：利润分配—应付现金股利或利润	30 000 000
贷：应付股利	30 000 000

4. 未分配利润的核算

企业在年末，应将"利润分配"科目下其他明细科目的余额转入该科目的

"未分配利润"明细科目。结转后，除"未分配利润"明细科目外，该科目的其他明细科目应无余额。该科目年末贷方余额，反映企业历年结存的未分配利润；该科目年末借方余额，反映企业历年未弥补的亏损。

股份制企业股东大会批准的利润分配方案与已入账的董事会提请批准的报告年度利润分配方案不一致时，其差额应当调整批准年度会计报表有关项目的年初数。调整增加的利润分配数，记入"利润分配—未分配利润"科目的借方和"利润分配—应付现金股利或利润"等科目的贷方；调整减少的利润分配数，作相反分录入账。

【例8-8】2015年12月31日，B公司将"利润分配"科目的其他二级账户转入"未分配利润"二级科目。根据有关原始凭证，编制会计分录如下：

借：利润分配—未分配利润　　　　　　　　　　　　45 000 000
　　贷：利润分配—提取法定盈余公积　　　　　　　　6 000 000
　　　　　—提取任意盈余公积　　　　　　　　　　　3 000 000
　　　　　—应付股利　　　　　　　　　　　　　　　30 000 000
　　　　　—转作股本的股利　　　　　　　　　　　　6 000 000

期末"利润分配"科目下的"未分配利润"二级科目的余额为0。

三、房屋参建的核算

房屋参建包括两种情况：一种是增资扩股方式，即参建方对项目进行投资入股，分配利润；另一种是房屋预购方式，即以参建名义投入资金，分配房屋。

（一）增资扩股方式的核算

增资扩股情况下，新加入投资者出资额，按约定份额，记入"实收资本"科目，大于约定份额的部分，记入"资本公积—资本溢价"科目。由于企业创办者承担了初创阶段的巨大风险，同时在企业内部形成留存收益，新加入的投资者将享有这些利益，就要求其付出大于原有投资者的出资额，才能取得与原有投资者相同的投资比例。

有限责任公司增加资本金时，须经股东会的决议。股东认缴新增资本的出资，按照设立有限责任公司缴纳出资的规定进行。股东可以用货币资金，也可以用实物、土地使用权等作价增资。对作为增资的实物或土地使用权，必须进行评估作价，依照有关规定办理。股东的增资只能将其按约定投资比例计算的部分，作为其投入的资本金，记入"实收资本"科目的贷方；实际缴付的增资额超出其资本金的差额，为资本溢价，应将它记入"资本公积"科目的贷方。

【例8-9】2015年7月12日，B公司为达到国家规定的资本金比例，公司股东会形成决议，拟增加注册资金2亿元。B公司收到增加投入的资本2亿元，该款项全部存入本公司的开户银行。B公司根据有关原始凭证，编制会计分录如下：

借：银行存款　　　　　　　　　　　　　　　　　　　　200 000 000
　　贷：实收资本　　　　　　　　　　　　　　　　　　200 000 000

【例8-10】2015年6月12日，B公司注册资金为1亿元，账面实收资本为1亿元。2015年12月31日，公司股东会形成决议，拟增加注册资金5 000万元，其中甲公司认缴2 000万元，乙公司认缴3 000万元。B公司收到增加投入的资本5 000万元，该款项全部存入本公司的开户银行。B公司根据有关原始凭证，编制会计分录如下：

借：银行存款　　　　　　　　　　　　　　　　　　　　　50 000 000
　　贷：实收资本——甲公司　　　　　　　　　　　　　　20 000 000
　　　　　　——乙公司　　　　　　　　　　　　　　　　30 000 000

【例8-11】B公司注册资本为1亿元，甲、乙、丙、丁投资者各缴付资本金2 500万元，经营两年之后，该企业共提取了盈余公积1 000万元，这时有新的投资者有意参加该企业共同开发经营，并表示愿意出资3 000万元而仅获得该企业20%的收益，则在会计上，应将新投资者投入的2 500万元作为资本金记入"实收资本"科目，出资额超出资本金的500万元作为资本公积记入"资本公积——资本溢价"科目，作如下会计分录：

借：银行存款　　　　　　　　　　　　　　　　　　　　　30 000 000
　　贷：实收资本　　　　　　　　　　　　　　　　　　　25 000 000
　　　　资本公积——资本溢价　　　　　　　　　　　　　 5 000 000

（二）房屋预购方式的核算

房地产企业以本企业为主体联合其他企业、单位、个人合资开发房地产项目，双方约定由合资方投入一定额度的资金，开发产品完工后，房地产企业将一定数量的房屋分配给合资方。这种方式实质上对于房地产企业来讲属于房屋预售行为，应比照房屋预售业务进行会计核算。

房地产企业收到合资方投入资金时，借记"银行存款"科目，贷记"预收账款"等科目。开发产品完工后向合资方分配房屋时，按合资方投入资金金额，借记"预收账款"等科目，贷记"主营业务收入"科目，同时结转成本，借记"主营业务成本"科目，贷记"开发产品"等科目。

【例8-12】2014年2月，B公司在开发某小区的过程中，因为资金不足，吸收A公司投资入股，A公司投入资金7 000万元，双方约定，房产建成，B公司分给A公司房产30 000m^2，2015年11月，小区开发完成，A公司按协议分得30 000m^2，该小区每平方米成本2 150元。（分配房屋不考虑相关税费）

收到A公司投入资金时，会计分录如下：

借：银行存款　　　　　　　　　　　　　　　　　　　　　70 000 000
　　贷：预收账款　　　　　　　　　　　　　　　　　　　70 000 000

开发完成分配房屋时，会计分录如下：

借：预收账款　　　　　　　　　　　　　　　　　　　　　70 000 000
　　贷：主营业务收入　　　　　　　　　　　　　　　　　70 000 000

同时结转开发成本：

结转开发成本=30 000×2 150=6 450万元

借：主营业务成本　　　　　　　　　　　　　　　　　　　64 500 000
　　贷：开发产品　　　　　　　　　　　　　　　　　　　64 500 000

第三节

合作开发房地产纳税处理

2005年至今,最高人民法院和国家税务总局分别颁布了若干司法解释和部门规章,为各类房地产"合作开发"行为的税收征收管理和法律纠纷解决提供了更明确的法律依据。依据这些法规,不同的项目开发模式或方式涉及不同的纳税义务,税负高低不一,差异较大,开发模式的选择决定了项目开发的涉税处理方式和合作各方的税负(表8-1)。

不同开发模式涉税处理方式和税负　　　　表8-1

房地产开发环节	主要涉及税种	征税对象	计税依据	税率	备注
前期准备环节	耕地占用税	占用耕地行为	占用耕地面积	5～50元/m²	实行地区差别定额税率
	契税	转移不动产权属	不动产出让价	3%	取得土地使用权
	印花税	签订规划设计勘察合同	合同总金额	0.3‰	
建设施工环节	城镇土地使用税	城镇土地	实际占用的土地面积	0.6～30元/m²	
	印花税	签订施工、采购合同	合同总金额	0.03%	
销售环节	增值税	销售不动产	(含税销售收入－当期允许扣除的土地价款)/(1+11%)或含税销售收入/(1+5%)	一般税率11%(征收率5%)	另以实缴增值税额为计税依据缴纳3%教育费附加及2%地方教育附加
	城市维护建设税	无独立征税对象	缴纳的增值税税额	7%、5%或1%	
	城镇土地使用税	城镇土地	未售出开发产品占用的土地面积	0.6～30元/m²	开发产品在售出前占用的土地仍应缴纳本税

续表

房地产开发环节	主要涉及税种	征税对象	计税依据	税率	备注
销售环节	土地增值税	转让房地产	转让房地产取得的增值额	30%~60%	按月预缴，满足清算条件后清算汇总缴纳
	印花税	签订产权转移书据	合同总金额	0.05%	
保有环节	城镇土地使用税	城镇土地	未售出开发产品占用的土地面积	0.6~30元/m²	
	房产税	房产	自用：房产计税价值	计税价值的1.2%	开发产品转为自用或出租后应缴纳本税
			出租：房产租金收入	租金收入的12%	
	增值税	取得租金收入	租金收入	一般税率11%（征收率5%）	
	印花税	签订租赁合同	合同金额	0.1%	
所有环节	企业所得税	生产经营所得和其他所得	应纳税所得额	25%	

房地产合作开发项目自前期准备阶段起，至合作清算结束，均应以本企业（有土地使用权一方）为财务核算主体和纳税主体，从四个开发环节、十一种税费、两方纳税主体、三个维度处理涉税事项：

一、四个开发环节

如上表所列，企业在项目开发的所有环节均应积极履行纳税义务，正确计算并按时缴纳各项应纳税金及附加费，到主管税务机关立项及按月申报开发产品销售情况。

二、十一种税费

在开发过程中及合作清算结束时所产生的所有涉税事项，本企业均应正确计算并按时缴纳各项应纳税费，其重点和难点在于合作清算年度的企业所得税汇算清缴工作。

三、两方纳税主体

合作开发项目的纳税主体包括两方：一方为本企业，负有项目开发经营所涉及的所有纳税义务；另一方为合作方，承担项目税后利润分配的所得税。房地产合作开发项目通常在开发产品销售完毕当年实施合作清算工作。合作清算结束时，本企业应根据清算结果所列的项目税后利润，按约定比例分配给合作方。实际支付分配款时，若合作方为个人独资企业、合伙企业或个人，其中个人部分企业还应就实际分配的项目税后利润，代扣代缴个人所得税；若合作方为法人企业，则合作方取得该合作项目税后利润应视同股息、红利，属于企业所得税的免税收入，合作方免交企业所得税。合作清算结束后，剩余税后利润留归本企业，构成企业的税后净利润。

合作清算结束后，企业需向主管税务机关备案分配合作方项目税后利润情况，并依要求报送合作清算报告。由于合作开发项目为合作各方共同管理，财务核算清查工作及合作清算结束时的涉税处理较为复杂，故合作各方通常聘请税务师事务所实施清算工作并出具合作清算报告。

第九章

金融资产

第一节

金融资产概述

金融资产属于企业资产的重要组成部分，主要包括：库存现金、银行存款、应收账款、应收票据、其他应收款项、股权投资、债权投资、衍生工具形成的资产等。

本章不涉及长期股权投资的会计处理。

企业应当结合自身业务特点和风险管理要求，将取得的金融资产在初始确认时分为以下几类：

（1）货币资金；

（2）以公允价值计量且其变动计入当期损益的金融资产；

（3）持有至到期投资；

（4）贷款和应收款项；

（5）可供出售的金融资产。

上述分类一经确定，不得随意变更。

第二节 货币资金

一、库存现金

库存现金通常是指存放于企业财会部门、由出纳人员经管的货币。

【例9-1】甲房地产开发企业在盘点现金时发现长款10元,经核查未能发现其实际原因,经财务主管同意,作为营业外收入处理。编制会计分录如下:

(1)发现现金长款时:

借:库存现金　　　　　　　　　　　　　　　　　　　　　　　　10
　　贷:待处理财产损溢　　　　　　　　　　　　　　　　　　　　10

(2)查明原因后,处理长款结果:

借:待处理财产损益　　　　　　　　　　　　　　　　　　　　　10
　　贷:营业外收入　　　　　　　　　　　　　　　　　　　　　　10

二、银行存款

银行存款是指企业存入银行或其他金融机构的各种款项。企业应当根据业务需要,按照规定在其所在地银行开设账户,运用所开设的账户,进行存款、取款以及各种收支转账业务的结算。银行存款的收付应严格执行银行结算制度的规定。

三、其他货币资金

其他货币资金是指企业除库存现金、银行存款以外的各种货币资金,主要包括银行汇票存款、银行本票存款、信用卡存款、信用证保证金存款、存出投资款、外埠存款等。

企业通过设立"其他货币资金"科目对其他货币资金进行核算。

四、银行结算

支付结算是指单位、个人在社会经济活动中使用票据、信用卡和汇兑、托收承付、委托收款等结算方式进行货币给付及其资金清算的行为。

五、外币业务

外币业务是指企业以记账本位币以外的其他货币进行款项的收付、往来结算和计价的经济业务。主要包括两方面的内容：

（一）外币交易

外币交易是指企业以非记账本位币进行的收付、结算等业务。外币交易的会计处理包括两个环节：一是交易日对外币进行的初始确认，将外币折合成记账本位币金额；二是在资产负债表日对外币货币性项目金额按期末汇率进行折算，将汇率变动产生的差额计入当期损益。

（二）外币报表折算

外币报表折算是指为了满足特定的目的，将以某一特定的货币表示的财务报表折算为另一特定货币表示的财务报表。

【例9-2】某房地产公司采用人民币作为记账本位币，外币业务采用业务发生时的市场汇率计算。本期到银行将50 000美元兑换为人民币，当日银行美元买入价为1美元=6.25元人民币，当日市场汇率为1美元=6.35元人民币。编制会计分录如下：

借：银行存款—人民币户　　　　　　　　　　（50 000×6.25）312 500
　　财务费用—汇兑差额　　　　　　　　　　　　　　　　　　　5 000
　　贷：银行存款—美元户　　　　　　　　　　（50 000×6.35）317 500

第三节

以公允价值计量且其变动计入当期损益的金融资产

以公允价值计量且其变动计入当期损益的金融资产可以进一步分为交易性金融资产和直接指定为以公允价值计量且其变动计入当期损益的金融资产。

（一）交易性金融资产

金融资产符合以下条件之一的，应当划分为交易性金融资产：

（1）持有金融资产的目的主要是为了近期内出售或回购；

（2）金融资产是企业采用短期获利模式进行管理的金融工具投资组合中的一部分；

（3）属于衍生金融工具。

（二）指定为以公允价值计量且其变动计入当期损益的金融资产

企业将某项金融资产指定为以公允价值计量且其变动计入当期损益的金融资产，通常是指该金融资产不满足确认为交易性金融资产条件的，企业仍可在符合某些特定条件时将其按公允价值计量，并将其公允价值变动计入当期损益。

通常情况下，只有符合下列条件之一的金融资产才可以在初始确认时指定为以公允价值计量且其变动计入当期损益的金融资产：

（1）该指定可以消除或明显减少由于该金融资产的计量基础不同所导致的相关利得或损失在确认或计量方面不一致的情况；

（2）企业风险管理或投资策略的正式书面文件已载明，该金融资产组合或该金融资产和金融负债组合，以公允价值为基础进行管理、评价并向关键管理人员报告。

（三）以公允价值计量且其变动计入当期损益的金融资产的会计处理

（1）企业取得交易性金融资产，按其公允价值，借记"交易性金融资产—成本"科目，按发生的交易费用，借记"投资收益"科目，按已到付息期但尚未领取的利息或已宣告但尚未发放的现金股利,借记"应收利息"或"应收股利"科目,按实际支付的金额,贷记"银行存款"等科目。

(2)交易性金融资产持有期间被投资单位宣告发放的现金股利,或在资产负债表日按分期付息、一次还本债券投资的票面利率计算的利息,借记"应收股利"或"应收利息"科目,贷记"投资收益"科目。

(3)资产负债表日,交易性金融资产的公允价值高于其账面余额的差额,借记"交易性金融资产——公允价值变动"科目,贷记"公允价值变动损益"科目;公允价值低于其账面余额的差额作相反的会计分录。

(4)出售交易性金融资产,应按实际收到的金额,借记"银行存款"等科目,按该金融资产的账面余额,贷记"交易性金融资产"科目,按其差额,贷记或借记"投资收益"科目。同时,将原计入该金融资产的公允价值变动转出,借记或贷记"公允价值变动损益"科目,贷记或借记"投资收益"科目。

【例9-3】甲房地产开发公司2015年12月1日购入股票100 000股,作为交易性金融资产,当时每股市价4.8元,交易费用960元,12月31日,市价为每股5元。该公司2016年4月1日将上述股票出售,每股5.2元,交易费用1 040元。相关账务处理如下:

(1)12月1日购入时:

借:交易性金融资产——成本　　　　　　　　　　　　　　　　480 000
　　投资收益　　　　　　　　　　　　　　　　　　　　　　　　960
　　贷:银行存款　　　　　　　　　　　　　　　　　　　　　　480 960

(2)12月31日:

借:交易性金融资产——公允价值变动　　　　　　　　　　　　20 000
　　贷:公允价值变动损益　　　　　　　　　　　　　　　　　　20 000

(3)将股票出售时:

借:银行存款　　　　　　　　　　　　　　　　　　　　　　　518 960
　　贷:交易性金融资产——成本　　　　　　　　　　　　　　　480 000
　　　　　　　　　　——公允价值变动　　　　　　　　　　　　20 000
　　　　投资收益　　　　　　　　　　　　　　　　　　　　　　18 960
借:公允价值变动损益　　　　　　　　　　　　　　　　　　　　20 000
　　贷:投资收益　　　　　　　　　　　　　　　　　　　　　　20 000

【例9-4】2015年1月1日，甲房地产开发公司从二级市场支付价款1 020 000元（含已到付息期但尚未领取的利息20 000元）购入某公司发行的债券。另外发生交易费用20 000元。该债权面值1 000 000元，剩余期限为2年，票面年利率为4%，每半年付息一次，甲房地产开发公司将其划分为交易性金融资产。

甲房地产开发公司的其他资料如下：

（1）2015年1月5日，收到该债券2014年下半年利息20 000元；

（2）2015年6月30日，该债券的公允价值为1 150 000元（不含利息）；

（3）2015年7月5日，收到该债券2015年上半年利息；

（4）2015年12月31日，该债券的公允价值为1 100 000元（不含利息）；

（5）2016年1月5日，收到该债券2015年下半年利息；

（6）2016年3月31日，甲房地产开发公司将该债券出售，取得价款1 180 000元（含1季度利息10 000元）。

假定不考虑其他因素，则甲房地产开发公司的账务处理如下：

（1）2015年1月1日，购入债券：

借：交易性金融资产——成本　　　　　　　　　　　　1 000 000
　　应收利息　　　　　　　　　　　　　　　　　　　　20 000
　　投资收益　　　　　　　　　　　　　　　　　　　　20 000
　　贷：银行存款　　　　　　　　　　　　　　　　　　　　1 040 000

（2）2015年1月5日，收到该债券2014年下半年利息：

借：银行存款　　　　　　　　　　　　　　　　　　　20 000
　　贷：应收利息　　　　　　　　　　　　　　　　　　　　20 000

（3）2015年6月30日，确认债券公允价值变动和投资收益：

借：交易性金融资产——公允价值变动　　　　　　　　150 000
　　贷：公允价值变动损益　　　　　　　　　　　　　　　　150 000

借：应收利息　　　　　　　　　　　　　　　　　　　20 000
　　贷：投资收益　　　　　　　　　　　　　　　　　　　　20 000

（4）2015年7月5日，收到该债券2015年上半年利息：

借：银行存款　　　　　　　　　　　　　　　　　　　20 000
　　贷：应收利息　　　　　　　　　　　　　　　　　　　　20 000

（5）2015年12月31日，确认债券公允价值变动和投资收益：

借：公允价值变动损益　　　　　　　　　　　　　　　50 000
　　贷：交易性金融资产——公允价值变动　　　　　　　　　　50 000

借：应收利息 20 000
　　贷：投资收益 20 000

（6）2016年1月5日，收到该债券2015年下半年利息：

借：银行存款 20 000
　　贷：应收利息 20 000

（7）2016年3月31日，将该债券予以出售：

借：应收利息 10 000
　　贷：投资收益 10 000
借：银行存款 1 170 000
　　公允价值变动损益 100 000
　　贷：交易性金融资产——成本 1 000 000
　　　　　　　　——公允价值变动 100 000
　　　　投资收益 170 000
借：银行存款 10 000
　　贷：应收利息 10 000

第四节

持有至到期投资

一、概述

持有至到期投资是指到期日固定、回收日固定或可确定，且企业有明确意图和能力持有至到期的非衍生金融资产。企业不能将下列非衍生金融资产划分为持有至到期投资：

（1）初始确认时即被指定为以公允价值计量且其变动计入当期损益的非衍生金融资产；

（2）初始确认时被指定为可供出售的非衍生金融资产；

（3）符合贷款和应收款项的定义的非衍生金融资产。

如果企业管理层决定将某项金融资产持有至到期，则在该金融资产未到期前，不能随意地改变其"最初意图"。也就是说，投资者在取得投资时意图就应当是明确的，除非遇到一些企业所不能控制、预期不会重复发生且难以合理预计的独立事件，否则将持有至到期。

二、持有至到期投资的会计处理

持有至到期投资的会计处理，着重于该金融资产的持有者打算"持有至到期"。未到期前通常不会出售或重分类，因此，持有至到期投资的会计处理主要应解决该金融资产实际利率的计算、摊余成本的确定、持有期间的收益确认及将其处置时损益的处理。

相关账务处理如下：

（1）企业取得的持有至到期投资，应按该投资的面值，借记"持有至到期投资—成本"科目，按支付的价款中包含的已到付息期但尚未领取的利息，借记"应收利息"科目，按实际支付的金额，贷记"银行存款"等科目，按其差额，借记或贷记"持有至到期投资—利息调整"科目。

（2）资产负债表日，持有至到期投资为分期付息、一次还本债券投资的，应按票面利率计算确定的应收未收利息,借记"应收利息"科目,按持有至到期投资摊余成本和实际利率计算确定的利息收入,贷记"投资收益"科目,按其差额,借记或贷记"持有至到期投资—利息调整"科目。

持有至到期投资为一次还本付息债券投资的,应于资产负债表日按票面利率计算确定的应收未收利息,借记"持有至到期投资—应计利息"科目,按持有至到期投资摊余成本和实际利率计算确定的利息收入,贷记"投资收益"科目,按其差额,借记或贷记"持有至到期投资—利息调整"科目。

(3)将持有至到期投资重分类为可供出售金融资产的,应在重分类日按其公允价值,借记"可供出售金融资产"科目,按其账面余额贷记"持有至到期投资—成本、利息调整、应计利息"科目,按其差额贷记或借记"其他综合收益"科目。已计提减值准备的,还应同时结转减值准备。

(4)出售持有至到期投资,应按实际收到的金额,借记"银行存款"等科目,按其账面余额贷记"持有至到期投资—成本、利息调整、应计利息"科目,按其差额贷记或借记"投资收益"科目。已计提减值准备的,还应同时结转减值准备。

【例9-5】2015年1月1日,甲房地产开发公司支付价款1 000元(含交易费用)从活跃市场上购入某公司5年期债券,面值1 250元,票面利率4.72%,按年支付利息(即每年59元),本金最后一次性支付。合同约定,该债券的发行方在遇到特定情况时可以将债券赎回,且不需要为提前赎回支付额外款项。甲房地产开发企业在购买该债券时,预计发行方不会提前赎回。不考虑所得税、减值损失等因素。已知实际利率r为10%。见表9-1。

期末摊余成本计算表　　　　　　　　　　表9-1

(单位:元)

年份	期初摊余成本(a)	实际利息(b)	现金流入(c)	期末摊余成本($d=a+b-c$)
2015	1 000	100	59	1 041
2016	1 041	104	59	1 086
2017	1 086	109	59	1 136
2018	1 136	114*	59	1 191
2019	1 191	118**	1 250+59	0

注:*数字四舍五入取整;**数字考虑了计算过程中出现的尾差。

根据上述数据,甲房地产开发公司的有关账务处理如下:

(1) 2015年1月1日,购入债券:

借:持有至到期投资——成本	1 250
贷:银行存款	1 000
持有至到期投资——利息调整	250

(2) 2015年12月31日,确认实际利息收入,收到票面利息等:

借:应收利息	59
持有至到期投资——利息调整	41
贷:投资收益	100
借:银行存款	59
贷:应收利息	59

(3) 2016年12月31日,确认实际利息收入,收到票面利息等:

借:应收利息	59
持有至到期投资——利息调整	45
贷:投资收益	104
借:银行存款	59
贷:应收利息	59

(4) 2017年12月31日,确认实际利息收入,收到票面利息等:

借:应收利息	59
持有至到期投资——利息调整	50
贷:投资收益	109
借:银行存款	59
贷:应收利息	59

(5) 2018年12月31日,确认实际利息收入,收到票面利息等:

借:应收利息	59
持有至到期投资——利息调整	55
贷:投资收益	114
借:银行存款	59
贷:应收利息	59

(6) 2019年12月31日,确认实际利息收入,收到票面利息和本金等:

借:应收利息	59
持有至到期投资——利息调整	59

贷：投资收益　　　　　　　　　　　　　　　　　　　　118
　　借：银行存款　　　　　　　　　　　　　　　　　　　　　59
　　　贷：应收利息　　　　　　　　　　　　　　　　　　　　59
　　借：银行存款　　　　　　　　　　　　　　　　　　　　1 250
　　　贷：持有至到期投资—成本　　　　　　　　　　　　　1 250

假定在2017年1月1日，甲房地产开发公司预计本金的一半（即625元）将会在该年末收回，而其余的一半本金将于2019年末付清。遇到这种情况时，甲房地产开发公司应当调整2017年初的摊余成本，计入当期损益。调整时采用最初确定的实际利率。

据此，调整上述表中相关数据后如表9-2所示：

期末摊余成本计算表　　　　　　　　　　　　　　　表9-2

（单位：元）

年份	期初摊余成本（a）	实际利息（b）	现金流入（c）	期末摊余成本（$d=a+b-c$）
2017	1138*	114**	684	568
2018	568	57	30***	595
2019	595	60	655	0

注：*1138=684×（1+10%）$^{-1}$+30×（1+10%）$^{-2}$+655×（1+10%）$^{-3}$（四舍五入）
　　**114=1138×10%（四舍五入）
　　***30=625×4.72%（四舍五入）

根据上述调整，甲房地产开发公司的账务处理如下：

（1）2017年1月1日，调整期初摊余成本：

　　借：持有至到期投资—利息调整　　　　　　　　　　　　52
　　　贷：投资收益　　　　　　　　　　　　　　　　　　　52

（2）2017年12月31日，确认实际利息，收回本金等：

　　借：应收利息　　　　　　　　　　　　　　　　　　　　59
　　　　持有至到期投资—利息调整　　　　　　　　　　　　55
　　　贷：投资收益　　　　　　　　　　　　　　　　　　　114
　　借：银行存款　　　　　　　　　　　　　　　　　　　　59
　　　贷：应收利息　　　　　　　　　　　　　　　　　　　59
　　借：银行存款　　　　　　　　　　　　　　　　　　　　625
　　　贷：持有至到期投资—成本　　　　　　　　　　　　　625

（3）2018年12月31日，确认实际利息等：

借：应收利息　　　　　　　　　　　　　　　　　　　　　30
　　持有至到期投资——利息调整　　　　　　　　　　　　27
　　　贷：投资收益　　　　　　　　　　　　　　　　　　57
借：银行存款　　　　　　　　　　　　　　　　　　　　　30
　　　贷：应收利息　　　　　　　　　　　　　　　　　　30

（4）2019年12月31日，确认实际利息，收回本金等：

借：应收利息　　　　　　　　　　　　　　　　　　　　　30
　　持有至到期投资——利息调整　　　　　　　　　　　　30
　　　贷：投资收益　　　　　　　　　　　　　　　　　　60
借：银行存款　　　　　　　　　　　　　　　　　　　　　30
　　　贷：应收利息　　　　　　　　　　　　　　　　　　30
借：银行存款　　　　　　　　　　　　　　　　　　　　　625
　　　贷：持有至到期投资——成本　　　　　　　　　　　625

假定甲房地产开发公司购买的债券不是分次付息，而是到期一次还本付息，且利息不是以复利计算。此时，甲房地产开发公司所购买债券的实际利率r，可以计算出$r \approx 9.05\%$。

据此，调整上述表中相关数据后见表9-3：

期末摊余成本计算表　　　　　表9-3

单位：元

年份	期初摊余成本（a）	实际利息（b）	现金流入（c）	期末摊余成本（$d=a+b-c$）
2015	1 000	90.5	0	1 090.5
2016	1 090.5	98.69	0	1 189.19
2017	1 189.19	107.62	0	1 296.81
2018	1 296.81	117.36	0	1 414.17
2019	1 414.17	130.83*	1 545	0

注：*考虑了计算过程中出现的尾差。

根据上述数据，甲房地产开发公司的有关账务处理如下：

（1）2015年1月1日，购入债券：

借：持有至到期投资——本金　　　　　　　　　　　　　1 250

  贷：银行存款 1 000
    持有至到期投资——利息调整 250

（2）2015年12月31日，确认实际利息：
  借：持有至到期投资——应计利息 59
       ——利息调整 31.5
   贷：投资收益 90.5

（3）2016年12月31日，确认实际利息：
  借：持有至到期投资——应计利息 59
       ——利息调整 39.69
   贷：投资收益 98.69

（4）2017年12月31日，确认实际利息：
  借：持有至到期投资——应计利息 59
       ——利息调整 48.62
   贷：投资收益 107.62

（5）2018年12月31日，确认实际利息：
  借：持有至到期投资——应计利息 59
       ——利息调整 58.36
   贷：投资收益 117.36

（6）2019年12月31日，确认实际利息：
  借：持有至到期投资——应计利息 59
       ——利息调整 71.83
   贷：投资收益 130.83
  借：银行存款 1 545
   贷：持有至到期投资——本金 1 250
       ——应计利息 295

第五节 可供出售金融资产

一、概述

可供出售金融资产是指初始确认时即被指定为可供出售的非衍生金融资产，以及除下列各类资产以外的金融资产：

（1）贷款和应收账款；
（2）持有至到期投资；
（3）以公允价值计量且其变动计入当期损益的金融资产。

二、可供出售金融资产的会计处理

（一）特别说明

（1）企业因持有意图或能力发生改变，使某项投资不再适合划分为持有至到期投资的，应当将其重分类为可供出售金融资产，并以公允价值进行后续计量。重分类日，该投资的账面价值与公允价值之间的差额计入其他综合收益，在该可供出售金融资产发生减值或终止确认时转出，计入当期损益；

（2）持有至到期投资部分出售或重分类的金额较大，且不属于例外情况，使该投资的剩余部分不再适合划分为持有至到期投资的，应当将剩余部分重分类为可供出售金融资产，并以公允价值进行后续计量。重分类日，该投资剩余部分的账面价值与公允价值之间的差额计入其他综合收益，在该可供出售金融资产发生减值或终止确认时转出，计入当期损益；

（3）因持有意图或能力发生改变，或可供出售金融资产的公允价值不再能够可靠计量（极少出现），或可供出售金融资产持有期限已超过企业会计准则所指"两个完整的会计年度"，是金融资产不再适合按照公允价值计量时，企业可以将该金融资产改按成本或摊余成本计量，该成本或摊余成本为重分类日该金融资产的公允价值或账面价值。

（二）会计处理

（1）企业取得的可供出售金融资产为股票投资的，应按其公允价值与交易费用之和，借记"可供出售金融资产—成本"科目，按支付的价款中包含的已宣告但尚未发放的现金股利，借记"应收股利"科目，按实际支付的金额，贷记"银行存款"等科目；

企业取得的可供出售金融资产为债券投资的，应按债券的面值，借记"可供出售金融资产—成本"科目，按已到付息期但尚未领取的利息，借记"应收利息"科目，按实际支付的金额，贷记"银行存款"等科目，按差额，借记或贷记"可供出售金融资产—利息调整"科目。

（2）持有的可供出售金融资产如为分期付息、一次还本付息债券投资，应于资产负债表日按票面利率计算确定的应收未收利息，借记"应收利息"科目，按可供出售债券摊余成本和实际利率计算确定的利息收入，贷记"投资收益"科目，按其差额，借记或贷记"可供出售金融资产—利息调整"科目。

如为一次还本付息债券投资，应于资产负债表日按票面利率计算确定的应收未收利息，借记"可供出售金融资产—应计利息"科目，按可供出售债券摊余成本和实际利率计算确定的利息收入，贷记"投资收益"科目，按其差额，借记或贷记"可供出售金融资产—利息调整"科目。

（3）资产负债表日，按照公允价值调整，对于公允价值与账面价值之间的差额计入其他综合收益，资产终止确认时转出，并计入当期损益。可供出售金融资产的公允价值高于其账面余额的差额，借记"可供出售金融资产—公允价值变动"科目，贷记"其他综合收益"科目；公允价值低于其账面余额的差额，做相反的会计分录。

（4）将持有至到期投资重分类为可供出售金融资产的，应在重分类日按其公允价值，借记"可供出售金融资产"科目，按其账面余额，贷记"持有至到期投资"科目，按其差额，贷记或借记"其他综合收益"科目。

（5）出售可供出售金融资产时，应按实际收到的金额，借记"银行存款"等科目，按可供出售金融资产的账面余额，贷记"可供出售金融资产—成本、公允价值变动、利息调整、应计利息"科目，按应从所有者权益中转出的公允价值累计变动额，借记或贷记"其他综合收益"科目，按其差额，贷记或借记"投资收益"科目。

（6）可供出售金融资产发生减值的，按应减记的金额，借记"资产减值损失"科目，按应从所有者权益中转出原计入"其他综合收益"的累计损失净额，贷记"其他综合收益"科目，按其差额，贷记"可供出售金融资产—公允价值变动"科目。

对于已确认减值损失的可供出售金融资产，在随后会计期间内公允价值已上升且客观上与确认原减值损失事项有关的，应按原确认的减值损失，借记"可供出售金融资产—公允价值变动"科目，贷记"资产减值损失"科目；但可供出售金融资产为股票等权益工具投资的（不含在活跃市场上没有报价、公允价值不能可靠计量的权益工具投资），借记"可供出售金融资产—公允价值变动"科目，贷记"其他综合收益"科目。

【例9-6】甲房地产开发公司于2016年7月13日从二级市场购入股票1 000 000股，每股市价15元，手续费30 000元；初始确认时，该股票划分为可供出售金融资产。

甲房地产开发公司至2016年12月31日仍持有该股票，该股票当时的市价为16元。

2017年2月1日，甲房地产开发公司将该股票出售，售价为每股13元，另支付交易费用30 000元。假定不考虑其他因素，甲房地产开发公司的账务处理如下：

（1）2016年7月13日，购入股票：

借：可供出售金融资产—成本	15 030 000
贷：银行存款	15 030 000

（2）2016年12月31日，确认股票价格变动：

借：可供出售金融资产—公允价值变动	970 000
贷：其他综合收益	970 000

（3）2017年2月1日，出售股票：

借：银行存款	12 970 000
其他综合收益	970 000
投资收益	2 060 000
贷：可供出售金融资产—成本	15 030 000
—公允价值变动	970 000

第六节

应收及预付款项

一、应收票据

（一）概述

应收票据是企业持有的、尚未到期兑现的票据。我国的应收票据主要是指商业汇票。在我国的会计实务中，不对应收票据计提坏账准备，其原因是应收票据发生坏账的风险较应收账款小。但对可能收不回的应收票据应转作应收账款，对应收账款计提坏账准备。

（二）会计处理

为了反映和监督应收票据的取得及款项的收回情况，企业应设置"应收票据"账户。该账户借方登记应收票据的面值及按期计提的利息，贷方登记背书转让或到期收回，或因未能收取的票款而转作应收账款的应收票据的账面价值、期末借方余额反映未到期应收票据的账面价值。

企业除了设置"应收票据"总账以外，还应按不同票据种类进行明细分类核算。为了便于加强对各种应收票据的管理与控制，应设置"应收票据登记簿"，逐笔记录每一应收票据的种类、编号及出票日、到期日、面值、利率、付款人、承兑人、背书人、交易合同号及贴现情况、收款情况等具体内容。待应收票据到期收取票款后，再将应收票据在登记簿中逐笔注销。

企业收到应收票据，应按票据面值借记"应收票据"科目，贷记"主营业务收入"等科目。

不带息应收票据在票据到期收回票款时，借记"银行存款"等科目，贷记"应收票据"科目。

对于带息应收票据，应计算票据利息。企业应于中期期末和年度终了，按规定计算票据利息并借记"应收利息"，同时冲减财务费用。在到期收回款项时，按应收到的本息借记"银行存款"科目。按应收票据的账面价值贷记"应收票据"科目，按已计利息贷记"应收利息"，按其差额贷记"财务费用"科目。若汇票到期时，承兑人违约拒付或无力偿还票款，收款企业应将到期票据的本金和利息转入"应收账款"科目。

【例9-7】一般纳税人甲房地产开发公司2016年9月1日销售商品房给乙公司，发票上注明的售房款为222万元。收到乙公司交来的商业承兑汇票一张，期限为6个月。

（1）甲房地产开发公司收到票据时，按面值入账：

借：应收票据—乙公司　　　　　　　　　　　　　　　　2 220 000
　　贷：主营业务收入　　　　　　　　　　　　　　　　　2 000 000
　　　　应交税费—应交增值税（销项税额）　　　　　　　　220 000

（2）假如该商业承兑汇票年利率为12%：

1）年度终了时，计提票据利息，

票据利息 2 220 000×12%×4÷12=8 880元

借：应收利息—乙公司　　　　　　　　　　　　　　　　　88 800
　　贷：财务费用　　　　　　　　　　　　　　　　　　　　88 800

2）票据到期日。甲房地产开发公司收回票款：

到期值=2 220 000×（1+12%÷12×6）=2 353 200元

剩余的票据利息=2 220 000×12%×2÷12=44 400元

借：银行存款　　　　　　　　　　　　　　　　　　　2 353 200
　　贷：应收票据—乙公司　　　　　　　　　　　　　　2 220 000
　　　　应收利息—乙公司　　　　　　　　　　　　　　　88 800
　　　　财务费用　　　　　　　　　　　　　　　　　　　44 400

（三）应收票据贴现业务

房地产企业在需要资金时，将从购房人处收到的未到期承兑汇票经过背书转让给银行，先向银行贴付利息，银行以票面余额扣除贴现利息后的票款付给房地产企业，汇票到期时，银行凭票向购房人收取现款。

票据贴现必须以真实的贸易背景为基础；贴现期限从贴现之日起至汇票到期日止最长不超过6个月；贴现利率在中国人民银行规定的范围内由企业和银行协

商确定。

1. 票据贴现的条件

（1）申请票据贴现的单位必须是具有法人资格或实行独立核算、在银行开立有基本账户并依法从事经营活动的经济单位；

（2）贴现申请人应具有良好的经营状况，具有到期还款能力。贴现申请人持有的票据必须真实，票式填写完整，盖印、压数无误，凭证在有效期内，背书连续完整。

（3）贴现申请人在提出票据贴现的同时，应出示贴现票据项下的商品交易合同原件（对于房地产企业来说，一般指商品房销售或预售合同）并提供复印件或其他能够证明票据合法性的凭证，同时还应提供能够证明贴现票据项下商品交易确已履行的凭证（对于房地产企业来说，一般指不动产销售发票等复印件）。

2. 票据贴现息的计算

房地产企业可以持未到期的商业汇票向商业银行进行贴现，以寻求短期资金融通。贴现息是由商业银行扣收的短期贷款利息。贴现息的决定因素是票据的票面金额、贴现率和贴现息。其中：

贴现率就是商业银行贴现时用的贴现利率；

贴现期就是票据贴现日起至票据到期前一日止的时间，整月（对日）的按30天算，零星天数按实际天数算，算头不算尾。

计算公式：

$$贴现净值 = 票据到期值 - 贴现息$$

$$票据到期值 = 票据的面值 \times (1 + 票面利率 \times 期限)$$

$$贴现期 = 票据期限 - 企业已持有票据期限$$

$$贴现息 = 票据到期值 \times 贴现率 \times 贴现期$$

3. 票据贴现的核算

房地产企业用收到的商业汇票向商业银行申请贴现，按实际收到的金额，借记"银行存款"科目，按银行扣除的贴现利息金额，借记"财务费用"科目，按商业银行汇票的票面金额，贷记"应收票据"科目。

根据《企业会计准则》的规定，企业发生的借款费用，可直接归属于符合资本化条件的资产构建或生产的，应当予以资本化，计入相关资产成本；其他借款费用，应当在发生时根据其发生额确认为费用，计入当期损益。

房地产企业票据的贴现利息是因为销售业务发生的借款费用，并不是直接用于购建资产，因此，不符合资本化的条件，应计入当期损益。

【例9-8】甲房地产开发公司2016年6月20日收到了客户交付的一张面值为200万元的银行承兑汇票，此时，客户所购房屋未竣工交付。甲房地产公司在收到票据的当日向银行进行贴现，支付贴现息3万元，其余资金已转入企业银行账户。根据相关原始凭证，编制会计分录如下：

  借：银行存款   1 970 000
    财务费用   30 000
    贷：应收票据   200 000 0

4. 贴现票据到期后的核算

贴现票据到期，付款人按期付款给银行，则贴现企业的责任完全解除。该企业应在备查簿中注销该票据。

贴现的商业承兑汇票到期，因承兑人的银行存款账户不足支付，申请贴现的企业收到银行退回的商业承兑汇票时，按商业汇票的票面金额，借记"应收账款"科目，贷记"银行存款"科目。

申请贴现企业的银行存款账户余额不足，银行做逾期贷款处理，借记"应收账款"科目，贷记"短期借款"科目。

【例9-9】承前例，两个月后，贴现的承兑汇票到期，而购房人的存款账户不足，贴现银行将甲房地产开发公司贴现的承兑汇票退回给甲房地产开发公司，甲房地产开发公司按票面金额将款项支付给贴现银行。根据相关原始凭证，编制会计分录如下：

  借：应收账款   2 000 000
    贷：银行存款   2 000 000

如果甲房地产开发公司银行存款账户余额不足，编制会计分录如下：

  借：应收账款   2 000 000
    贷：短期借款   2 000 000

二、应收账款

应收账款是指企业因销售商品、产品或提供劳务而形成的债权。具体来说，房地产开发企业的应收账款是指因转让、销售开发产品，提供出租房屋和提供劳务等业务，应向购买、接受和租用单位或个人收取的款项。

（一）应收账款的确认

应收账款通常应按实际发生额计价入账。计价时还需要考虑商业折扣和现金折扣等因素。

1. 商业折扣

商业折扣是企业根据市场供需情况，或针对不同的顾客，在商品标价上给予的扣除，它是企业常用的一种促销手段。

由于商业折扣在交易发生时已经确定，不需要在购销双方的账簿上反映。因此，在存在商业折扣的情况下，企业应收账款的入账价值应按实际成交价格予以确认。

2. 现金折扣

现金折扣是指企业在以赊销方式销售商品或提供劳务的交易中，为了鼓励客户在规定的期限内付款，而向客户提供的债务扣除。现金折扣一般用符号"折扣/付款期限"表示。例如：客户在15天内付款可按售价给予3%的折扣，用符号"3/15"表示，在30天内付款，则不给折扣，用符号"n/30"表示。

我国的会计实务中规定采用总价法。总价法是将原售价金额作为实际售价，据以确认应收账款入账价值的方法。这种方法把给客户的现金折扣视为融资的理财费用，会计上作为"财务费用"处理。

【例9-10】一般纳税人甲房地产开发公司出售商品房10套给丙房地产经营公司，房款总额为5 550 000元，已办理房屋产权转移手续，付款条件为"3/10，n/30"。

（1）甲房地产开发公司编制会计分录如下：

借：应收账款—丙公司　　　　　　　　　　　　　　　　　5 550 000
　　贷：主营业务收入　　　　　　　　　　　　　　　　　5 000 000
　　　　应交税费—应交增值税（销项税额）　　　　　　　　550 000

（2）如果上述款项丙公司在10天内回到甲房地产开发公司银行账户，则应按售价5 550 000元的3%享受166 500元的现金折扣，甲房地产开发公司实际收到金额为5 383 500元，编制会计分录如下：

借：银行存款　　　　　　　　　　　　　　　　　　　　　5 383 500
　　财务费用　　　　　　　　　　　　　　　　　　　　　　166 500
　　贷：应收账款—丙公司　　　　　　　　　　　　　　　5 550 000

（二）坏账的会计处理

1. 坏账概述

坏账是企业无法收回的应收账款。由于发生坏账而造成的损失称为坏账损失。现行制度规定，确认坏账损失应符合下列条件：

（1）因债务人死亡，以其遗产清偿后，仍然不能收回的应收款项；

（2）因债务人破产，以其破产财产清偿后，仍然不能收回的应收账款；

（3）因债务人较长时期内未履行偿债义务，并有足够的证据表明无法收回或收回的可能性极小的应收账款。

2. 坏账的会计处理方法

企业发生的坏账，在会计上一般有直接转销法和备抵法两种处理方法。

（1）直接转销法

直接转销法是指在实际发生坏账损失时，确认坏账损失，计入当期损益，同时注销该笔应收账款的方法。

直接转销法财务处理简单，但不符合权责发生制及收入与费用相配比的会计原则，而且容易虚增利润，夸大前期资产负债表上应收账款的可实现价值。

（2）备抵法

备抵法是指按期估计坏账损失，形成坏账准备，当某一应收账款全部或部分被确认为坏账时，应根据其金额冲减坏账准备，同时转销相应的应收账款金额的方法。备抵法能避免企业在利润上的虚增现象，使企业应收账款账面净值接近实际，便于报表使用者更好地了解企业财务状况，并作出正确的决策。我国现行制度规定，企业的坏账损失只能采用备抵法核算。

采用备抵法估计坏账损失的方法常用的有应收账款余额百分比法、账龄分析法、销货百分比法三种。

1）应收账款余额百分比法：

应收账款余额百分比法是指根据会计期末应收账款的余额乘以估计坏账率，得出当期应估计的坏账损失数额，据此提取坏账准备的方法。如果企业应提取的坏账准备大于其账面余额，应按其差额补提坏账准备；如果应提取的坏账准备小于其账面余额，则按其差额冲减坏账准备。

【例9-11】甲房地产开发公司2016年12月31日应收账款余额为15 000 000元。估计坏账百分比为4‰，若在计提坏账准备前"坏账准备"账户有贷方余额

10 000元，应编制会计分录如下：

　　借：资产减值损失　　　　　　　　　　　　　　　　50 000
　　　　贷：坏账准备　　　　　　　　　　　　　　　　　50 000

若在计提坏账准备前"坏账准备"账户有贷方余额70 000元，则应编制会计分录如下：

　　借：坏账准备　　　　　　　　　　　　　　　　　　10 000
　　　　贷：资产减值损失　　　　　　　　　　　　　　　10 000

2）账龄分析法：

账龄分析法是根据应收账款时间长短来估计坏账损失的方法。采用这种方法的基本原理是：应收账款被拖欠的时间越长，发生坏账损失的可能性越大，估计坏账的比率就越高。

3）销货百分比法：

销货百分比法是以当期赊销金额的一定百分比估计坏账损失的方法。

采用销货百分比法，由于坏账损失的百分比是根据历史资料估计的，不一定与本期经营情况相适应，因此，每年应当检查百分比的合理性，假如发现偏高或偏低，应当及时调整。

三、预付账款

预付款项是指房地产开发企业按照合同规定预付给工程承包单位的工程款和备料款，以及按照购货合同规定预付给供应单位的购货款。预付账款是一项资产。

（一）会计处理

对预付账款的会计处理可以采用两种方式。为了加强对预付账款的管理，一般应单独设置"预付账款"账户进行核算。对于预付账款不多的企业也可以将发生的预付账款的款项计入"应付账款"账户的借方。但在编制会计报表的时候仍然要将"预付账款"和"应付账款"的金额分开报告。

"预付账款"账户应设置"预付承包单位款"和"预付供应单位款"两个明细账户。

"预付账款—预付承包单位款"账户，用来核算企业按照出包工程合同的规定，预付给施工单位的工程进度款，包括向施工企业预付备料款。企业预付给承包单位工程款和备料款时，借记"预付账款—预付承包单位款"科目，贷记"银行存款"科目；企业拨付承包单位抵作备料款的材料时，借记"预付账款—预付承包单位款"科目，贷记"原材料"等科目。企业与承包单位结算工程款时，根据承包单位提交的"工程价款结算账单"承付工程款，借记"开发成本"科目，贷记"应付账款—应付工程款"科目，同时，从应付的工程款中扣回预付的工程款和备料款，借记"应付账款—应付工程款"科目，贷记"预付账款—预付承包单位款"科目。

"预付账款—预付供应单位款"科目，用来核算企业因购买材料物资，根据购货合同的约定预付给销货企业的货款。企业按照购货合同的规定预付货款时，按预付金额借记"预付账款—预付供应单位款"科目，贷记"银行存款"科目。企业收到预定的货物时，应根据发票账单等列明的应计入购入货物成本的金额，借记"原材料"等科目，贷记"预付账款—预付供应单位款"科目；补付货款时，借记"预付账款—预付供应单位款"科目，贷记"银行存款"科目。退回多付的款项时，借记"银行存款"科目，贷记"预付账款—预付供应单位款"科目。

【例9-12】甲房地产开发公司按照合同规定，预付承包施工企业工程款100万元，拨付原材料30万元，10个月后，承包施工企业转来"工程价款结算账单"，结算已完工程款175万元（包括材料款，不考虑相关税费）。编制会计分录如下：

（1）预付工程款和拨付原材料时：

借：预付账款—预付承包单位款　　　　　　　　　　　　　1 300 000
　　贷：银行存款　　　　　　　　　　　　　　　　　　　1 000 000
　　　　原材料　　　　　　　　　　　　　　　　　　　　　 300 000

（2）结算工程款时：

借：开发成本　　　　　　　　　　　　　　　　　　　　　1 750 000
　　贷：应付账款—应付工程款　　　　　　　　　　　　　1 750 000
借：应付账款—应付工程款　　　　　　　　　　　　　　　1 300 000
　　贷：预付账款—预付承包单位款　　　　　　　　　　　1 300 000

房地产开发企业的预付账款，如有确凿证据表明其不符合预付账款性质，或者因供应单位破产、撤销等原因已无望再收到所购货物的，应将原计入预付账款的金额转入其他应收款，并对其他应收款计提坏账准备。

四、其他应收款

其他应收款是指企业因非购销活动产生的应收债权,包括应收的各种罚款、存出保证金、备用金以及应向职工收取的各种垫付款项等。将其他应收款与应收账款和预付账款分开,单独归类反映,便于会计信息使用者分析和利用。

企业发生的应收未收其他款项时,借记"其他应收款"科目,贷记有关科目;收回各种其他应收款项时,借记"库存现金"或"银行存款"科目,贷记"其他应收款"科目。

企业应当定期或者至少于每年年度终了对其他应收款进行检查,预计其可能发生的坏账损失,并计提坏账准备。对于不能收回的其他应收款应查明原因,追究责任。对确实无法收回的其他应收款,应按照企业的管理权限,经股东大会或董事会或经理(厂长)会议或类似机构批准作为坏账损失,冲减提取的坏账准备,借记"坏账准备"科目,贷记"其他应收款"科目。

【例9-13】甲房地产开发公司开出转账支票代职工小王支付水费15 000元。编制会计分录如下:

  借:其他应收款—小王   15 000
    贷:银行存款   15 000

第十章

长期股权投资及合营安排

第一节

长期股权投资的确认和初始计量

长期股权投资是指企业长期持有，不准备随时出售的资产。投资企业作为被投资单位的股东，按所持股份比例享有权益并承担责任。一般是通过在证券市场上以货币资金购买其他单位的股票，从而成为被投资单位的股东；或者是以资产（包括货币资金、无形资产和其他实物资产）投资于其他单位，从而成为被投资单位的股东。

一、长期股权投资初始成本的确定

长期股权投资有企业合并形成和以支付现金、非现金资产等其他方式取得两种情况。企业合并又分为同一控制下的企业合并和非同一控制下的企业合并两种方式。

同一控制下的企业合并是指参与合并的企业在合并前后均受同一方或相同的多方最终控制且该控制并非暂时性的。非同一控制下的企业合并是指参与合并的企业各方在合并前后不受同一方或相同的多方最终控制。

同一方是指对参与合并的企业在合并前后均实施最终控制的投资者。相同的多方是指根据投资者之间的协议约定，在对被投资单位的生产经营决策行使表决权时发表一致意见的两个或两个以上的投资者。控制并非暂时性是指参与合并的各方在合并前后较长的时间内受到同一方或相同的多方最终控制。较长的时间通常是指1年以上（含1年）。

（一）同一控制下企业合并形成的长期股权投资

同一控制下的企业合并具有两个特点：一是不属于交易事项，而是资产和负债的重新组合；二是合并作价往往不公允，因此合并方应当在合并日按取得被合并方所有者权益账面价值的份额作为初始投资成本。合并日是指合并方实际取得对被合并方控制权的日期。

(二)非同一控制下企业合并形成的长期股权投资

非同一控制下企业合并具有两个特点:一是它们是非关联企业的合并;二是合并以市价为基础,交易作价相对公平合理。因此合并方应当在购买日按企业合并成本作为初始投资成本。购买日是指购买方实际取得对被购买方控制的日期。

(三)以支付现金取得的长期股权投资

以支付现金取得的长期股权投资应当按照实际支付购买价款作为初始投资成本。它包括与取得长期股权投资直接相关的费用、税金及其他必要支出。

(四)以发行权益性证券取得的长期股权投资

以发行权益性证券取得的长期股权投资应当按照发行权益性证券的公允价值作为初始投资成本。

(五)投资者投入的长期股权投资

投资者投入的长期股权投资应当按照投资合同或协议约定的价值作为初始投资成本。

二、长期股权投资初始成本的核算

(一)同一控制下企业合并形成的长期股权投资的核算

同一控制下企业合并形成的长期股权投资,应在合并日按取得的被合并方所有者权益账面价值的份额,借记"长期股权投资"账户;按享有被投资单位已宣告但尚未发放的现金股利或利润,借记"应收股利"账户;按支付的合并对价的账面价值,贷记有关资产或借记有关负债账户;按其差额,贷记"资本公积—资本溢价或股本溢价"账户;为借方差额的,借记"资本公积—资本溢价或股本溢价"账户,若资本公积中的资本溢价或股本溢价不足冲减的,则借记"盈余公积"、"利润分配—未分配利润"账户;按合并中发生的审计、法律服务、评估咨询等中介费用以及其他直接相关费用,借记"管理费用"科目,贷记"银行存款"等科目。

【例10-1】兴华房地产开发公司所控制的华阳房地产开发公司"资本公积——资本溢价"账户余额为90 000元,"盈余公积"账户余额为160 000元。现合并本公司所控制的华阴房地产开发公司,取得该公司55%的股权。华阴房地产开发公司所有者权益账面价值为8 000 000元,华阳房地产开发公司支付合并对价资产的账面价值为4 500 000元,其中:固定资产2 200 000元,已提旧200 000元,其余2 500 000元签发转账支票付讫,3月31日合并日,作分录如下:

借:长期股权投资——成本	4 400 000
累计折旧	200 000
资本公积——资本溢价	90 000
盈余公积	10 000
贷:固定资产	2 200 000
银行存款	2 500 000

(二)非同一控制下企业控股合并形成的长期股权投资的核算

1. 非同一控制下企业控股合并形成的长期股权投资,购买方应当按照确定的企业合并成本作为长期股权投资的初始投资成本。企业合并成本包括购买方付出的资产、发生或承担的负债、发行的权益性证券的公允价值之和,购买方为企业合并发生的审计、法律服务、评估咨询等中介费用以及其他相关管理费用,应于发生时计入当期损益;购买方作为合并对价发行的权益性证券或债务性证券的交易费用,应当计入权益性证券或债务性证券的初始确认金额。

在具体进行会计处理时,对于形成非同一控制下控股合并的长期股权投资,应在购买日按企业合并成本(不含应自被投资单位收取的现金股利或利润),借记"长期股权投资"科目,按享有投资单位已宣告但尚未发放的现金股利或利润,借记"应收股利"科目;按支付合并对价的账面价值,贷记有关资产或借记有关负债科目,按其差额,贷记"营业外收入"或"投资收益"等科目,或借记"营业外支出"或"投资收益"等科目。按发生的直接相关费用,借记"管理费用"科目,贷记"银行存款"等科目。

非同一控制下企业合并涉及库存商品等作为合并对价的,应按库存商品的公允价值作商品销售处理,同时结转其销售成本。以可供出售金融资产作为合并对价的,原可供出售金融资产持有期间公允价值变动形成的其他综合收益一并转入投资收益,借记"其他综合收益"科目,贷记"投资收益"科目。

【例10-2】一般纳税人康达房地产开发公司以4 080 000元合并成本从一般纳税人华安房地产开发公司的股东中购入该公司60%的股权，华安房地产开发公司可辨认净资产的公允价值为6 555 000元，而对价付出资产的账面价值为3 868 000元，其中：固定资产2 000 000元，已提折旧140 000元，其公允价值为1 880 000元（免增值税），开发产品1 020 000元，其不含税公允价值为1 200 000元（增值税销项132 000元），其余868 000元签发转账支票付讫。（本题不考虑除增值税外其他相关税费）

（1）购买日，作分录如下：

借：长期股权投资——成本　　　　　　　　　　　　　　4 080 000
　　累计折旧　　　　　　　　　　　　　　　　　　　　140 000
　　贷：主营业务收入　　　　　　　　　　　　　　　　1 200 000
　　　　应交税费——应交增值税（销项税额）　　　　　132 000
　　　　固定资产　　　　　　　　　　　　　　　　　　2 000 000
　　　　银行存款　　　　　　　　　　　　　　　　　　868 000
　　　　营业外收入——非流动资产处置利得　　　　　　20 000

（2）同时结转销售成本，作分录如下：

借：主营业务成本　　　　　　　　　　　　　　　　　　1 020 000
　　贷：开发产品　　　　　　　　　　　　　　　　　　1 020 000

2. 企业通过多次交易分步实现非同一控制下企业合并的，应当区分个别财务报表和合并财务报表进行相关会计处理。

（1）在个别财务报表中，应当以购买日之前所持被购买方的股权投资的账面价值与购买日新增投资成本之和，作为该项投资的初始投资成本。其中，形成控股合并前对长期股权投资采用权益法核算的，购买日长期股权投资的初始投资成本，为原权益法下的账面价值加上购买日为取得新的股份所支付对价的公允价值之和，购买日之前因权益法形成的其他综合收益或其他资本公积暂时不作处理，待到处置该项投资时再将其按长期股权投资的规定进行处理；形成控股合并前对长期股权投资采用公允价值计量的（如原分类为可供出售金融资产的股权投资），长期股权投资在购买日的初始投资成本为原公允价值计量的账面价值加上购买日为取得新的股份所支付对价的公允价值之和，购买日之前持有的被购买方的股权涉及其他综合收益的，转入当期投资收益。

（2）在合并财务报表中，对于购买日之前持有的被购买方的股权，应当按照该股权在购买日的公允价值进行重新计量,公允价值与其账面价值的差额计入当期投资收益;购买日之前持有的被购买方的股权涉及其他综合收益的,与其相关的其他综合收益应当转为购买日所属当期投资收益。购买方应当在附注中披露其在购买日之前持有的被购买方的股权在购买日的公允价值、按照公允价值重新计量产生的相关利得或损失的金额。

【例10-3】A公司于2008年3月以2 000万元取得B上市公司5%的股权,对B公司不具有重大影响,A公司将其分类为可供出售金融资产,按公允价值计量。2009年4月1日,A公司又斥资25 000万元自C公司取得B公司另外50%的股权。本例中假定A公司在取得对B公司的长期股权投资以后,B公司并未宣告发放现金股利或利润。A公司原持有B公司5%股权于2009年3月31日公允价值为2 500万元(与2009年4月1日的公允价值相同),累计计入其他综合收益的金额为500万元。A公司与C公司不存在任何关联关系。假定不考虑所得税影响。

本例中A公司是通过分步购买最终达到对B公司实施控制,因A公司与C公司不存在任何关联关系,故形成非同一控制下控股合并。在购买日,A公司应进行以下会计处理:

借:长期股权投资 275 000 000
  贷:可供出售金融资产 25 000 000
    银行存款 250 000 000
借:其他综合收益 5 000 000
  贷:投资收益 5 000 000

假定,A公司于2008年3月以12 000万元取得B上市公司20%的股权,能对B公司施加具有重大影响,采用权益法核算该项股权投资,当年度确认对B公司的投资收益450万元。2009年4月,A公司又斥资15 000万元自C公司取得B公司另外30%的股权。A公司除净利润外,无其他所有者权益变动,按净利润10%提取盈余公积。A公司对该项长期股权投资未计提任何减值准备。其他资料同上。购买日,A公司应进行以下会计处理:

借:长期股权投资 150 000 000
  贷:银行存款 150 000 000

购买日对B公司长期股权投资的账面价值=(12 000+450)+15 000
=27 450(万元)

（三）以支付现金取得的长期股权投资

企业以支付现金取得的长期股权投资，应当在购买日按照实际支付购买价款作为初始投资成本。它包括与取得长期股权投资直接相关的费用、税金及其他必要支出。

企业应在购买日按实际支付的价款及相关税费，扣除已宣告但尚未发放的现金股利，借记"长期股权投资"账户，按已宣告但尚未发放的现金股利，借记"应收股利"账户；按实际支付的价款及相关税费，贷记"银行存款"账户。

【例10-4】3月5日，恒信房地产开发公司从证券市场购买宏兴公司股票500 000股，准备长期持有，该股票每股6元，占该公司股份的10%，另按交易金额的3‰支付佣金，1‰交纳印花税，款项签发转账支票付讫。该公司已宣告将于3月10日发放现金股利，每股0.12元，做分录如下：

```
借：长期股权投资—成本                    2 952 000
    应收股利—宏兴公司                       60 000
    贷：银行存款                          3 012 000
```

（四）以发行权益性证券取得的长期股权投资的核算

企业以发行权益性证券取得的长期股权投资，应当按照发行权益性证券的公允价值作为初始投资成本。

企业应在证券发行日，按证券的公允价值（包括相关税费），借记"长期股权投资"账户，按发行证券的面值，借记"股本"账户；按公允价值与面值的差额，贷记"资本公积"账户，按支付的相关税费，贷记"银行存款"账户。

【例10-5】申江房地产开发股份有限公司以发行股票1 200 000股的方式取得天山公司15%的股权，股票每股面值1元，发行价为5元，另需支付相关税费35 000元（其中佣金及手续费10 000元）。当即签发转账支票付讫。作分录如下：

```
借：长期股权投资—成本                    6 025 000
    贷：股本                              1 200 000
        资本公积—股本溢价                 4 790 000
        银行存款                             35 000
```

第二节

长期股权投资的后续计量

企业取得长期股权投资后的核算方法，按投资企业对被投资单位的控制和影响的程度不同，有成本法和权益法两种。若投资企业能够对被投资单位实施控制的长期股权投资，或者投资企业对被投资单位不具有共同控制或重大影响，并且在活跃市场中没有报价、公允价值不能可靠计量的长期股权投资，应采用成本法核算；若投资企业对被投资单位具有共同控制或者重大影响的长期股权投资，应采用权益法核算。

控制是指有权决定一个企业的财务和经营政策，并能据以从该企业的经营活动中获取利益。投资企业能够对被投资单位实施控制的，被投资单位为其子公司。

共同控制是指按照合同约定对某项经济活动所共有的控制，仅在与该项经济活动相关的重要财务和经营决策需要分享控制权的投资方一致同意时存在。投资企业与其他方对被投资单位实施共同控制的，被投资单位为其合营企业。

重大影响是指对一个企业的财务和经营政策有参与决策的权力，但并不能够控制或者与其他方一起共同控制这些政策的制定。投资企业能够对被投资单位施加重大影响的，被投资单位为其联营企业。

一、成本法的核算

成本法是指长期股权投资按投资成本计价的方法。采用成本法进行核算时，长期股权投资应当按照初始投资成本计价，其后，除了投资企业追加投资或收回投资等情形外，长期股权投资的账面价值保持不变。

长期股权投资采用成本法核算的一般程序如下：

（一）初始投资或追加投资

投资企业应按照初始投资或追加投资时的投资成本增加长期股权投资的账面价值。

（二）被投资单位宣告分派的现金股利或利润

被投资单位宣告分派现金股利或利润时，投资企业按其应享有的部分，确认为当期投资收益。

【例10-6】信泰房地产开发有限公司于4月30日购进新乐房地产开发股份公司发行的股票1 000 000股，每股6.50元，占该公司全部股份60%，并准备长期持有。年末该公司实现净利润3 060 000元。

（1）4月30日，签发转账支票6 526 000元，支付1 000 000股股票价款，并按股票交易金额的3‰支付佣金，1‰交纳印花税，作分录如下：

借：长期股权投资——成本　　　　　　　　　　　　　　6 500 000
　　管理费用　　　　　　　　　　　　　　　　　　　　　　26 000
　　贷：银行存款　　　　　　　　　　　　　　　　　　　6 526 000

（2）次年3月5日，新乐房地产开发公司宣告将于3月15日发放上年度现金股利，每股0.22元，予以入账，作分录如下：

借：应收股利——新乐房地产开发公司　　　　　　　　　　220 000
　　贷：投资收益——股权投资收益　　　　　　　　　　　220 000

"长期股权投资"是资产类账户，用以核算企业持有的采用成本法和权益法核算的长期股权投资。企业取得长期股权投资，以及长期股权投资增值时，记入借方；处置长期股权投资时，记入贷方；期末余额在借方，表示企业持有的长期股权投资的价值。

"应收股利"是资产类账户，用以核算企业应收取的现金股利和应收其他单位分配的利润。企业发生应收取的现金股利或利润时，记入借方；企业实际收到现金股利或利润时，记入贷方；期末余额在借方，表示企业尚未收回的现金股利或利润。

二、权益法的核算

权益法是指长期股权投资最初以投资成本入账，以后根据投资企业享有被投资单位所有者权益份额的变动对投资的账面价值进行调整的方法。采用权益法进行核算时，长期股权投资的账面价值要随着被投资单位所有者权益的增减变动而相应的调整。

长期股权投资采用权益法核算的一般程序如下：

（一）初始投资

投资企业应当按照初始投资时的投资成本增加长期股权投资的账面价值。

（二）计算初始投资成本与应享有被投资单位可辨认净资产公允价值的份额

如果投资企业初始投资成本大于投资时应享有被投资单位可辨认净资产公允价值的份额的，不调整长期股权投资的初始投资成本；如果初始投资成本小于投资时应享有被投资单位可辨认净资产公允价值份额的，其差额应列入"营业外收入"账户，同时调整"长期股权投资"账户。

（三）被投资单位实现的净利润或发生的净亏损

投资企业对于被投资单位实现的净利润或发生的净亏损，应当按照应享有或应分担的被投资单位实现的净损益的份额确认投资损益，并调整长期股权投资的账面价值。

（四）被投资单位宣告分派现金股利或利润

被投资单位宣告分派现金股利或利润时，投资企业应当按其应分得的现金股利或利润，相应减少长期股权投资的账面价值。

（五）被投资单位除净损益以外所有者权益的其他变动

投资企业在持股比例不变的情况下，被投资单位发生除净损益以外所有者权益的其他变动，投资企业应按持股比例计算其应享有的份额，增加长期股权投资的账面价值。其他变动有被投资单位的资本溢价、可供出售金融资产公允价值变动差额等。

投资企业确认被投资单位发生的净亏损，应当以长期股权投资的账面价值及其他实质上构成对被投资单位净投资的长期权益减记至零为限，投资企业负有承担额外损失义务的除外。被投资单位以后实现净利润的，投资企业在其收益分享额弥补未确认的亏损分担额后，恢复确认收益分享额。

【例10-7】静安房地产开发公司从南桥房地产开发公司的股东中购入该公司40%的股权,取得了对南桥房地产开发公司的共同控制权,而对价付出资产的账面价值为5 000 000元,其中:固定资产2 700 000元,已提折旧500 000元,而固定资产的公允价值为2 210 000元,其余2 800 000元签发转账支票付讫。

(1) 1月2日,购买日,作分录如下:

借:长期股权投资——成本	5 010 000
累计折旧	500 000
贷:固定资产	2 700 000
银行存款	2 800 000
营业外收入——非流动资产处置利得	10 000

(2) 1月3日,南桥房地产开发公司接受本公司投资后,可辨认净资产公允价值为12 600 000元,按本公司享有40%的份额,调整长期股权投资,作分录如下:

借:长期股权投资——成本	30 000
贷:营业外收入	30 000

(3) 12月31日,南桥房地产开发公司利润表上的净利润为996 000元,按照应享有的40%的份额调整"长期股权投资"账户,作分录如下:

借:长期股权投资——损益调整	398 400
贷:投资收益	398 400

(4) 次年3月5日,南桥房地产开发公司宣告将于3月20日按净利润的60%分配利润,作分录如下:

借:应收股利	239 040
贷:长期股权投资——损益调整	239 040

当由于被投资单位发生资本溢价,可供出售金融资产公允价值变动等因素而增加所有者权益时,投资企业应按持股比例计算其应享有的份额,并据以借记"长期股权投资——其他综合收益"账户;贷记"其他综合收益"账户。

三、长期股权投资减值的核算

企业在期末应对长期股权投资的账面价值进行检查,如发生被投资单位的市价持续2年低于账面价值或者被投资单位经营所处的经济、技术或者法律等环境发生重大变化的情况,则表明长期股权投资的可收回金额低于账面价值,由此而发生减值的,应当计提减值准备。

企业在计提减值准备时，借记"资产减值损失"账户；贷记"长期股权投资减值准备"账户。

【例10-8】10月31日，卢浦房地产开发公司长期持有泰源建材公司股票150 000股，占该公司股份的25%。因该公司发生严重财务困难，每股市价下跌至5.50元，交易费用为4‰。查该股票账面价值：成本为903 600元，损益调整为借方余额15 000元，计提其减值准备，作分录如下：

长期股权投资可收回金额=5.50×150 000（1-4‰）=821 700元

  借：资产减值损失——长期股权投资减值损失   96 900
    贷：长期股权投资减值准备   96 900

长期股权投资减值损失一经确认，在以后会计期间不得转回。

"长期股权投资减值准备"是资产类账户，它是"长期股权投资"账户的抵减账户，用以核算企业长期股权投资发生减值时计提的减值准备。企业计提减值准备时，记入贷方；企业出售长期股权投资予以转销时，记入借方；期末余额在贷方，表示企业已计提但尚未转销的长期股权投资减值准备。

四、长期股权投资出售的核算

企业出售长期股权投资时，应按实际收到的金额，借记"银行存款"账户，原已计提减值准备的，借记"长期股权投资减值准备"账户；按其账面余额，贷记"长期股权投资"账户；按尚未领取的现金股利或利润贷记"应收股利"账户；并将这些账户之间的差额列入"投资收益"账户。

【例10-9】续例10-8，11月12日，卢浦房地产开发公司出售泰源建材公司股票150 000股，每股5.48元，另按交易金额的3‰支付佣金，1‰交纳印花税，收到出售股票净收入，存入银行。作分录如下：

  借：银行存款   818 172
    长期股权投资减值准备   96 900
    投资收益   2 988
    贷：长期股权投资——成本   903 600
      长期股权投资——损益调整   15 000

第三节

长期股权投资核算方法的转换及处置

一、长期股权投资核算方法的转换

长期股权投资在持有期间，因各方面情况的变化，可能导致其核算需要由一种方法转换为另外的方法。

（一）成本法转换为权益法

长期股权投资的核算由成本法转为权益法时，因处置投资导致对被投资单位的影响能力由控制转为具有重大影响或者与其他投资方一起实施共同控制的情况下，首先应按处置或收回投资的比例结转应终止确认的长期股权投资成本。

在此基础上，应当比较剩余的长期股权投资成本与按照剩余持股比例计算原投资时应享有被投资单位可辨认净资产公允价值的份额，属于投资作价中体现的商誉部分，不调整长期股权投资的账面价值；属于投资成本小于原投资时应享有被投资单位可辨认净资产公允价值份额的，在调整长期股权投资成本的同时，应调整留存收益。

对于原取得投资后至因处置投资导致转变为权益法核算之间被投资单位实现净损益中应享有的份额，一方面应当调整长期股权投资的账面价值，同时对于原取得投资时至处置投资当期期初被投资单位实现的净损益（扣除已发放及已宣告发放的现金股利和利润）中应享有的份额，调整留存收益，对于处置投资当期期初至处置投资之日被投资单位实现的净损益中享有的份额，调整当期损益；对被投资单位确认的其他综合收益及其变动以及其他原因导致被投资单位所有者权益其他变动中应享有的份额，在调整长期股权投资账面价值的同时，前者应当计入"其他综合收益"科目，后者则应当计入"资本公积—其他资本公积"科目。

长期股权投资自成本法转为权益法后，未来期间应当按照准则规定计算确认应享有被投资单位实现的净损益及所有者权益其他变动的份额。

在合并财务报表中，对于剩余股权，应当按照其在丧失控制权日的公允价值进行重新计量。处置股权取得的对价与剩余股权公允价值之和，减去按原持股比例计算应享有原有子公司自购买日开始持续计算的净资产的份额之间的差额，计入丧失控制权当期的投资收益。与原有子公司股权投资相关的其他综合收益，应在丧失控制权时转为当期投资收益。企业应当在附注中披露处置后的剩余股权在丧失控制权日的公允价值、按照公允价值重新计量产生的相关利得或损失的金额。

投资方因其他投资方对其子公司增资而导致本投资方持股比例下降，从而丧失控制权，但仍能实施共同控制或施加重大影响的，投资方应当区分个别财务报表和合并财务报表进行相关会计处理：

1. 在个别财务报表中，应当对该项长期股权投资从成本法转为权益法核算。首先，按照新的持股比例确认本投资方应享有的原子公司因增资扩股而增加的净资产份额，与应结转持股比例下降部分所对应的长期股权投资原账面价值之间的差额计入当期损益；然后按照新的持股比例视同自取得投资时即采用权益法核算进行调整。

2. 在合并财务报表中，应当按照合并财务报表的有关规定进行会计处理。

【例10-10】A公司原持有B公司60%的股权，其账面余额为6 000万元，未计提减值准备。20×9年1月6日，A公司将其持有的对B公司长期股权投资中的1/3出售给某企业，出售取得价款3 600万元，当日被投资单位可辨认净资产公允价值总额为14 500万元。A公司原取得B公司60%股权时，B公司可辨认净资产公允价值总额为9 000万元（假定公允价值与账面价值相同）。自A公司取得对B公司长期股权投资后至部分处置投资前，B公司实现净利润5 000万元。其中，自A公司取得投资日与20×9年年初实现净利润4 000万元。假定B公司一直未进行利润分配。持有可供出售金融资产的公允价值升值500万元。本例中A、B公司按净利润的10%提取盈余公积。

在出售20%的股权后，A公司对B公司的持股比例为40%，公允价值为7 200万元，在被投资单位董事会中派有代表，但不能对B公司生产经营决策实施控制。对B公司长期股权投资应由成本法改为按照权益法核算。

（1）A公司个别财务报表的处理

1）确认长期股权投资处置损益

借：银行存款　　　　　　　　　　　　　　　　　　　　36 000 000
　　贷：长期股权投资　　　　　　　　　　　　　　　　20 000 000

　　　　投资收益　　　　　　　　　　　　　　　　　　　　　　　　　　16 000 000

　　2）对剩余股权改按权益法核算

　　剩余长期股权投资的账面价值为4 000万元，与原投资时应享有被投资单位可辨认净资产公允价值份额之间的差额400万元（4 000－9 000×40%）为商誉，该部分商誉的价值不需要对长期股权投资的成本进行调整。

　　处置投资以后按照持股比例计算享有被投资单位自购买日至处置投资日期间实现的净损益为2 000万元（5 000×40%），应调整增加长期股权投资的账面价值，同时调整留存收益；对被投资单位确认的其他综合收益及其变动部分500万元，亦应调整增加长期股权投资的账面价值，同时调整其他综合收益。企业应进行以下账务处理：

　　借：长期股权投资　　　　　　　　　　　　　　　　　　　　　　　22 000 000
　　　　贷：盈余公积　　　　　　　　　　　（40 000 000×40%×10%）1 600 000
　　　　　　利润分配——未分配利润（40 000 000×40%×90%）　　　14 400 000
　　　　　　投资收益　　　　　　　　　　　　　（10 000 000×40%）4 000 000
　　　　　　其他综合收益　　　　　　　　　　　（5 000 000×40%）2 000 000

　　经过上述调整后，在个别财务报表中，剩余股权的账面价值为6 200万元（4 000+2 200）。

　　（2）A公司合并财务报表的处理

　　合并财务报表中应确认的投资收益为2 400万元［（3 600+7 200）－14 500×60%+500×60%］。由于个别财务报表中已经确认了2 000万元的投资收益，在合并财务报表中作如下调整：

　　1）剩余股权按丧失控制权日的公允价值重新计量的调整：

　　借：长期股权投资　　　　　　　　　　　　　　　　　　　　　　　72 000 000
　　　　贷：长期股权投资　　　　　　　　　（145 000 000×40%+400）62 000 000
　　　　　　投资收益　　　　　　　　　　　　　　　　　　　　　　　10 000 000

　　2）对个别财务报表中的部分处置收益的归属期间进行调整：

　　借：投资收益　　　　　　　　　　　　　　（40 000 000×20%）8 000 000
　　　　贷：未分配利润　　　　　　　　　　　　　　　　　　　　　　8 000 000

　　3）从其他综合收益转出与剩余股权相对应的原计入权益的其他综合收益200万元，重分类转入投资收益：

　　借：其他综合收益　　　　　　　　　　　　（5 000 000×40%）2 000 000
　　　　贷：投资收益　　　　　　　　　　　　　　　　　　　　　　　2 000 000

（二）成本法转公允价值计量

投资企业后因部分处置等原因导致对被投资企业持股比例下降，不能再对被投资单位实施控制的，也不能实施共同控制或重大影响的应将剩余股权改按金融工具确认和计量准则的要求进行会计处理，并于丧失控制权日将剩余股权按公允价值重新计量，公允价值与其账面价值的差额计入当期损益。

【例10-11】A公司原持有B公司60%的股权，其投资成本为6 000万元，按成本法进行核算。2009年5月1日，A公司将其持有的对B公司长期股权投资中的80%出售给非关联方某企业，出售取得价款7 000万元，剩余12%股权于丧失控制权日的公允价值为1 750万元，A公司将其分类为以公允价值计量且其变动计入当期损益的交易性金融资产。不考虑其他相关因素，A公司在丧失控制权日的会计处理如下：

1）出售股权：
借：银行存款　　　　　　　　　　　　　　　　　　　70 000 000
　　贷：长期股权投资　　　　　　　　　　　　　　　　48 000 000
　　　　投资收益　　　　　　　　　　　　　　　　　　22 000 000
2）剩余股权的处理：
借：交易性金融资产　　　　　　　　　　　　　　　　17 500 000
　　贷：长期股权投资　　　　　　　　　　　　　　　　12 000 000
　　　　投资收益　　　　　　　　　　　　　　　　　　 5 500 000

（三）公允值计量或权益法转换为成本法

因追加投资原因导致原持有的分类为以公允价值计量且其变动计入当期损益的金融资产，或分类为可供出售金融资产，以及对联营企业或合营企业的投资转变为对子公司投资的，长期股权投资账面价值的调整应当按照本章第一节的有关规定处理。

（四）公允价值计量转为权益法核算

投资企业对原持有的被投资单位的股权不具有控制、共同控制或重大影响，按照金融工具确认和计量准则进行会计处理的，因追加投资等原因导致持股比例增加，使其能够对被投资单位实施共同控制或重大影响而转按权益法核算，应在转换日，按照原股权的公允价值加上为取得新增投资而应支付对价的公允价值，作为改按权益法核算的初始投资成本；原股权投资于转换日的公允价值与账面价值之间的差额，以及原计入其他综合收益的累计公允价值变动转入改按权益法核算的当期损益。在此基础上，比较初始投资成本与获得被投资单位共同控制或重大影响时应享有被投资单位可辨认净资产公允价值份额之间的差额，前者大于后者的，为商誉，不调整长期股权投资的账面价值；前者小于后者的，差额调整长期股权投资的账面价值，并计入当期营业外收入。

【例10-12】A公司2008年2月取得B公司10%的股权，对B公司不具有控制、共同控制和重大影响，A公司将其分类为可供出售金融资产，投资成本为900万元，取得时，B公司可辨认净资产公允价值总额为8 400万元（假定公允价值与账面价值相同）。

2009年3月1日，A公司又以1 800万元取得B公司12%的股权，当日B公司可辨认净资产公允价值总额为12 000万元。取得该部分股权后，按照B公司章程规定，A公司能够派人参与B公司的财务和生产经营决策，对该项长期股权投资转为采用权益法核算。假定A公司在取得对B公司10%的股权后，双方未发生任何内部交易。B公司通过生产经营活动实现的净利润为900万元，未派发现金股利或利润。除所实现净利润外，未发生其他所有者权益变动事项。2009年3月1日，A公司对B公司投资原10%股权的公允价值为1 300万元，原计入其他综合收益的累计公允价值变动收益为120万元。

本例中，2009年3月1日，A公司对B公司投资原10%股权的公允价值为1 300万元，账面价值为1 020万元，差额计入损益；同时，因追加投资改按权益法核算，原计入其他综合收益的累计公允价值变动收益120万元转入损益。

A公司对B公司股权增持后，持股比例变为22%，初始投资成本为3 100万元（1 300+1 800），应享有B公司可辨认净资产公允价值份额为2 640万元（12 000×22%），前者大于后者460万元，为商誉，不调整长期股权投资的账面价值。

A公司对上述交易的会计处理如下：

借：长期股权投资—投资成本　　　　　　　　　　　　　　　　31 000 000
　　贷：银行存款　　　　　　　　　　　　　　　　　　　　　18 000 000
　　　　投资收益　　　　　　　　　　　　　　　　　　　　　 2 800 000
　　　　可供出售金融资产　　　　　　　　　　　　　　　　　10 200 000

借：其他综合收益 1 200 000
　　贷：投资收益 1 200 000

（五）权益法转公允价值计量

投资企业原持有的被投资单位的股权对其具有共同控制或重大影响，因部分处置等原因导致持股比例下降，不再对被投资单位实施共同控制或重大影响的，应于失去共同控制或重大影响时。改按金融工具确认和计量准则的规定对剩余股权进行会计处理。即，对剩余股权在改按公允价值计量时，公允价值与原账面价值的差额计入当期损益，同时，原采用权益法核算的相关其他综合收益应当在终止采用权益法核算时，采用与被投资单位直接处置相关资产或负债相同的基础进行会计处理里；因被投资单位除净损益、其他综合收益和利润分配以外的其他所有者权益变动而确认的所有者权益，应当在终止采用权益法时全部转入当期损益。

【例10-13】A公司持有B公司36%的股权，能对B公司施加重大影响，对该股权投资采用权益法核算。2009年10月，A公司将该项投资中的50%出售给非关联方，取得价款1 800万元。相关股权划转手续于当日完成。A公司持有B公司剩余18%股权，无法再对B公司施加重大影响，转为可供出售金融资产。股权出售日，剩余股权的公允价值为1 800万元。

出售该股权时，长期股权投资的账面价值为3 200万元，其中投资成本2 600万元，损益调整为300万元，因被投资单位的可供出售金融资产的累计公允价值变动享有部分为200万元，除净损益、其他综合收益和利润分配外的其他所有者权益变动为100万元。不考虑相关税费等其他因素影响。A公司的会计处理如下：

1）确认有关股权投资的处置损益。

借：银行存款 18 000 000
　　贷：长期股权投资 18 000 000
　　　　投资收益 2 000 000

2）由于终止采用权益法核算，将原确认的相关其他综合收益全部转入当期损益。

借：其他综合收益 2 000 000
　　贷：投资收益 2 000 000

3）由于终止采用权益法核算，将原计入资本公积的其他所有者权益变动全部转入当期损益。

借：资本公积—其他资本公积   1 000 000
    贷：投资收益   1 000 000

4）剩余股权投资转为可供出售金融资产，当天公允价值为1 800万元，账面价值为1 600万元，两者差异200万元计入当期投资收益。

借：可供出售金融资产   18 000 000
    贷：长期股权投资   16 000 000
        投资收益   2 000 000

二、长期股权投资的处置

企业处置长期股权投资时，应相应结转与所售股权相对应的长期股权投资的账面价值，出售所得价款与处置长期股权投资账面价值之间的差额，应确认为处置损益。

采用权益法核算的长期股权投资，原计入其他综合收益（不能结转损益的除外）或资本公积（其他资本公积）中的金额，在处置时亦进行结转，即，将所出售股权相对应的部分在处置时自其他综合收益或资本公积转入当期损益。

【例10-14】太浦房地产开发公司持有东海建筑公司股票1 000 000股，并对该公司有重大影响。6月20日，太浦房地产开发公司出售东海建筑公司股票1 000 000股，每股6元；另按交易金额3‰支付佣金，1‰交纳印花税，出售股票净收入已收到转账支票，存入银行。查长期股权投资明细账户的余额，其中：成本为5 220 800元，损益调整为550 000元，可转入损益的其他综合收益30 000元，其他权益变动为50 000元。

1）将出售股票净收入入账，作分录如下：

借：银行存款   5 976 000
    贷：长期股权投资—成本   5 220 800
              —损益调整   550 000
              —其他综合收益   30 000
              —其他权益变动   50 000
        投资收益   125 200

2）结转因其他权益变动形成的资本公积，作分录如下：

借：资本公积—其他资本公积   50 000
    其他综合收益   30 000
    贷：投资收益   80 000

第四节

合营安排

合营安排是指一项由两个或两个以上的参与方共同控制的安排。各参与方均受到该安排的约束,任何一个参与方都不能够单独控制该安排,即对该安排具有共同控制的任何一个参与方均能够阻止其他参与方或参与方组合单独控制该安排。

合营安排分为共同经营和合营企业。共同经营,是指合营方享有该安排相关资产且承担该安排相关负债的合营安排。合营企业,是指合营方仅对该安排的净资产享有权利的合营安排。合营方应根据其在合营安排中享有的权利和承担的义务来确定合营安排的分类。

一、共同经营

共同经营又可细分为共同控制经营和共同控制资产。

(一)共同控制经营

共同控制经营是指企业使用本企业的资产或其他经济资源与其他合营方共同进行某项经济活动(该项经济活动不构成独立的会计主体),并且按照合同或协议约定对该经济活动实施共同控制,并确认本企业在合营产品销售收入中享有的份额。

共同控制经营的情况下,合营方应作如下处理:

(1)确认其所控制的用于共同控制经营的资产及发生的负债

按照合营合同或协议约定,合营方将本企业资产用于共同经营,合营期结束后合营方将收回该资产不再用于共同控制,则合营方应将该资产作为本企业的资产确认。

(2)确认与共同控制经营有关的成本费用及共同控制经营产生的收入中本企业享受的份额

企业应当视共同控制经营的情况,对发生的与共同控制经营的有关支出进行归集。对于合营中发生的某些需要各合营方共同负担的，合营方应将本企业应承担的份额计入生产成本。共同控制经营生产的产品对外出售时，所产生的收入中应由本企业享有的部分，应借记"库存现金"、"银行存款"等账户，贷记"主营业务收入"、"其他业务收入"等账户，同时应结转售出产品的成本，借记"主营业务成本"、"其他业务成本"等账户，贷记"库存商品"等账户。

（二）共同控制资产

共同控制资产是指企业与其他合营方共同投入或出资购买一项或多项资产，按照合同或协议约定对有关资产实施共同控制的情况，同时按照合同的约定享有共同控制资产中的一定份额并据此确认本企业的资产，享有该资产带来的未来经济利益。

根据共同控制资产的性质，如固定资产、无形资产等，按合同或协议中约定的份额将本企业享有的部分确认为固定资产或无形资产等，而不是归为一项投资。该部分资产由实施共同控制的各方共同使用的情况下，并不改变相关资产的使用状态，不构成投资，合营方不应将其作为投资处理。

另外企业还需确认与其他合营方共同承担的负债、共同控制资产产生的收入以及与其他合营方共同发生的费用中属于本企业的部分。

对于共同控制资产在经营、使用过程中发生的费用，包括有关直接费用以及应由本企业承担的共同控制资产发生的折旧费用、借款利息费用等，合营各方应当按照合同或协议的约定确定应由本企业承担的部分，作为本企业的费用确认。

二、合营企业

合营企业中，合营方应当按照《企业会计准则第2号—长期股权投资》的规定核算其对合营企业的投资。对合营企业不享有共同控制的参与方（非合营方）应当根据其对该合营企业的影响程度进行相关会计处理：对该合营企业具有重大影响的，应当按照长期股权投资准则的规定核算其对该合营企业的投资；对该合营企业不具有重大影响的，应当按照金融工具确认和计量准则的规定核算其该合营企业的投资。

第十一章

负债

第一节

负债概述

一、负债的概念及特征

负债的概念：指过去的交易、事项形成的现时义务，履行该义务预期会导致经济利益流出企业。

负债的特征：

（1）负债是企业承担的现时义务；

（2）负债的清偿将导致企业未来经济利益流出；

（3）负债是由企业过去的交易或事项形成的。

二、负债的分类

负债按流动性可分为：流动负债和非流动负债。其中流动负债是指将在一年或者不超过一年的一个营业周期内偿还的债务，包括短期借款、应付票据、应付账款、预收账款、其他应付款、应付职工薪酬、应交税费等；非流动负债是指偿还期在一年或者超过一年的一个营业周期的债务，包括长期借款、应付债券、长期应付款等。

第二节

流动负债的核算

一、流动负债的概念及特点

流动负债是指将在1年或超过1年的一个营业周期内偿还的债务,结合负债的定义和特征,流动负债具有以下两个特点:

(1)偿还期限短,即到期日或偿还期限在1年或超过1年的一个营业周期内。

(2)到期时必须以流动资产、提供劳务或以新的流动负债进行偿还。

流动负债大多由于企业的经营活动而产生,主要包括短期借款、应付票据、应付账款、预收账款、应付职工薪酬、应交税费、应付股利、其他应付款,以及在1年内到期的长期负债等。

二、短期借款的核算

短期借款是指企业向银行或其他金融机构等借入的期限在1年以内(含1年)的各种借款。短期借款是因企业经营周转需要,或为抵偿某项债务而借入的。企业向银行或其他金融机构等借入的各种用途的款项,只要借款期限不超过一年,都属于短期借款核算之内。

为了核算短期借款的取得与偿还,企业应设置"短期借款"账户,并按债权人和借款种类设置明细账户。"短期借款"账户只反映借款的本金,其所发生的应付利息不在本账户核算;因短期借款而发生的利息支出,作为期间费用,在借款受益期内计入当期的财务费用。短期借款利息如果是按季结算或是到期还本付息的,可将每月应负担的利息费用按月预提计入当期费用。

【例11-1】M房地产公司8月1日向银行借款300 000元,期限5个月,年利率6%,借款期满一次还本付息。会计分录如下:

(1)借入款项时:

借:银行存款 300 000

```
    贷：短期借款                                    300 000
（2）每月末确认利息费用时：
   借：财务费用                                      1 500
    贷：应付利息                                      1 500
（3）5个月期满，还本付息时：
   借：短期借款                                    300 000
     应付利息                                      7 500
    贷：银行存款                                    307 500
```

三、应付票据的核算

应付票据是由出票人出票，委托付款人在指定日期无条件支付确定的金额给收款人或者持票人的票据。理论上讲，票据包括的内容较多，如支票、汇票和本票。但在我国会计实务中，应付票据仅仅只反映应付的商业汇票，因为应付票据是一种期票，是延期付款、承诺到期偿还债务的证明。商业汇票按承兑人的不同分为银行承兑汇票和商业承兑汇票。商业汇票的最长付款期限为6个月。应付票据可以是不带息票据，也可以是带息票据。因真实交易而签发、承兑的商业汇票，通过设置"应付票据"账户核算。同时设置"应付票据备查簿"，详细登记每笔应付票据的种类、号数、签发日、到期日、票面金额、收款人等具体资料。

（一）不带息票据的处理

不带息票据的处理比较简单，其面值就是票据到期时的应付金额。不带息应付票据经过承兑后，企业应按票据面值借记相关的资产及应交增值税进项税账户，贷记本账户；票据到期支付款项时，按实际支付的票据面值冲减应付票据和银行存款账户。如果票据为商业承兑汇票，到期时企业无力支付票款，应将"应付票据"账户按票据面值转入"应付账款"账户；如为银行承兑汇票，到期时无力支付，则按票据面值将"应付票据"转入"短期借款"账户。

（二）带息票据的处理

带息票据与不带息票据的处理方法相同。但入账后，应付票据的账面价值可能会发生变动。这是因为应付票据的面值是票据的现值，而到期值一定会高于票据面值，超出的部分就是票据利息。对于票据利息的处理，一种是期限较短，金额较小的利息，为简化核算，在票据到期支付本息时，将利息直接计入当期的财务费用；另一种方法是在会计期末时，对尚未支付的应付票据计提利息，计入当期财务费用，同时增加应付票据的账面价值。

【例11-2】W公司2003年11月1日购入材料一批，价款为300 000元，增值税税率17%，企业开出并承兑期限为4个月、年利率6%的银行承兑汇票一张。会计分录如下：

（1）购入材料时：

借：原材料　　　　　　　　　　　　　　　　　　　　　　300 000
　　应交税费——应交增值税（进项税额）　　　　　　　　 51 000
　　贷：应付票据　　　　　　　　　　　　　　　　　　　351 000

（2）12月31日期末计息时：

借：财务费用　　　　　　　　　　　　　　　　　　　　　 3 510
　　贷：应付票据　　　　　　　　　　　　　　　　　　　 3 510

（3）到期支付本息时：

借：应付票据　　　　　　　　　　　　　　　　　　　　　354 510
　　财务费用　　　　　　　　　　　　　　　　　　　　　 3 510
　　贷：银行存款　　　　　　　　　　　　　　　　　　　358 020

四、应付及预收款项的核算

（一）应付账款

应付账款是指企业因购买材料、商品或接受劳务等发生的债务。其应付金额是确定的，核算的内容是企业由于购买材料、商品或接受劳务形成的短期负债，除此之外的应付款项不在本账户核算。应付账款入账时间的确定，应以与所购买的物资的所有权有关的风险和报酬已经转移或劳务已经接受为标志。但在实际工作中，应区别具体情况处理：

（1）在物资和发票账单同时到达情况下，待物资验收入库后，根据发票账单确定应付账款金额；

（2）在物资和发票账单不是同时到达的情况下，如物资先到，为了简化核算，一般待发票账单到达后，再据以入账。如至月末发票账单尚未到达，则应将所购物资暂估入账，下月初再以红字冲销暂估款。等发票账单到达后，再按实际应付款项确定。如发票账单先到，则根据发票账单金额确定应付账款数额。为了核算应付账款的形成及偿还情况，企业设置"应付账款"账户，并按债权人设置明细账户。如果购入的资产附有现金折扣条件时，应付账款入账金额的确定按发票上的应付总额入账；支付款项获得现金折扣时，冲减财务费用。应付账款因种种原因无法支付时，转入营业外收入。

（二）预收款项

预收账款是买卖双方协议商定，由购货方预先支付一部分货款给供应方而发生的一项负债。预收账款的核算应视企业的具体情况而定。如果预收账款不多，企业可以不设置"预收账款"科目，直接记入"应收账款"科目的贷方。单独设置"预收账款"科目核算的，其"预收账款"科目的贷方，反映企业预收的货款和购买方补付的货款；借方反映应收的货款和退回多收的货款，期末贷方余额，反映尚未结清的预收款项，借方余额反映应收的款项。

五、应付利息及应付股利的核算

（一）应付利息

是指企业按照合同约定应支付的利息，包括吸收存款，分期付息到期还本的长期借款，企业债券等应支付的利息。本科目可按存款人或债权人进行明细核算。应付利息与应计利息的区别：应付利息属于借款，应计利息属于企业存款。

资产负债表日，应按摊余成本和实际利率计算确定的利息费用，借记"利息支出"、"在建工程"、"财务费用"、"研发支出"等科目，按合同利率计算确定的应付未付利息，贷记本科目，按其差额，借记或贷记"长期借款—利息调整"等科目。

合同利率与实际利率差异较小的，也可以采用合同利率计算确定利息费用。实际支付利息时，借记本科目，贷记"银行存款"等科目。

本科目期末贷方余额，反映企业应付未付的利息。

（二）应付股利

应付股利，是指按协议规定应该支付给投资者的利润。由于企业的资金通常由投资者投入，因此，企业在生产经营过程中实现的利润，在依法纳税后，还必须向投资人分配利润。而这些利润在应付未付之前暂时留在企业内,构成了企业的一项负债。应付股利属于流动负债。

企业董事会或类似机构通过的利润分配方案中拟分配的现金股利或利润,不应确认负债,但应在附注中披露。

企业应根据股东大会或类似机构审议批准通过的利润分配方案,按应支付的现金股利或利润,借记"利润分配"科目,贷记本科目。实际支付现金股利或利润,借记本科目,贷记"银行存款"、"现金"等科目。本科目期末贷方余额,反映企业尚未支付的现金股利或利润。

六、其他应付款的核算

企业除了应付票据、应付账款、应付股利等以外,还会发生一些应付、暂收其他单位或个人的款项,如应付租入固定资产和包装物的租金、存入保证金、应付统筹退休金等。这些暂收应付款,构成了企业的一项负债。

在我国会计核算中,设置"其他应付款"科目进行核算。当发生各种应付、暂收款项时,借记"银行存款"、"管理费用"等科目,贷记"其他应付款"科目;当实际偿还、支付时,借记"其他应付款"科目,贷记"银行存款"等科目。"其他应付款"科目期末贷方余额,反映企业尚未支付的其他应付款项。

第三节
应付职工薪酬的核算

一、职工薪酬的范围及分类

职工薪酬,是指企业为获得职工提供的服务而给予各种形式的报酬以及其他相关支出。职工薪酬包括职工工资、奖金、津贴和补贴,职工福利费,医疗保险费、养老保险费、失业保险费、工伤保险费和生育保险费等社会保险费,住房公积金,工会经费和职工教育费,非货币性福利,因解除与职工的劳动关系给予的补偿(亦称辞退福利),其他与获得职工提供的服务相关支出。

二、短期薪酬的确认与计量

(一)短期薪酬的核算范围

在新准则中规定,短期薪酬指企业在职工提供相关服务的年度报告期间结束后十二个月内需要全部予以支付的职工薪酬,因解除与职工的劳动关系给予的补偿除外。包括:职工工资、奖金、津贴及补贴,职工福利费,医疗保险费、工伤保险费和生育保险费等社会保险费,住房公积金,工会经费和职工教育经费,短期带薪缺勤,短期利润分享计划,非货币性福利和其他短期薪酬。不包括养老保险费及失业保险费。

(二)短期薪酬的会计核算方法

1. 工资及三险一金、工会经费及职工教育费

企业应在职工正常为企业提供服务的期间,按实际发生的短期薪酬确认为应付职工薪酬,计入当期损益,其他会计准则要求或允许计到资产成本的除外。会计处理为:借:生产成本、制造费用、管理费用、销售费用、在建工程等;贷:应付职工薪酬—短期薪酬(工资、医疗保险费、工伤保险费、生育保险费、住房公积金、工会经费、职工教育经费等)。

2. 短期带薪缺勤

企业应当在职工提供服务从而增加了其未来享有的带薪缺勤权利时，确认与累积带薪缺勤相关的职工薪酬，并以累积未行使权利增加预期支付金额计量。并在职工实际发生缺勤的期间确认与非累积带薪缺勤相关的应付职工薪酬。

（1）累积带薪缺勤：是指职工享有的带薪缺勤权利可以结转到下期使用的带薪缺勤，本期未用完的带薪缺勤权利在未来期间使用。

（2）非累积带薪缺勤：是指职工带薪缺勤权利不能结转到下期的带薪缺勤。本期没有用完的带薪缺勤权利将作废。因此，企业对职工未用完的带薪缺勤权利无须确认应付职工薪酬。

3. 短期利润分享计划

企业因过去事项导致现在的有支付职工薪酬的义务，并且在财务报告报出前可以确定应支付的金额，或其短期利润分享计划的正式条款中包括确定薪酬金额的方式，按照过去惯例为企业确定推定义务金额具有明显证据时，应确认相关的应付职工薪酬。虽是由于净利润的相应比例确定的奖金但仍是因为职工提供服务所产生的而不是企业与其所有者之间的交易而产生，不能作为净利润的分配。

会计处理为：

借：生产成本、制造费用、管理费用等
　　贷：应付职工薪酬—短期薪酬（短期利润分享计划）

4. 非货币性福利。指职工福利费，应按照公允价值计量。

会计处理为：

借：生产成本、管理费用
　　贷：应付职工薪酬—非货币性福利

三、离职后福利的确认与计量

（一）离职后福利的核算范围

新准则中规定的离职后福利，指企业为获得职工提供的服务而在职工退休或与企业解除劳动关系以后提供的各种形式的报酬与福利。短期薪酬和辞退福利除外，离职后福利包括养老保险费和失业保险费等。

（二）离职后福利的会计核算方法

1. 设定提存计划

企业在其员工能够正常为企业服务的期间根据设定提存计划计算应缴存金额确认为负债，计入当期损益或相关成本。根据设定提存计划，预期不能在职工为企业服务的年度报告期结束后十二个月内支付完的，应参照新准则的折现率，将所有应缴存金额折现为折现后的金额计入应付职工薪酬。其会计处理为：

借：生产成本、制造费用、管理费用、销售费用、在建工程等
　　贷：应付职工薪酬—离职后福利—设定提存计划（养老保险费）
　　　　应付职工薪酬—离职后福利—设定提存计划（失业保险费）

2. 设定受益计划

企业担心在将来离退休后没有资金支付此部分离职后的福利，现在拿出一块资产作为设定受益计划资产。企业将设定受益计划产生的福利义务归属于职工为企业服务的期间，并计入当期损益或相关资产成本。会计处理为：

借：管理费用或生产成本等
　　贷：应付职工薪酬—离职后福利—设定受益计划

四、辞退福利的确认与计量

（一）辞退福利的核算范围

新准则中规定的辞退福利指企业在劳动合同到期前解除与职工之间的劳动关系，或鼓励职工自愿接受裁减而给予职工的补偿。

（二）辞退福利的会计核算方法

在新准则中规定了企业辞退员工后的辞退福利的计算方法。企业需要比较的是：不能单方面撤回因解除劳动关系计划或裁减建议所提供的辞退福利的日期、企业确认与关系到支付辞退福利的重组相关联的成本费用日期，然后按照二者之中较早日期来确定辞退福利，计入当期损益。计入后在年度报告期结束后12个月内不能支付完整的，应将符合设定提存计划条件的，按照关于设定提存计划的相关规定处理，除此外都按照设定受益计划的相关规定处理。会计处理为：

借：管理费用
　　贷：应付职工薪酬—辞退福利

五、其他长期职工福利的确认与计量

（一）其他长期应付职工福利的核算范围

新准则规定的其他长期应付职工福利是指除前面所提及的短期薪酬、离职后福利、辞退福利以外的与职工薪酬相关的福利，包括长期带薪缺勤、长期残疾福利、长期利润分享计划等。

（二）其他长期应付职工福利的会计核算方法

新准则中规定企业向其员工提供其他长期职工福利时，符合设定提存计划条件的，先按照新准则中有关设定提存计划的相关规定予以处理。此外，按照新准则中关于设定受益计划的相关规定予以处理。总之，企业在发生与职工薪酬相关的义务时，应根据新准则的有关要求，将义务按类别分为短期薪酬、离职后福利、辞退福利和其他长期职工福利等，并根据新准则对每种薪酬的会计处理方法对其进行合理的核算。

第四节

应交税费的核算

应交税费是指房地产开发等各类企业按照规定应向国家缴纳的各种税费,包括增值税、消费税、资源税、企业所得税、城市维护建设税、教育费附加、地方教育附加、土地增值税、房产税、土地使用税、印花税及个人所得税等。

为了核算开发企业应缴纳的各种税费的计算和实际缴纳情况,应设置"应交税费"账户。该账户贷方登记经计算的各种应缴纳税费,借方登记实际缴纳的各种税费,贷方余额反映应缴未缴的各种税费。为了详细反映各种应缴税费的核算情况,在该账户下应按照税种,分别设置"应交增值税"、"应交消费税"、"应交资源税"、"应交企业所得税"、"应交城市维护建设税"、"应交教育费附加"、"应交地方教育附加"、"应交土地增值税"、"应交房产税"、"应交土地使用税"、"应交车船税"、"应交印花税""应交个人所得税"等若干明细账户。但是房地产企业所缴纳的耕地占用税以及其他不需预计应交纳的税费,不通过"应交税费"账户核算。应交税费相关明细科目核算如下:

一、应交增值税

房地产等增值税一般纳税人应当在"应交税费"科目下设置"应交增值税"、"未交增值税"、"预交增值税"、"待抵扣进项税额"、"待认证进项税额"、"待转销项税额""增值税留抵税额"、"简易计税"、"转让金融产品应交增值税"、"代扣代交增值税"等明细科目。

(1)增值税一般纳税人应在"应交增值税"明细账内设置"进项税额"、"销项税额抵减"、"已交税金"、"转出未交增值税"、"减免税款"、"出口抵减内销产品应纳税额"、"销项税额"、"出口退税"、"进项税额转出"、"转出多交增值税"等专栏。其中:

1)"进项税额"专栏,记录一般纳税人购进货物、加工修理修配劳务、服务、无形资产或不动产而支付或负担的、准予从销项税额中抵扣的增值税额;

2)"销项税额抵减"专栏,记录一般纳税人按照现行增值税制度规定因扣减销售额而减少的销项税额；

3)"已交税金"专栏，记录一般纳税人已交纳的当月应交增值税额；

4)"转出未交增值税"和"转出多交增值税"专栏，分别记录一般纳税人月度终了转出当月应交未交或多交的增值税额；

5)"减免税款"专栏，记录一般纳税人按现行增值税制度规定准予减免的增值税额；

6)"出口抵减内销产品应纳税额"专栏，记录实行"免抵退"办法的一般纳税人按规定计算的出口货物的进项税抵减内销产品的应纳税额。

7)"销项税额"专栏，记录一般纳税人销售货物、加工修理修配劳务、服务、无形资产或不动产应收取的增值税额，以及从境外单位或个人购进服务、无形资产或不动产应扣缴的增值税额；

8)"出口退税"专栏，记录一般纳税人出口产品按规定退回的增值税额；

9)"进项税额转出"专栏，记录一般纳税人购进货物、加工修理修配劳务、服务、无形资产或不动产等发生非正常损失以及其他原因而不应从销项税额中抵扣，按规定转出的进项税额；

（2）"未交增值税"明细科目，核算一般纳税人月度终了从"应交增值税"或"预缴增值税"明细科目转入当月应交未交、多交或预缴的增值税额，以及当月交纳以前期间未交的增值税额。

（3）"预交增值税"明细科目，核算一般纳税人转让不动产、提供不动产经营租赁服务、提供建筑服务、采用预收款方式销售自行开发的房地产项目等，按现行增值税制度规定应预缴的增值税额。

（4）"待抵扣进项税额"明细科目，核算一般纳税人已取得增值税扣税凭证并经税务机关认证，按照现行增值税制度规定准予以后期间从销项税额中抵扣的进项税额。包括：一般纳税人自2016年5月1日后取得并按固定资产核算的不动产或者2016年5月1日后取得的不动产在建工程，按现行增值税制度规定准予以后期间从销项税额中抵扣的进项税额；实行纳税辅导期管理的一般纳税人取得的尚未交叉稽核比对的增值税扣税凭证上注明或计算的进项税额。

（5）"待认证进项税额"明细科目，核算一般纳税人由于未取得增值税扣税凭证或未经税务机关认证而不得从当期销项税额中抵扣的进项税额。包括：一般纳税人已取得增值税扣税凭证、按照现行增值税制度规定准予从销项税额中抵扣，但尚未经税务机关认证的进项税额；一般纳税人取得货物等已入账，但由于尚未收到相关增值税扣税凭证而不得从当期销项税额中抵扣的进项税额。

（6）"待转销项税额"明细科目，核算一般纳税人销售货物、加工修理修配劳务、服务、无形资产或不动产，已确认相关收入（或利得）但尚未发生增值税纳税义务而需于以后期间确认为销项税额的增值税额。

（7）"增值税留抵税额"明细科目，核算兼有销售服务、无形资产或不动产的原增值税一般纳税人，截止到纳入营改增试点之日前的增值税期末留抵税额按照现行增值税制度规定不得从销售服务、无形资产或不动产的销项税额中抵扣的增值税额。

（8）"简易计税"明细科目，核算一般纳税人采用简单计税方法发生的增值税计提扣减预缴、缴纳等业务。

（9）"转让金融商品应交增值税"明细科目，核算增值税纳税人转让金融商品发生的增值税。

（10）"代扣代缴增值税"明细科目，核算纳税人购进在境内未设置经营机构的境外单位或个人在境内的应税行为代扣代缴的增值税。

小规模纳税人只需在"应交税费"科目下设置"应交增值税"明细科目，不需要设置上述专栏，及除"转让金融商品应交增值税"、"代扣代交增值税"外的明细科目。

【例11-3】某市一般纳税人甲房地产开发股份有限公司为开发"水岸嘉苑"住宅项目，取得土地20万m^2，支付土地出让金50 000万元，并取得合规票据。"水岸嘉苑"住宅项目可售面积40万m^2。为开发此小区，甲房地产公司发生如下业务：

1）2016年5月，购进A办公楼一栋，用于办公。甲房地产公司将A办公楼计入固定资产核算，取得增值税专用发票上注明价款500万元，税额55万元。款项已通过银行付讫。

2）2016年6月，购进用于"水岸嘉苑"住宅项目的钢材1 000万元，进项税额170万元，款项尚未支付。

3）2016年10月，为了满足职工住宿的需要，甲房地产公司决定将A办公楼整体用于职工宿舍，假设A办公楼净值为450万元。

4）2016年11月，"水岸嘉苑"住宅项目尚未完工，取得预售楼盘款6 660万元，对应的建筑面积2.22万m^2。

5）2016年12月，将11月预售的楼盘款6 660万元，给业主开具了增值税发票。

问：做出甲房地产公司2016年5月至12月与上述业务相关的会计分录（除上

述业务外，甲房地产公司未发生其余相关增值税应税业务）。

案例解析：

（1）2016年5月购入办公楼：

借：固定资产　　　　　　　　　　　　　　　　　　500
　　应交税费——应交增值税（进项税额）　　　　　　33
　　　　　　——待抵扣进项税额　　　　　　　　　　22
　　贷：银行存款　　　　　　　　　　　　　　　　555

文件依据： 税总2016年第15号公告中第二条规定，增值税一般纳税人2016年5月1日后取得并在会计制度上按固定资产核算的不动产，以及2016年5月1日后发生的不动产在建工程，其进项税额应按照本办法有关规定分2年从销项税额中抵扣，第一年抵扣比例为60%，第二年抵扣比例为40%。

（2）2016年6月购进钢材：

借：原材料　　　　　　　　　　　　　　　　　　1 000
　　应交税费——应交增值税（进项税额）　　　　　170
　　贷：应付账款　　　　　　　　　　　　　　　1 170

（3）2016年10月将办公楼用于职工宿舍：

借：固定资产　　　　　　　　　　　　　　　　　　33
　　贷：应交税费——应交增值税（进项税额转出）　33
借：应交税费——应交增值税（进项税额）　　　　　22
　　贷：应交税费——待抵扣进项税额　　　　　　　22
借：固定资产　　　　　　　　　　　　　　　　　　16.5
　　贷：应交税费——应交增值税（进项税额转出）　16.5

文件依据： 税总2016年第15号公告中第七条规定：已抵扣进项税额的不动产，发生非正常损失，或者改变用途，专用于简易计税方法计税项目、免征增值税项目、集体福利或者个人消费的，按照下列公式计算不得抵扣的进项税额：不得抵扣的进项税额=（已抵扣进项税额+待抵扣进项税额）×不动产净值率，不动产净值率=（不动产净值÷不动产原值）×100%，不得抵扣的进项税额小于或等于该不动产已抵扣进项税额的，应于该不动产改变用途的当期，将不得抵扣的进项税额从进项税额中扣减。不得抵扣的进项税额大于该不动产已抵扣进项税额的，应于该不动产改变用途的当期，将已抵扣进项税额从进项税额中扣减，并从该不动产待抵扣进项税额中扣减不得抵扣进项税额与已抵扣进项税额的差额。

不动产净值率=（450÷500）×100%=90%，不得抵扣的进项税额=（33+22）×

90%=49.5万元，若不得抵扣的进项税额（49.5万元）大于该不动产已抵扣进项税额的（33万元），应于该不动产改变用途的当期，将已抵扣进项税额（33万元）从进项税额中扣减，并在该不动产待抵扣进项税额全部转至可抵扣进项税额后，再从其中转出扣减不得抵扣进项税额与已抵扣进项税额的差额（49.5-33=16.5万元）。

（4）2016年11月预收房屋销售款：

借：银行存款　　　　　　　　　　　　　　　　　　　　　　　　6 660

　　贷：预收账款　　　　　　　　　　　　　　　　　　　　　　　6 660

文件依据：税总2016年第18号公告中第十条、第十一条、第十二条规定：第十条：一般纳税人采取预收款方式销售自行开发的房地产项目，应在收到预收款时按照3%的预征率预缴增值税。第十一条：应预缴税款按照以下公式计算：应预缴税款=预收款÷（1+适用税率或征收率）×3%，适用一般计税方法计税的，按照11%的适用税率计算；适用简易计税方法计税的，按照5%的征收率计算。第十二条：一般纳税人应在取得预收款的次月纳税申报期向主管国税机关预缴税款。

（5）12月申报期内，计算申报应预缴税款：［6 660÷（1+11%）］×3%=180万元，甲房地产公司在本月申报期之内，按照3%预征率，向"水岸嘉苑"住宅项目所在地国税机关申报预缴税款。

借：应交税费—预缴增值税　　　　　　　　　　　　　　　　　　180

　　贷：银行存款　　　　　　　　　　　　　　　　　　　　　　　180

2016年12月向客户开具增值税发票：

借：预收账款　　　　　　　　　　　　　　　　　　　　　　　　660

　　贷：应交税费—应交增值税（销项税额）　　　　　　　　　　　660

预售房屋对应的土地价款增值税：

借：应交税费—应交增值税（销项税额抵减）　　　　　　　　　　275

　　贷：主营业务成本　　　　　　　　　　　　　　　　　　　　　275

允许扣除的土地价款（2.22÷40）×50 000=2 775（万元）

土地价款所对应的增值税：2 775÷（1+11%）×11%=275（万元）

文件依据：税总2016年第18号公告中第四条规定，房地产开发企业中的一般纳税人（以下简称一般纳税人）销售自行开发的房地产项目，适用一般计税方法计税，按照取得的全部价款和价外费用，扣除当期销售房地产项目对应的土地价款后的余额计算销售额。

销售额的计算公式如下：销售额=（全部价款和价外费用－当期允许扣除的土地价款）÷（1+11%）同时，第五条规定，当期允许扣除的土地价款按照以下

公式计算：当期允许扣除的土地价款=（当期销售房地产项目建筑面积÷房地产项目可供销售建筑面积）×支付的土地价款

月末结转本月已预缴的增值税

借：应交税费——未交增值税　　　　　　　　　　　　　　180

　　贷：应交税费——预缴增值税　　　　　　　　　　　　180

2016年12月应纳增值税：

借：应交税费——应交增值税（转出未交增值税）　　　　209.5

　　贷：应交税费——未交增值税　　　　　　　　　　　　209.5

12月应纳增值税=销项税额－销项税额抵减－进项税额+进项税额转出=660－275－（33+170+22）+（33+16.5）=209.5（万元）

2017年1月申报缴纳的税款：

借：应交税费——未交增值税　　　　　　　　　　　　　　29.5

　　贷：银行存款　　　　　　　　　　　　　　　　　　　29.5

申报缴纳的税款=应纳增值税－预缴税款=209.5－180=29.5万元，按照财税〔2016〕36号附件2第一条第（十）款项规定，甲房地产公司应在2017年1月申报期内向公司机构所在地国税机关申报缴纳。

二、应交土地增值税

土地增值税是对转让国有土地使用权、地上的建筑物及其附着物（简称房地产）并取得收入的单位和个人征收的一种税。

根据《土地增值税暂行条例》的规定，土地增值税的征收范围包括：转让国有土地使用权；地上建筑物及其附着物连同国有土地使用权一并转让。即征收土地增值税须满足以下条件：

（1）转让的土地，其所有权归国家所有；

（2）其房地产已经转让；

（3）与转让相关的收入已经确认。

对于以继承、捐赠等方式无偿转让的房地产、受托代建工程及出租开发产品，都不属于征收土地增值税的范围。

1. 土地增值税的计算

土地增值税是以纳税人转让房地产所取得的增值额和规定税率为依据计算确定的。增值额是纳税人转让房地产所取得的收入减去按规定准予扣除的项目后的

余额。计算公式如下:

应纳土地增值税额=∑(每级距的土地增值额×适用税率)

土地增值额=转让房地产收入-按规定准予扣除的项目

其中,计算土地增值税时,转让房地产的收入包括转让房地产而取得的不含增值税的货币收入、实物收入及其他有关的收益。

按规定准予扣除的项目具体内容如下:

(1)取得土地使用权所支付的金额。指纳税人为取得土地使用权所支付的出让金和取得时按规定交纳的相关费用。

(2)房地产开发成本。包括土地征用及拆迁补偿费、前期工程费、基础设施费、建筑安装费、公共配套设施费和开发间接费用。

(3)房地产开发费用。包括与房地产开发项目有关的销售费用、管理费用、财务费用。实施细则规定,财务费用中的利息支出,凡能够按转让房地产项目计算分摊并提供金融机构证明的,允许据实扣除,但最高不能超过按商业银行同类同期贷款利率计算的金额。其他房地产开发费用,具体应扣除的比例按各地政府的规定计算。

对于专门从事房地产开发的纳税人。实施细则规定可按取得土地使用权所支付的金额和房地产开发成本之和,加计20%扣除。

(4)旧房及建筑物的评估价格。指在已使用的房屋及建筑物出售时,由政府指定的房地产评估机构评定的重置价格乘以成新度折扣率后的价值。

(5)销售税金。包括在出售房地产时已交纳的城市维护建设税和教育费附加及地方教育附加等。

土地增值税采用四级超率累进税率,同时在实务中分步计算较为烦琐,一般采用速算扣除法计算。土地增值税税率及速算扣除表,如表11-1所示。

土地增值税税率表   表11-1

级次	增值额占扣除项目比例	税率	速算扣除系数
1	50%以下(含50%)	30%	0
2	50%~100%(含100%)	40%	5%
3	100%~200%(含20%)	50%	15%
4	200%以上	60%	35%

根据土地增值税税率表，计算应纳税额的公式如下：

应缴税额=增值额×税率－扣除项目金额×速算扣除系数

2. 土地增值税的会计处理

企业应交纳的土地增值税，在"应交税费"账户下设置"应交土地增值税"明细账户进行核算。该账户贷方反映计算应交的土地增值税额，借方反映已交的土地增值税额；余额在贷方，表示企业应交未交的土地增值税；余额在借方，表示企业多交的土地增值税。

【例11-4】一般纳税人某房地产开发企业2016年6月出售2016年5月1日开发的商品房实现含税销售收入4 095万元。企业为开发该项目支付土地出让金590万元，房地产开发成本1 380万元，为开发该项目支付的贷款利息100万元；出售该项目应缴纳的城市建设维护税、教育费附加、地方教育附加及印花税合计216.4万元。按税法和当地政府规定，从事房地产开发的企业可以按土地出让费和房地产开发成本之和的20％加计扣除。其他房地产开发费用按土地使用权出让费和房地产开发成本之和的5％计算扣除。该企业应交纳的土地增值税税额为：

扣除项目金额：590+1 380+100+216.4+（590+1 380）×5％+（590+1 380）×20％=2 778.9（万元）

增值额=4 095/105％－2 778.9=3 900－2 778.9=1 121.1（万元）

增值额占扣除项目比例=1 121.1÷2 778.9=40.34％

应交纳土地增值税税额=1 121.1×30％=336.33（万元）

会计分录如下：

借：税金及附加　　　　　　　　　　　　　　　　　　　　　3 363 300
　　贷：应交税费——应交土地增值税　　　　　　　　　　　　3 363 300

三、应交城市维护建设税

城市维护建设税是对交纳消费税、增值税的单位和个人征收的一种税。这是国家为了加强城市的建设维护，扩大和稳定城市的建设维护资金来源而征收的税种。

1. 城市维护建设税的计算

城市维护建设税是根据纳税义务人实际缴纳的增值税、消费税等的税额和适用的税率计算确定。纳税人按其所在地的不同，设置三档比例税率：

（1）纳税人所在地为市区的，税率为7%；

（2）纳税人所在地为县城、镇的，税率为5%；

（3）纳税人所在地不在市区、县城或镇的，税率为1%。

2. 城市维护建设税的会计处理

企业应交纳的城市维护建设税，在"应交税费"账户下设置"应交城市维护建设税"明细账户进行核算。其贷方反映按规定应交纳的城市维护建设税，借方反映实际已交纳的城市维护建设税；余额在贷方，表示企业应交未交的城市维护建设税。

企业按规定计算出应缴纳的城市维护建设税时，借记"税金及附加"账户，贷记"应交税费—应交城市维护建设税"账户；实际缴纳时，借记"应交税费—应交城市维护建设税"账户，贷记"银行存款"账户。

四、应交房产税、土地使用税、车船使用税、印花税等

1. 房产税

房产税是国家对在城市、县城、建制镇和工矿区征收的由产权所有人缴纳的一种税。房产税的计税依据是房产的计税价值或房产的租金收入。房产计税价值是依照房产原值一次减除10%~30%后的余额计算交纳。没有房产原值为依据的，由房产所在地税务机关参考同类房产核定；房产出租的，以房产租金收入为房产税的计税依据。

按房产计税价值征收的，称为从价计征，其适用的税率1.2%；

按房产租金收入计征的，称为从租计征，其适用的税率为12%。

2. 土地使用税

土地使用税是国家为了合理利用城镇土地，调节土地级差收入，提高土地使用效益，加强土地管理而征收的一种税。

土地使用税的应纳税额根据实际占用的土地面积乘以该土地所在地段的适用税率计算。公式如下：

应纳税额=全年应纳税额实际占用应税土地面积×适用税率

3. 车船税

车船税是对拥有车船的单位和个人征收的一种税。车船税是以车船的辆数或吨位数为计税标准。公式如下：

应纳税额=应纳车船辆数（或净载重吨位数）×单位税额

4. 印花税

印花税是对书立、领受购销合同等凭证行为征收的税种。印花税实行由纳税人根据规定自行计算应交纳税额，购买并一次贴足印花税票的交纳方法。

　　应纳印花税税额，根据应税凭证的性质，分别按比例税率或定额税率计算，公式如下：

　　应纳税额=凭证所载应税金额×适用税率

　　或=应税凭证件数×适用单位税额

　　企业应交纳的房产税、土地使用税、车船税、印花税，在"应交税费"账户下按各税种分别设置明细账户进行核算。于每期终了，企业计算出应交纳的房产税、土地使用税、车船税及印花税时，借记"税金及附加"账户，贷记"应交税费——应交房产税（土地使用税、车船税及印花税等）"账户。

五、应交教育费附加、地方教育附加及矿产资源补偿费等

　　其他应交的款项包括教育费附加、地方教育附加、矿产资源补偿费、其他暂收及应付款等应交款项。

　　教育费附加及地方教育附加是按照企业交纳流转税的一定比例计算，并与流转税一同缴纳。

　　会计核算时，应交的教育费附加及地方教育附加同城市维护建设税一样在"应交税费"账户下设置"应交教育费附加及应交地方教育附加"等明细账户核算。企业按规定计算出应交的教育费附加及地方教育费附加，借记"税金及附加"账户，贷记"应交税费——应交教育费附加及地方教育附加"等账户。

第五节
非流动负债的核算

一、非流动负债的概念及特点

非流动负债是指偿还期在1年或超过1年的经营周期以上的债务。它是除了投资人投入的资本金以外,企业向债权人筹集可供企业长期使用的资金。

(一)非流动负债的概念

企业通过非流动负债借入的资金,如果使用资金的投资报酬率高于负债利息率,那么就会给企业和股东带来收益;同时,由于利息是可以在税前扣除的,利息支付的税后实际成本比率比负债利息率要低。此外,企业的非流动负债还能在一定程度上减低通货膨胀的风险。这是因为非流动负债的本金和利率是固定的,应偿还的本金和应支付的利息不会受市场利率变化的影响。但同时债务人也要意识到,企业的负债将会导致企业未来大量的现金流出,如果企业经营不善或市场情况发生不利的变化,可能使企业背上沉重的财务负担,甚至会导致企业的破产。此外,企业非流动负债的增加可能会给企业未来的经营活动和财务带来某些方面的限制。这是因为,在通常的债务合同中,债权人为了减少投资风险,会在贷款协议中对举债企业未来支付的最高股利、未来债务的最高限额、设置偿债基金、保持一定的收益率和流动比率等方面提出限制性要求。

(二)非流动负债的特点

非流动负债通常具有以下特征:
(1)债务偿还期限较长,对企业来说,它是一种长期稳定的资金来源;
(2)通常金额较大;
(3)它意味着要承担一定的利息负担。

二、长期借款的核算

（一）长期借款的概念

长期借款是指企业向银行或其他金融机构借入的期限在一年以上（不含一年）的各种借款，一般用于固定资产的购建、改扩建工程、大修理工程、对外投资以及为了保持长期经营能力等方面。它是企业长期负债的重要组成部分，必须加强管理与核算。

会计处理的基本要求：由于长期借款的使用关系到企业的生产经营规模和效益，企业除了要遵守有关的贷款规定、编制借款计划并要有不同形式的担保外，还应监督借款的使用、按期支付长期借款的利息以及按规定的期限归还借款本金等。因此，长期借款会计处理的基本要求是反映和监督企业长期借款的借入、借款利息的结算和借款本息的归还情况，促使企业遵守信贷纪律，提高信用等级，同时也要确保长期借款发挥效益。

为了总括地反映和监督长期借款的借入、应计利息以及本息的归还情况，企业应设置"长期借款"科目。该科目的贷方登记借款本金和利息的增加数，借方登记借款本金和利息的减少数，贷方余额表示尚未归还的长期借款的本金和利息。该科目应按借款单位设置明细科目，并按借款种类进行明细核算。

（二）取得长期借款时的账务处理

企业借入长期借款，应按实际收到的金额，借记"银行存款"科目，贷记"长期借款—本金"科目；如存在差额，还应借记"长期借款—利息调整"科目。

【例11-5】华筑地产公司于2011年4月10日从银行借入资金4 000 000元，借款期限为3年，年利率为8.4%（到期一次还本付息，不计复利）。所借款项已存入银行。有关会计处理如下：

借：银行存款　　　　　　　　　　　　　　　　　4 000 000
　　贷：长期借款—本金　　　　　　　　　　　　　　4 000 000

(三）长期借款费用的账务处理（表11-2）

长期借款费用的几种情况的账务处理　　　　　　表11-2

长期借款费用的几种情况	具体的账务处理
属于筹建期间的，计入长期待摊费用	借：长期待摊费用 　　贷：长期借款
属于生产经营期间的，计入财务费用	借：财务费用 　　贷：长期借款
属于发生的与固定资产购建有关的专门借款的借款费用，在固定资产达到预定可使用状态前按规定应予以资本化	借：在建工程 　　贷：长期借款
固定资产达到预定可使用状态后所发生的借款费用以及按规定不能予以资本化的借款费用	借：财务费用 　　贷：长期借款

（四）对借款费用进行账务处理时的关键点

1. 借款费用开始资本化时点的确定（表11-3）

专门借款的借款费用开始资本化，
计入所购建固定资产的成本应同时具备的条件　　　表11-3

专门借款的借款费用开始资本化，计入所购建固定资产的成本应同时具备的三个条件	资产支出已经发生：只包括为购建固定资产而以支付现金、转移非现金资产或者承担带息债务形式发生的支出
	借款费用已经发生：已经发生了因购建固定资产而专门借入款项的利息、折价或溢价的摊销、辅助费用或汇兑差额
	为使资产达到预定可使用状态所必要的购建活动已经开始

注：因安排专门借款而发生的一次性支出的辅助费用，一般不考虑开始资本化的三个条件，应当在发生时予以资本化，如发行债券的手续费、初始借款手续费应当在实际发生时予以资本化。

2. 借款费用资本化金额的确定（图11-1）
3. 借款费用资本化的暂停和停止（表11-4）

借款费用资本化的暂停和停止　　　　　　表11-4

区分	满足的条件	会计处理
借款费用资本化的暂停	固定资产的购建活动发生非正常中断，并且中断时间连续超过3个月	暂停借款费用的资本化，将其确认为当期费用，直至资产的购建活动重新开始
借款费用资本化的停止	当所购建的固定资产达到预定可使用状态	停止其借款费用的资本化，以后发生的借款费用应当于发生当期确认为费用

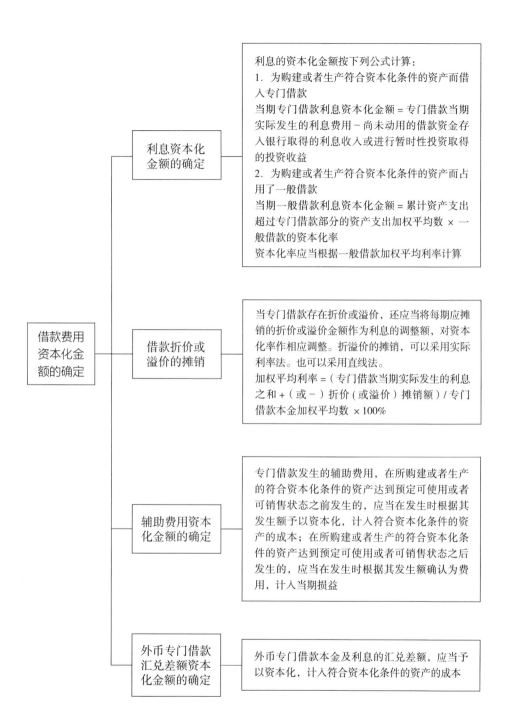

图11-1 借款费用资本化金额的确定

（五）归还长期借款

企业归还长期借款的本金时，应按归还的金额，借记"长期借款——本金"科目，贷记"银行存款"科目；按归还的利息，借记"应付利息"科目，贷记"银行存款"科目。

三、应付债券的核算

（一）应付债券概述

1. 债券的性质

债券是企业为筹集长期资金而发行的约定于一定日期支付一定本金，及定期支付一定利息给持有人的一种书面凭证。企业发行债券国家有严格的规定，在债券票面上应载明几项债券要素内容，如企业名称、债券面值、债券价格票面利率、到期日、还本付息方式等。发行债券是企业筹集长期资金的主要方式，构成企业的一项长期负债。企业发行的债券期限在1年以上的，属于企业的长期负债，在"应付债券"中核算；发行期限在1年或1年以内的债券，属于流动负债，作为流动负债处理。

2. 债券的种类

（1）按债券发行有无担保分类，分为担保债券和信用债券；
（2）按还本方式分类，分为一次还本债券和分期还本债券；
（3）按付息方式分类，分为到期付息还本债券和分期付息到期还本债券；
（4）按记名与否分类，分为记名债券和无记名债券等。

（二）应付债券的会计处理

为了核算为筹集资金而实际发行的债券及应付的利息，企业设置"应付债券"账户，并在该账户下设置"债券面值"、"利息调整"、"应计利息"三个明细账户，分别反映债券在按面值、折溢价发行方式下债券的取得、计息及折溢价的摊销和到期偿还的情况。对于分期付息到期还本的债券，另设"应付利息"账户。

1. 债券发行的会计处理

企业发行的债券价格由于受同期限银行存款利率的影响，可能会采用不同的价格发行。当债券的票面利率与银行利率一致时，可按票面价值发行，称为面值发行；当债券的票面利率高于银行利率时，可按超过债券票面价值的价格发行，即溢价发行；当债券的票面利率低于银行利率时，则可按低于债券票面价值的价格发行，即为折价发行。债券溢价发行是企业为以后各期多付利息而预先得到的补偿，而折价发行则是企业因以后各期少付利息预先给投资者的补偿，也是企业预先付出的代价。无论是溢价发行，还是折价发行，其收到的多于或少于债券面值的部分，都不能看作是企业的收益或损失，而是对企业发行债券应付利息的一种调整。

房地产开发企业通过发行债券筹集资金专项用于购建固定资产，或用于开发工程项目，在所购建固定资产达到预定可使用状态前，或所开发的产品完工前，将发生金额较大的发行费用（减去发行期间冻结资金产生的利息收入），予以资本化，计入所购建的固定资产或所开发产品的成本中；将发行费用较小的金额，直接计入当期财务费用。债券发行时，无论是按面值、溢价或是折价发行，均须按债券面值贷记"应付债券——债券面值"账户，按实际收到的款项借记"银行存款"账户，两账户之间的差额则为折价或溢价的部分，借记或贷记"应付债券——利息调整"账户进行核算。

【例11-6】某企业2016年1月1日发行3年期面值为1 000万元的债券，票面利率为年利率9%，到期一次还本付息。企业以1 012万元的价格发行。企业以银行存款支付债券发行费用1 000元。会计分录如下：

（1）收到发行款项时：

借：银行存款	10 120 000
贷：应付债券——债券面值	10 000 000
——利息调整	120 000

（2）支付债券发行费用：

借：财务费用	1 000
贷：银行存款	1 000

2. 债券计息及折、溢价摊销的会计处理

企业发行的债券，每期应按债券票面价值和票面利率计算当期应计提的利息，并确认为当期费用。债券按面值发行，其各期应计提的利息与实际利息费用一致；溢价或折价发行的债券在各期计提利息时，其实际负担的利息费用，除支付的利息外，还应扣除溢价的摊销额或加上折价的摊销额，即通过溢、折价摊销额对债券存续期内的利息费用进行调整。

债券溢价、折价的摊销方法,有直线法和实际利率法两种。

(1)直线法

直线法是将债券的溢价或折价总额平均分摊于债券存续各期的一种摊销方法。采用这种方法。每期摊销的溢价、折价额是相等的,则每期的利息费用也是固定不变的。公式如下:

每期溢价/折价摊销额=溢价或折价总额／债券计息期次

每期利息费用=实际支付的利息+折价摊销额

或每期利息费用=实际支付的利息－溢价摊销额

(2)实际利率法

实际利率法以债券发行的实际利率,乘以每期期初债券的账面价值,计算出各期的利息费用,利息费用与实际支付的利息之差,即为各期的溢价、折价摊销额。公式如下:

溢价摊销额=实际支付的利息－当期利息费用

折价摊销额=当期利息费用－实际支付的利息

其中,当期利息费用=债券该期期初账面价值×市场利率。

直线法计算较为简便,我国的会计实务中一般采用直线法摊销溢折价。企业发行债券后,应编制"债券溢价、折价摊销表",据以进行每期的溢折价摊销。企业采用直线法或实际利率法计算出当期的应计利息和溢价、折价摊销额后,应在"应付债券—利息调整"和"应付债券—应计利息"或"应付利息"账户进行核算,同时将每期的利息费用计入相关的成本和费用账户。

【例11-7】根据前述例【11-6】的资料,按直线法编制的"债券溢价摊销表",见下表11-5。

债券溢价摊销表(单位:元)　　　　表11-5

计息日期	应计利息	债券溢价摊销额	当期利息费用	债券账面价值
	(1)=面值×9%	(2)=溢价/3	(2)=(1)-(2)	(4)=上期(4)-(2)
2001年1月1日				10 120 000
2001年12月31日	900 000	40 000	860 000	10 080 000
2002年12月31日	900 000	40 000	860 000	10 040 000
2003年12月31日	900 000	40 000	860 000	10 000 000
合计	2 700 000	120 000	2 580 000	—

根据上表，每一会计期期末，编制相同会计分录如下：

借：财务费用　　　　　　　　　　　　　　　　　　　　　　860 000
　　应付债券—利息调整　　　　　　　　　　　　　　　　　 40 000
　　贷：应付债券—应计利息　　　　　　　　　　　　　　　900 000

如果企业是折价发行债券，在计息及折价摊销时，借记"财务费用"账户，贷记"应付债券—应计利息"和"应付债券—利息调整"账户。例11-6中，债券的付息方式采用的是一次到期还本付息方式，如果企业采用分期付息到期还本的方式，则每期期末计算的利息为下一期期初支付的利息，此时，应作为流动负债，记入"应付利息"账户。

3. **债券偿还的会计处理**

债券到期偿还时，无论企业发行的债券是按面值，还是折价、溢价发行，到期时都是按面值偿还。因为债券到期时，其折价或溢价的部分已经全部摊销，债券的账面价值等于债券的票面价值。如果企业采用分期付息方式，到期时只需偿还本金；如果采用到期还本付息方式，则到期时，偿还的金额是本金与利息之和。

根据例11-6，2018年12月31日债券到期，偿还时会计分录如下：

借：应付债券—债券面值　　　　　　　　　　　　　　　10 000 000
　　　　　　—应计利息　　　　　　　　　　　　　　　　2 700 000
　　贷：银行存款　　　　　　　　　　　　　　　　　　 12 700 000

（三）可转换债券的处理

1. **可转换债券的性质**

企业在发行债券的条款中，如果规定债券持有者可以在一定期间之后，按规定的转换比率或转换价格，将持有的债券转换为该企业发行的股票，这种债券称为可转换债券。可转换债券是一种混合性债券，兼有债券和股票的性质。企业发行可转换债券，对投资者和发行企业都具有很大的吸引力。对投资者来说，投资于可转换债券既可保证债权人的利益，又可以享受股东的权利。但是，由于可转换债券的利率较低，如果发行企业在债券有效期内的经营业绩不佳导致其股价下跌，投资者不愿转股时，就会受到一定的损失。

对发行企业而言，发行可转换债券的利率较低，企业取得资金的成本相对较低；与发行股票筹集资金相比，可转换债券较灵活，更能保证资金的筹集。当然，对发行企业来说，同样也存在着一定的风险，如若投资者转股失败，将会由于一次性还本付息造成财务危机等。

2. 可转换债券的会计处理

在对可转换债券进行核算时，作为长期负债，在"应付债券"科目下设置"可转换公司债券"明细科目进行核算。

企业发行的可转换公司债券，应当在初始确认时将其包含的负债成分和权益成分进行分拆，将负债成分确认为应付债券，将权益成分确认为其他权益工具。在进行分拆时，应当先对负债成分的未来现金流量进行折现确定负债成分的初始确认金额，再按发行价格总额扣除负债成分初始确认金额后的金额确定权益成分的初始确认金额。发行可转换公司债券发生的交易费用，应当在负债成分和权益成分之间按照各自的相对公允价值进行分摊。企业应按实际收到的款项，借记"银行存款"等科目，按可转换公司债券包含的负债成份面值，贷"应付债券—可转换公司债券（面值）"科目，按权益成份的公允价值，贷记"其他权益工具"科目，按借贷双方之间的差额，借记或贷记"应付债券—可转换公司债券（利息调整）"科目。

企业发行附有赎回选择权的可转换债券，其在赎回日可能支付的利息补偿金，即债券约定赎回期届满日应当支付的利息减去应付债券票面利息的差额，应当在债券发行日至债券约定赎回日届满期间计提应付利息，计提的应付利息，分别计入相关资产的成本或财务费用。

【例11-8】某房地产开发股份有限公司于2016年1月1日，发行面值为40 000万元的可转换公司债券，发行价格为41 000万元。该债券期限为4年，票面年利率为4%，利息按年支付；债券持有者可在债券发行1年后转换股份，转换条件为每100元面值的债券转换40股该公司普通股。该公司发行该债券时，二级市场上与之类似但没有转股权的债券的市场利率为6%。债券已发行完毕，发行费用为15万元，扣除发行费用后的款项均已收入银行。

（1）房地产公司会计处理如下：

负债成分应确认的金额=$40\,000 \times 4\% \times P/A\,(i=6\%,\,n=4) + 40\,000 \times P/F\,(i=6\%,\,n=4) = 37\,228.16$（万元）

权益成分应确认的金额=$41\,000 - 37\,228.16 = 3\,771.84$（万元）

负债应分配的发行费用=$15/(37\,228.16 + 3\,771.84) \times 37\,228.16 = 13.62$（万元）

权益应分配的发行费用=$15 - 13.62 = 1.38$（万元）

借：银行存款 40 985
　　应付债券—可转换公司债券（利息调整） 2 785.46
　　　　　　　　　　　　　　　　　　　（40 000－37 228.16+13.62）
　贷：应付债券—可转换公司债券（面值） 40 000
　　　其他权益工具 3 770.46
　　　　　　　　　　　　　　　　　　　（3 771.84－1.38）

（2）在转股前，可转公司债券负债成分应按照一般公司债券进行相同的会计处理，即根据债券摊余成本乘上实际利率确定利息费用计入"财务费用"或相关资产账户，根据债券面值乘上票面利率确定实际应支付的利息计入"应付债券—可转换公司债券（应计利息）"或者"应付利息"账户，二者之间的差额作为利息调整进行摊销，计入"应付债券—可转换公司债券（利息调整）"账户。

接【例11-8】：2016年12月31日应对负债成分计提一年的债券利息。
会计处理如下：
应付利息=40 000×4%=1 600（万元）
财务费用=（40 000－2 785.46）×6%=2 232.87（万元）
利息调整=2 232.87－1 600=632.87（万元）

借：财务费用 2 232.87
　贷：应付利息 1 600
　　　应付债券—可转换公司债券（利息调整） 632.87

（3）投资人到期行使债券的转换权，债权发行方应按合同约定的条件计算转换的股份数，确定股本的金额，计入"股本"账户，同时结转债券账面价值，二者之间的差额计入"资本公积—股本溢价"账户；此外，还要把可转换公司债券初始核算分拆确认的"其他权益工具"金额一同转入"资本公积—股本溢价"账户。

接【例11-8】，2017年6月30日，债券持有者将面值为40 000万元的可转换公司债券申请转换股份，并于当日办妥相关手续。假定转换部分债券未支付的应付利息不再支付。相关手续已于当日办妥。

则2017年6月30日转换股份时会计处理如下：
1）计提2017年1月1日至2017年6月30日
应付利息=40 000×4%×6/12=800（万元）

财务费用=（40 000－2 785.46+632.87）×6%×6/12=1 135.42（万元）

利息调整=1 135.42－800=335.42（万元）

借：财务费用 1 135.42
　　贷：应付利息 800
　　　　应付债券—可转换公司债券（利息调整） 335.42

2）编制转股分录

借：应付债券—可转换公司债券（面值） 40 000
　　应付利息 800
　　贷：应付债券—可转换公司债券（利息调整） 1 817.17
　　　　股本 16 000
　　　　资本公积—股本溢价 22 982.83

借：其他权益工具 3 770.46
　　贷：资本公积—股本溢价 3 770.46

（4）如果企业发行附有赎回选择权的可转换公司债券，其在赎回日可能支付的利息补偿金，应当在债券发行日至债券约定赎回届满日期间计提应付利息，计提的应付利息，分别计入相关资产成本或财务费用。根据这一规定，对于附有回售或回购条件的可转换公司债券，应做如下的账务处理：1）在债券发行日至债券约定赎回或回售日期间按包含利息补偿金的利率进行利息的计提，计提的利息计入"财务费用"或"在建工程"等。2）在发行企业回购或可转换债券持有人回售时，发行企业再作如下会计处理：一是计提尚未计提的利息，并将未摊销的利息调整一次性摊销完毕；二是按约定价格赎回时，结转"应付债券"的账面价值，并按支付的款项贷记"银行存款"科目。

接【例11-8】，合同中补充规定利息补偿金为1%，2017年6月30日，债券持有者将面值为40 000万元的可转换公司债券申请转换股份，并于当日办妥相关手续。假定转换部分债券未支付的应付利息不再支付。相关手续已于当日办妥。

则相关账务处理如下：

2016年12月31日应按包括利息补偿金的利率计提一年的债券利息。

借：财务费用 2 332.87
　　贷：应付利息 1 600
　　　　应付债券—可转换公司债券（利息调整） 632.87
　　　　　—可转换公司债券（利息补偿金） 100

2017年6月30日转换股份时的账务处理

1）计提2017年1月1日至2017年6月30日利息

借：财务费用	1 185.42
贷：应付利息	800
应付债券—可转换公司债券（利息调整）	335.42
—可转换公司债券（利息补偿金）	50

2）编制转股分录

借：应付债券—可转换公司债券（面值）	40 000
应付债券—可转换公司债券（利息补偿金）	150
应付利息	800
贷：应付债券—可转换公司债券（利息调整）	1 817.17
—股本	16 000
资本公积—股本溢价	23 132.83
借：其他权益工具	3 770.46
贷：资本公积—股本溢价	3 770.46

四、长期应付款的核算

（一）长期应付款的内容

长期应付款是指企业除长期借款和应付债券之外的其他各种长期应付款，房地产开发企业主要是应付融资租赁款等。应付融资租入固定资产的价款，包括设备的买价、运杂费、利息、手续费、租赁费等。与经营性租入固定资产不同的是，融资租赁期满，固定资产的所有权转让承租企业所有，故融资租入固定资产按照自有固定资产进行处理。

长期应付款作为长期负债的一部分，除具有长期负债的一般特点外，还具有其独自的特点：一是具有分期付款购建资产的特点；二是经常与外币业务有关，涉及汇兑损益的核算。

（二）长期应付款的会计处理

为了核算融资租入固定资产应付款，房地产开发企业应设置"长期应付款"账户，并下设"应付融资租赁款"明细账户进行核算。长期应付款的利息支出等费用及相关的外币折合差额与"长期借款"的借款费用处理原则和方法相同。

1. 融资租入固定资产入账价值的处理

在租赁期开始日，承租人应当将租赁开始日租赁资产公允价值与最低租赁付款额现值两者中较低者作为租入资产的入账价值，将最低租赁付款额作为长期应付款的入账价值，其差额作为未确认融资费用。

《企业会计准则—租赁》规定，承租人在计算最低租赁付款额的现值时，必须选择合理的折现率。不同情况下，折现率选择不同：

（1）如果可以知悉出租人的租赁内含利率，承租人应首先采用出租人的租赁内含利率作为折现率，租赁内含利率，是指在租赁开始日，使最低租赁收款额的现值与未担保余值的现值之和等于租赁资产公允价值与出租人初始直接费用之和的折现率；

（2）如果无法获知出租人的租赁内含利率，则采用租赁合同规定的利率作为折现率；

（3）如果前两者都不能获知，可以采用同期银行贷款利率作为折现率。融资租入的固定资产是从国外取得的，采用的折现率应是同期限的国外贷款利率。

2. 融资租入固定资产折旧的处理

（1）承租人融资租入固定资产后，将其视同自有固定资产，对其计提折旧的方法，也同自有固定资产的折旧政策一样，可以采用直线法、工作量法、双倍余额递减法和年数总和法等。

（2）对于融资租人固定资产折旧期间的确定，应根据租赁合同的规定确定租赁固定资产的折旧期间。如果能够合理确定租赁期满时，承租人将会取得租赁资产所有权的，可将租赁开始日租赁资产的尚可使用年限作为折旧期间；如果不能合理确定租赁期满租赁资产所有权的归属，则可按租赁期与租赁资产尚可使用年限两者较低者作为折旧期限。对融资租入的固定资产计提折旧时，按每期计算确定的折旧额，借记"开发间接费用"、"管理费用"等账户，贷记"累计折旧"账户。

3. 未确认融资费用分摊的处理

采用融资租赁固定资产情况下，如产生未确认融资费用时，承租人应采用合理的方法对其进行计算按期分摊。分摊未确认融资费用的方法，可以采用直线法、实际利率法等。

每期计算确定出分摊的未确认融资费用时，按当期应分摊的金额，借记"财务费用"账户，贷记"未确认融资费用"账户。

4. 租赁期满时的处理

租赁期满时,承租人对融资租入的固定资产通常有三种选择权:留购、返还和优惠续租。

(1)留购租赁资产

租赁期满,如合同规定,承租人享有优惠购买权,将租赁资产所有权留归承租人。此时,一方面支付购买价款,借记"长期应付款——应付融资租赁款"账户,贷记"银行存款"账户,同时将固定资产从"融资租入固定资产"明细账户转入有关明细账户。

(2)返还租赁资产

租赁期满,承租人如不留购租赁资产,而将其返还出租人,而且存在承租人担保余值的,借记"长期应付款——应付融资租赁款"和"累计折旧"账户,贷记"固定资产——融资租入固定资产"账户,将融资租入资产转出。如果不存在担保余值,直接借记"累计折旧"账户,贷记"固定资产——融资租入固定资产"账户即可。如果固定资产有净残值,则记入"营业外支出——处置固定资产净损失"账户。

(3)优惠续租租赁资产

租赁期满,如果租赁资产尚有一定的使用期限,承租人行使优惠续租选择权,继续租赁资产,则视同该项租赁资产一直存在,会计核算上做出相应的处理,如继续支付租金等。

所谓优惠续租选择权,是指承租人续租的租金低于行使优惠续租选择日的正常租金的70%,含70%。

第十二章
所有者权益

第一节

所有者权益核算的基本要求

所有者权益是所有者在企业资产中享有的经济利益，它在数量上等于企业的资产减去负债后的余额。从其形成来看，所有者权益主要来源于企业投资人的初始投入或追加投入的实收资本（股本）、其他权益工具、资本公积、其他综合收益以及企业在生产经营期间实现的留存收益五部分，其中，盈余公积和未分配利润统称为留存收益。

企业的资产不外乎来源于两个渠道：一是从债权人那里取得的负债；二是企业的投资人向企业的投资以及企业增值。债权人和投资人都是企业资产的提供者，都拥有对企业资产的要求权，即债权人权益和所有者的权益。但是两者在性质上又有显著区别，主要表现在以下三个方面。

（1）债权人对企业资产的要求权优先于所有者权益。法律规定债权人的要求权优先于所有者，当企业进行清算时，资产在支付了破产清算费用后将优先用于偿还负债，如有剩余资产，才能在投资人之间按其出资比例等进行分配。即所有者权益是投资人对企业的资产减去负债后的剩余资产的要求权。

（2）债权人与企业是债权债务关系，其无权参与企业的经营管理，也无权分享企业的盈利。所有者则享有管理企业和委托他人管理企业以及分享企业盈利的权利。

（3）债权人对企业资产的要求权一般都有期限，即债权人要求企业必须按期归还债务，借款、债券等还需按规定的利率和时间支付利息。所有者权益与企业共存，在企业生产经营过程，除按法律程序减资和所有者依法转让其投资外，不得以任何方式抽回投资。

第二节

实收资本及其他权益工具

一、实收资本的概述

实收资本（或股本）是企业实际收到所有者按合同、协议或企业章程的规定投入企业资本数，它是企业进行生产经营活动的基础，是企业注册登记的法定资本总额的来源，它表明所有者对企业的基本产权关系。实收资本的构成比例，即投资者的出资比例或股东的股份比例，通常是确定所有者在企业所有者权益中所占的份额和参与企业财务经营决策的基础，也是企业进行利润分配或股利分配的依据，同时还是企业清算时确定所有者对净资产的要求权的依据。

根据我国《民法通则》规定，设立企业法人必须要有必要财产；《企业法人登记管理条例》规定，企业申请开业，必须具备符合国家规定并与其生产经营和服务规模相适应的资金数额。

我国《企业法人登记管理条例》规定，除国家另有规定外，企业的实收资本应当与注册资本相一致。企业实收资本比原注册资本数额增减超过20%时，应持资金使用证明或验资证明，向原登记主管机关申请变更登记。如擅自改变注册资本或抽逃资金等，要受到工商行政管理部门的处罚。

投资者既可采用以现金资产（指货币资金，下同）的方式出资，也可以采用以非现金资产，如原材料、库存商品、固定资产、无形资产等方式出资。根据我国《公司法》的规定，对出资的实物、工业产权、非专利技术或土地使用权，必须要进行评估作价、核实资产，不得高估或低估其价格。

二、实收资本的核算

企业为全面反映实际收到投资者投入的资本的情况，需要设置"实收资本"（或股本）账户。该账户的贷方反映投资者出资额，以及企业按照规定用资本公积、盈余公积转增的资本数额。当企业收到投资者投入的资本，超过其在注册资本所占的份额部分，应作为资本溢价或股本溢价，在"资本公积"账户核算。

以下分别介绍一般房地产企业和股份有限公司投入资本的核算。

（一）一般企业实收资本的核算

投资者投入企业资本的形式可以有多种，如投资者可以用现金投资，也可以用非现金资产投资，符合国家规定比例的，还可以用无形资产投资。

1. 企业接受现金资产投资

企业收到投资者以现金投入的资本时，应以实际收到或者存入企业开户银行的金额，借记"银行存款"账户，贷记"实收资本"账户。对于实际收到的金额超过投资者在企业注册资本中所占份额的部分，应记入"资本公积"账户。

【例12-1】某房地产企业收到投资人投入的货币资金800 000元，已存入银行。作会计分录如下：

借：银行存款　　　　　　　　　　　　　　　　　　　　　800 000
　　贷：实收资本　　　　　　　　　　　　　　　　　　　　800 000

2. 投资者以非现金资产投入的资本

企业收到投资者以非现金资产投入的资本，应按投资各方确认的价值，借记有关资产账户，贷记"实收资本"和"资本公积"账户。

【例12-2】某房地产企业收到投资人投入的原材料一批，双方确认的价值为98 000元（不考虑任何税费）。作会计分录如下：

借：原材料　　　　　　　　　　　　　　　　　　　　　　 98 000
　　贷：实收资本　　　　　　　　　　　　　　　　　　　　 98 000

3. 企业接受外币资本投资

接受外币资本投资主要是对外商投资企业而言的，外商投资企业的投资者投入外币时，无论是否有合同约定汇率，均不得采用合同约定汇率和即期汇率的近似汇率折算，而是采用交易日即期汇率折算。企业应按收到外币当日的汇率折合人民币的金额，借记"银行存款"等账户，贷记"实收资本"账户，不产生外币资本折算差额。

【例12-3】某房地产开发企业收到外商投资80 000美元,存入银行。双方约定的汇率为1∶8.3,实际收到投资时当日的市场汇率为1∶8.4。作会计分录如下:

  借:银行存款   672 000
    贷:实收资本   672 000

4. 中外合作经营企业在合作期间归还投资者投资

根据《中华人民共和国中外合作经营企业法》,中外合作者在合作企业合同中约定合同期满时合作企业的全部固定资产归中方合作者所有的,可以在合作企业合同中约定外国合作者在合作期限内先行收回投资。在这种情况下,为了完整反映企业的原始总投资情况,同时反映已归还投资的情况,应对已归还的投资进行单独核算,企业应设置"已归还投资"账户,并在资产负债表中作为实收资本的减项单独反映。企业在归还投资时,按实际归还的金额,借记"已归还投资"账户,贷记"银行存款"账户。

(二)股份有限公司股本的核算

股份有限公司与其他企业相比,其显著特点在于将企业的资本划分为等额股份,并通过发行股票的方式来筹集资本。股票的面值与股份总数的乘积即为公司股本,且股本等于股份有限公司的注册资本。为了如实反映公司的股本情况,股份有限公司应设置"股本"账户,并按以下规定核算。

1. 股份有限公司应在核定的股本总额及核定的股本总额的范围内发行股票。公司发行的股票,在收到现金资产时,按实际收到的金额,借记"库存现金"、"银行存款"等账户,按股票的面值和核定的股份的乘积计算的金额,贷记"股本"账户,按其差额贷记"资本公积"账户。

2. 境外上市公司,以及在境内发行外资股公司,收到股款时,按收到的股款当日的汇率折算的人民币金额,借记"银行存款"账户,按股票面值与核定的股份总数的乘积计算的金额,贷记"股本"账户,按其差额记入"资本公积"账户。

【例12-4】房地产开发公司经批准向社会公开发行面值为1元的普通股2 000万股,每股发行价为1元,股票发行完毕,实收款项存入银行。作会计分录如下:

  借:银行存款   20 000 000
    贷:股本   20 000 000

（三）企业资本（或股本）变动的核算

根据我国的有关法律规定，企业资本（或股本）除了下列情况外，不得随意变动：一是符合增资条件，并经有关部门批准增资；二是企业按法定程序报经批准减少注册资本。

1. 企业增资

（1）企业接受投资者额外投入实现增资

企业按规定接受投资者额外投入实现增资时，应按照实际收到的款项或其他资产，借记"银行存款"等账户，按增加的实收资本或股本的金额，贷记"实收资本"或"股本"账户，按两者之间的差额，贷记"资本公积—资本溢价"或"资本公积—股本溢价"账户。

（2）资本公积转增资本

企业采用资本公积转增资本时，应按照转增的资本金额，借记"资本公积"账户，贷记"实收资本"或"股本"账户。

（3）盈余公积转增资本

企业采用盈余公积转增资本时，应按照转增的资本金额，借记"盈余公积"账户，贷记"实收资本"或"股本"账户。

（4）采用发放股票股利方式增资

股份有限公司股东大会或类似机构批准采用发放股票股利的方式增资时，公司应在实施该方案并办理完增资手续后，根据实际发放的股票股利确定的金额，借记"利润分配—转作股本的普通股股利"账户，贷记"股本"等账户。

2. 企业减资

企业实收资本减少的原因大体有两种，一是资本过剩；二是企业发生重大亏损而需要减少实收资本。

企业因资本过剩而减资，一般要退回股款。有限责任公司和一般企业减资的会计处理比较简单，按法定程序报经批准减少注册资本的，借记"实收资本"科目，贷记"库存现金"、"银行存款"等科目。

股份有限公司由于采用发行股票的方式的筹集股本，减资发还股款时，则要先回购发行的股票，发行股票的价格与股票面值可能不同，回购价格与发行价格亦可能不太，财务处理比较复杂。股份有限公司因减少注册资本而回购本公司股份的，应按实际支付的金额，借记"库存股"科目，贷记"银行存款"等科目。注销库存股时，应按股票面值和注销股数计算的股票面值总额，借记"股本"，按注销库存股的账面余额贷记"库存股"科目，按其差额，冲减股票发行时原记入资本公积的溢价部分，借记"资本公积——股本溢价"科目，回购价格超过上述冲减"股本"及"资本公积——股本溢价"科目的部分，应以此借记"盈余公积"、"利润分配——未分配利润"等科目；若回购价格低于回购股份所对应的股本，所注销的库存股的账面余额与所冲减的股本的差额作为增加股本溢价处理，按回购股份所对应的股本面值，借记"股本"科目，按注销库存股的账面余额，贷记"库存股"科目，按其差额，贷记"资本公积——股本溢价"科目。

三、其他权益工具确认与计量及会计处理

企业发行的除普通股（作为实收资本或股本）以外，按照金融负债和权益工具区分原则分类为权益工具的其他权益工具，按照以下原则进行会计处理：

（一）其他权益工具会计处理的基本原则

企业发行的金融工具应当按照金融工具准则进行初始确认和计量；其后，于每个资产负债表日计提利息或分派股利，按照相关具体会计准则进行处理。即企业应当以所发行金融工具的分类为基础，确定该工具利息支出或股利分配等的会计处理。对于归类为权益工具的金融工具，无论其名称中是否包含"债"，其利息支出或股利分配都应当作为发行企业的利润分配，其回购、注销等作为权益的变动处理；对于归类为金融负债的金融工具，无论其名称中是否包含"股"，其利息支出或股利分配原则上按照借款费用进行处理，其回购或赎回产生的利得或损失等计入当期损益。

企业（发行方）发行金融工具，其发生的手续费、佣金等交易费用，如分类为债务工具且以摊余成本计量的，应当计入所发行工具的初始计量金额；如分类为权益工具的，应当从权益（其他权益工具）中扣除。

（二）科目设置

金融工具发行方应当设置下列会计科目，对发行的金融工具进行会计核算：

1. 应付债券：发行方对于归类为金融负债的金融工具。
2. 衍生工具：对于需要拆分且形成衍生金融负债或衍生金融资产的。
3. 交易性金融负债：发行的且嵌入了非紧密相关的衍生金融资产或衍生金融负债的金融工具，如果发行方选择将其整体指定为以公允价值计量且其变动计入当期损益的，则应将发行的金融工具的整体在本科目核算。

4. 其他权益工具：企业发行的除普通股以外的归类为权益工具的各种金融工具。

（三）主要账务处理

1. 发行方的账务处理

（1）发行方发行的金融工具归类为债务工具并以摊余成本计量的与第十一章有关应付债券部分核算相同。

（2）发行方发行的金融工具归类为权益工具的

借：银行存款

　　贷：其他权益工具—优先股、永续债等

在存续期间分派股利

借：利润分配—应付优先股股利、应付永续债利息等

　　贷：应付股利—优先股股利、永续债利息等

（3）发行方发行的金融工具为复合金融工具的与第十一章有关可转换公司债券部分核算相同。

（4）发行的金融工具本身是衍生金融负债或衍生金融资产或者内嵌了衍生金融负债或衍生金融资产的，按照金融工具确认和计量准则中有关衍生工具的规定进行处理。

（5）权益工具与金融负债重分类

1）权益工具重分类为金融负债

借：其他权益工具—优先股、永续债等（账面价值）

　　贷：应付债券—优先股、永续债等（面值）

　　　　　　　—优先股、永续债等（利息调整）（应付债券公允价值与面值的差额）（或借方）

　　　　资本公积—资本溢价（或股本溢价）（重分类后公允价值与应付债券账面价值的差额）（或借方）

【提示】如果资本公积不够冲减的，应依次冲减盈余公积和未分配利润，下同。

2）金融负债重分类为权益工具

借：应付债券—优先股、永续债等（面值）

　　　　　　—优先股、永续债等（利息调整）（利息调整余额）（或贷方）

　　贷：其他权益工具—优先股、永续债等

（6）发行方按合同条款约定赎回所发行的除普通股以外的分类为权益工具的金融工具

1）回购

借：库存股—其他权益工具

　　贷：银行存款

2）注销

借：其他权益工具

　　贷：库存股—其他权益工具

　　　　资本公积—资本溢价（或股本溢价）（或借方）

发行方按合同条款约定赎回所发行的分类为金融负债的金融工具，按该工具赎回日的账面价值，借记"应付债券"等科目，按赎回价格，贷记"银行存款"等科目，按其差额，借记或贷记"财务费用"科目。

（7）发行方按合同条款约定将发行的除普通股以外的金融工具转换为普通股

借：应付债券（账面价值）

　　其他权益工具（账面价值）

　　贷：实收资本（或股本）（面值）

　　　　资本公积—资本溢价（或股本溢价）（差额）

　　　　银行存款（支付现金）

2. 投资方的账务处理

如果投资方因持有发行方发行的金融工具而对发行方拥有控制、共同控制或重大影响的，按照《企业会计准则第2号—长期股权投资》和《企业会计准则第20号—企业合并》进行确认和计量；投资方需编制合并财务报表的，按照《企业会计准则第33号—合并财务报表》的规定编制合并财务报表。

第三节

资本公积及其他综合收益

一、资本公积的概述

（一）资本公积的性质

资本公积是投资人或者其他人投入到企业、所有权归属于投资者，并且在金额上超过法定资本部分的资金，以及直接计入所有者权益的利得和损失等。包括资本溢价（或股本溢价）和其他资本公积。

资本公积从其来源看，它是投资人投入的资本金额超过法定资本的部分，或者是其他人投入的不形成实收资本的资产的转化形式，它不是由企业实现的利润转化的。从本质上讲，资本公积是企业所有者投入资本的一部分，具有资本的属性，它与留存收益有根本的区别。因此，在核算时，应将资本公积严格与留存收益区别开来。

资本公积虽然属于投入资本范畴，但与实收资本又有区别。实收资本是由投资者投入的、为谋求价值增值的原始投资，属于法定资本并且与企业注册资本相一致，因此，实收资本无论从来源，还是金额均有比较严格的限制；资本公积来源具有多样性，它可以来源于投资者的额外投入，如资本（股本）溢价；也可以来源于投资者以外的企业或个人投入（这部分投入并不谋求价值增值），如溢价发行股票、投资者超额缴入资本等，其在金额上没有严格的限制。

（二）资本公积的内容

资本公积的来源相对简单，其主要内容有两种：

1. 资本（或股本）溢价：指企业投资人投入的资本超过其在注册资本中所占份额的部分。

2. 其他资本公积，是指除资本溢价（或股本溢价）项目以外所形成的资本公积。

二、资本公积的核算

（一）资本公积核算设置的会计账户

为了核算企业因资本溢价等形成的资本公积、用资本公积转增的资本金额及资本公积的结余情况，应设置"资本公积"账户。该账户属于所有者权益类账户，贷方登记企业因资本溢价等形成的资本公积，借方登记减少的资本公积和转增资本而减少的资本公积，期末余额反映企业实有的资本公积。本账户应按"资本（股本）溢价"、"其他资本公积"等设置明细账户，进行明细核算。

（二）资本公积的核算

1. 资本（或股本）溢价的核算

企业收到投资人投入的资金，按实际收到的金额或确定的价值，借记"银行存款"、"固定资产"等账户，按其在注册资本中所占的份额，贷记"实收资本"账户，按其差额，贷记"资本公积—资本溢价"账户。

股份公司溢价发行股票时，在收到现金等资产时，按实际收到的金额，借记"银行存款"等账户，按每股面值和核定的股份总数的乘积计算的金额，贷记"股本"账户，按溢价部分贷记"资本公积—股本溢价"账户。

对于股份有限公司发行股票支付的手续费、佣金等相关费用，根据中国证监会会计部发布的《上市公司执行企业会计准则监管问题解答（2010年第一期，总第四期）》（以下简称《问题解答》）相关规定，上市公司为发行权益性证券发生的承销费、保荐费、上网发行费、招股说明书印刷费、申报会计师费、律师费、评估费等与发行权益性证券直接相关的新增外部费用，应自所发行权益性证券的发行收入中扣减，在权益性证券发行有溢价的情况下，自溢价收入中扣除，在权益性证券发行无溢价或溢价金额不足以扣减的情况下，应当冲减盈余公积和未分配利润；发行权益性证券过程中发行的广告费、路演及财经公关费、上市酒会费等其他费用应在发生时计入当期损益。

2. 其他资本公积的核算

其他资本公积，是指除资本溢价（或股本溢价）项目以外所形成的资本公积，包括以下两种情形：

（1）以权益结算的股份支付

以权益结算的股份支付换取职工或其他方提供服务的，应按照确定的金额，借记"管理费用"等科目,贷记本科目(其他资本公积)。在行权日,应按实际行权的权益工具数量计算确定的金额,借记本科目(其他资本公积),按计入实收资本或股本的金额,贷记"实收资本"或"股本"科目,按其差额,贷记本科目(资本溢价或股本溢价)。

(2)采用权益法核算的长期股权投资

长期股权投资采用权益法核算的,在持股比例不变的情况下,被投资单位除净损益、其他综合收益和利润分配以外所有者权益的其他变动,企业按持股比例计算应享有的份额,借记或贷记"长期股权投资—其他权益变动"科目,贷记或借记本科目(其他资本公积)。处置采用权益法核算的长期股权投资,还应结转原记入资本公积的相关金额,借记或贷记本科目(其他资本公积),贷记或借记"投资收益"科目(不能转入损益的项目除外)。

3. 资本公积转增资本的处理

按照《公司法》的规定,法定公积金(资本公积和盈余公积)转为资本时,所留存的该项公积金不得少于转增前公司注册资本的25%。经股东大会或类似机构决议,用资本公积转增资本时,应冲减资本公积,同时按照转增前的实收资本(或股本)的结构比例,将转增的金额记入"实收资本"(或"股本")科目下各所有者的明细分类账。

三、其他综合收益的确认与计量及会计处理

其他综合收益,是指企业根据其他会计准则规定未在当期损益中确认的各项利得和损失。包括以后会计期间不能重分类进损益的其他综合收益和以后会计期间满足规定条件时将重分类进损益的其他综合收益两类。

(一)以后会计期间不能重分类进损益的其他综合收益项目,主要包括重新计量设定受益计划净负债或净资产导致的变动,以及按照权益法核算因被投资单位重新计量设定受益计划净负债或净资产变动导致的权益变动,投资企业按持股比例计算确认的该部分其他综合收益项目。

(二)以后会计期间有满足规定条件时将重分类进损益的其他综合收益项目,主要包括:

1. **可供出售金融资产公允价值的变动**

可供出售金融资产公允价值变动形成的利得,除减值损失和外币货币性金融资产形成的汇兑差额(直接计入当期损益)外,应当计入其他综合收益。

借:可供出售金融资产—公允价值变动

贷：其他综合收益

公允价值变动形成的损失，作相反的会计分录。

2. 可供出售外币非货币性项目的汇兑差额

对于发生的汇兑损失：

借：其他综合收益

　　　贷：可供出售金融资产

对于发生的汇兑收益作相反的会计分录。

3. 金融资产的重分类

（1）将可供出售金融资产重分类为采用成本或摊余成本计量的金融资产

重分类日该项金融资产的公允价值或账面价值作为成本或摊余成本，该项金融资产没有固定到期日的，与该金融资产相关、原直接计入所有者权益的利得或损失，仍应记入"其他综合收益"科目，在该金融资产被处置时转入当期损益。

（2）将持有至到期投资重分类为可供出售金融资产，并以公允价值进行后续计量

借：可供出售金融资产（金融资产的公允价值）

　　持有至到期投资减值准备

　　　贷：持有至到期投资

　　　　　其他综合收益（差额，或借方）

产生的"其他综合收益"在该可供出售金融资产发生减值或终止确认时转入当期损益。

（3）按规定应当以公允价值计量，但以前公允价值不能可靠计量的可供出售金融资产，在其公允价值能够可靠计量时改按公允价值计量，将相关账面价值与公允价值之间的差额记入"其他综合收益"科目，在该可供出售金融资产发生减值或终止确认时转入当期损益。

4. 采用权益法核算的长期股权投资

按照被投资单位实现其他综合收益以及持股比例计算应享有或分担的金额，借记（或贷记）"长期股权投资—其他综合收益"科目，贷记（或借记）"其他综合收益"，待该项股权投资处置时，将原计入其他综合收益的金额转入当期损益。

5. 存货或自用房地产转换为投资性房地产（公允价值模式下）

借方差额记"公允价值变动损益"的借方；贷方差额记"其他综合收益"的贷方。

待该项投资性房地产处置时，因转换计入其他综合收益的部分应转入当期损

益（其他业务成本）。

6. 现金流量套期工具产生的利得或损失中属于有效套期的部分

现金流量套期工具产生的利得或损失中属于有效套期的部分，直接确认为其他综合收益。

套期工具利得或损失的后续处理为：①被套期项目为预期交易，且该预期交易使企业随后确认一项金融资产或一项金融负债的，原直接确认为其他综合收益的有关利得或损失，应当在该金融资产或金融负债影响企业损益的相同期间转出，计入当期损益。若企业预期原直接在其他综合收益中确认的净损失全部或部分在未来期间不能弥补时，应当将不能弥补的部分转出，计入当期损益。②被套期项目为预期交易，且该预期交易使企业随后确认一项非金融资产或一项非金融负债的，企业可以选择将原直接在其他综合收益中确认的相关利得或损失，在该非金融资产或非金融负债影响企业损益的相同期间转出，计入当期损益。但是，企业预期原直接在其他综合收益中确认的净损失全部或部分在未来会计期间不能弥补时，应当将不能弥补的部分转出，计入当期损益。除上述两种情况外，原直接计入其他综合收益的套期工具利得或损失，应当在被套期交易影响损益的相同期间转出，计入当期损益。

7. 外币财务报表折算差额

企业在处置境外经营的当期，将已列入合并财务报表所有者权益的外币报表折算差额中与该境外经营相关部分，自其他综合收益项目转入处置当期损益。如果是部分处置境外经营，应当按处置的比例计算处置部分的外币报表折算差额，转入处置当期损益。

第四节

留存收益

留存收益是指企业从历年实现的利润中提取或形成的留存于企业的内部积累。留存收益来源于企业在生产经营活动中所实现的净利润。它与实收资本和资本公积的区别在于，实收资本和资本公积主要来源于企业的资本投入，而留存收益则来源于企业的资本增值。留存收益主要包括盈余公积和未分配利润两部分。

一、留存收益的组成及其用途

留存收益主要包括盈余公积和未分配利润两部分。

（一）盈余公积的组成及其用途

1. 盈余公积的组成

盈余公积是指企业按规定从税后利润中提取的积累资金。一般企业和股份有限公司的盈余公积按照其用途不同可分为以下两种。

（1）法定的盈余公积，是指企业按规定从净利润中提取的盈余公积。例如，我国的《公司法》规定，有限责任公司和股份有限公司应按照净利润的10%提取法定的盈余公积，计提的法定盈余公积累计达到注册资本的50%时，可以不再提取。非公司制的企业，也可以按照净利润10%的比例提取。

公司的法定公积金不足以弥补以前年度亏损的，在提取法定公积金之前，应当先用当年利润弥补亏损。

（2）任意盈余公积，是指经企业股东大会或类似机构批准，按照规定的比例从净利润中提取的盈余公积。它与法定盈余公积的区别在于其提取比例由企业自行决定，而法定盈余公积的提取比例则由国家有关的法规决定。

2. 盈余公积的用途

企业提取的盈余公积主要用于以下几方面：

（1）弥补亏损。企业发生的亏损由企业自行弥补，其亏损弥补的资金来源主要有三个：一是用发生亏损以后年度实现的税前利润来弥补，但弥补期限不得超过5年；二是用以后年度税后利润弥补，企业发生的亏损超过税法规定的弥补年限仍未弥补的，可用以后年度的税后利润弥补；三是用盈余公积弥补，企业以提取的盈余公积弥补亏损，应由董事会提出决议，经股东大会或类似的机构批准。

（2）转增资本（或股本）。当企业提取的盈余公积较多时，可以用来增加资本（或股本），但是必须经股东大会或类似机构批准，并且用盈余公积转增资本（或股本）后，留存的盈余公积不得少于转增前公司注册资本的25%。

（3）发放现金股利或利润。在特殊情况下，当企业累积的盈余公积较多，而未分配利润较少，为了维护企业形象，对于符合规定条件的企业，可以用盈余公积分派现金股利或利润，给投资者合理的回报。因为盈余公积从本质上讲是由收益形成的，属于资本增值部分。

（4）扩大企业生产经营。盈余公积的用途，并不是指其实际占用形态，提取盈余公积也并不是单独将这部分资金从企业资金周转过程中抽出。企业盈余公积的结存数，实际值表现为企业所有者权益的组成部分，表明企业生产经营资金的一个来源。其形成的资金可能表现为一定的货币资金，也可能表现为一定的实物资产，如存货和固定资产等，随同企业的其他来源形成的资金进行循环周转，用于企业的生产经营。

（二）未分配利润的形成和用途

未分配利润是指企业实现的净利润经过弥补亏损、提取盈余公积和向投资者分配利润后留存在企业的历年结存的利润。未分配利润有两层含义：一是这部分利润尚未分配给投资者留待以后年度向投资者分配；二是这部分利润未指定用途。

二、留存收益的核算

（一）留存收益核算设置的会计账户

为了全面反映留存收益的增减和结存情况，企业应设置以下会计账户。

1．"盈余公积"账户

本账户核算企业从净利润中提取的盈余公积和盈余公积的使用和结存情况，属所有者权益类账户。本账户的贷方登记盈余公积的提取数，借方登记按规定用途使用数，期末贷方余额反映企业盈余公积的结余数。本账户应设置"法定的盈余公积"、"任意盈余公积"进行明细核算。外商投资企业还应分别"储备基金"、

"企业发展基金"、"职工奖励及福利基金"等明细账户，进行明细核算。

2. "利润分配—未分配利润"账户

为了反映企业未分配利润的情况，在"利润分配"账户中专门设置"未分配利润"明细账户。年度终了，企业应将全年实现的净利润，自"本年利润"账户转入本明细账户，借记"本年利润"账户，贷记本明细账户，如为净亏损，作相反会计分录；同时，将"利润分配"账户中的其他明细账户的余额转入该明细账户。结转后，本明细账户年末的贷方余额，反映企业历年积存的未分配利润，借方余额反映企业未弥补的亏损。

（二）留存收益的核算

盈余公积的核算方法主要如下：

企业提取盈余公积时，借记"利润分配—提取法定盈余公积"、"利润分配—提取任意盈余公积"账户，贷记"盈余公积—法定盈余公积、任意盈余公积"账户。

外商投资企业提取的储备基金、企业发展基金、职工奖励及福利基金，借记"利润分配—提取储备基金、提取企业发展基金、职工奖励及福利基金"账户，贷记"盈余公积—储备基金、盈余公积—企业发展基金、应付职工薪酬"账户。

中外合作经营企业以利润归还投资时，按实际归还投资的金额，借记"已归还投资"账户，贷记"银行存款"账户；同时，借记"利润分配—利润归还投资"账户，贷记"盈余公积—利润归还投资"账户。

企业经股东大会或类似的机构决议，用盈余公积弥补亏损时，借记"盈余公积"账户，贷记"利润分配—盈余公积补亏"账户。

企业经股东大会或类似的机构决议，用盈余公积分配现金股利或利时，借记"盈余公积"账户，贷记"应付股利"账户；用盈余公积分配股票股利或转增资本，应当于实际分配股票股利或转增资本时，借记"盈余公积"账户，贷记"实收资本"或"股本"账户，如有差额，贷记"资本公积"账户。

外商投资企业经批准将储备基金、企业发展基金用于转增资本，借记"盈余公积—储备基金、企业发展基金"账户，贷记"实收资本"账户；企业经批准用储备基金弥补亏损时，借记"盈余公积—储备基金"账户，贷记"利润分配—盈余公积补亏"账户。

【例12-5】某房地产开发股份公司股本为20 000 000元,每股面值1元,企业本年度实现的净利润5 000 000元,年初未分配利润为贷方1 000 000元。公司本年按照有关规定分别按净利润的10%和5%计提了法定盈余公积和任意盈余公积,同时向股东按每股0.1元派发现金股利,按每10股送1股的比例派发股票股利。公司已以银行存款支付了全部现金股利,新增股本也已办妥相关增资手续。作会计分录如下:

(1)结转本年度实现的净利润

借:本年利润 5 000 000
　　贷:利润分配—未分配利润 5 000 000

(2)提取法定盈余公积和任意盈余公积

借:利润分配—提取法定盈余公积 500 000
　　　　　　—提取任意盈余公积 250 000
　　贷:盈余公积—法定盈余公积 500 000
　　　　　　　　—任意盈余公积 250 000

(3)结转利润分配明细科目

借:利润分配—未分配利润 750 000
　　贷:利润分配—提取法定盈余公积 500 000
　　　　　　　　—提取任意盈余公积 250 000

(4)批准发放现金股利

20 000 000×0.1=2 000 000(元)

借:利润分配—应付现金股利 2 000 000
　　贷:应付股利 2 000 000

(5)发放现金股利

借:应付股利 2 000 000
　　贷:银行存款 2 000 000

(6)发放股票股利

20 000 000×1×10%=2 000 000(元)

借:利润分配—转作股本的股利 2 000 000
　　贷:股本 2 000 000

(7)结转利润分配"现金股利"和股票股利

借:利润分配—未分配利润 4 000 000
　　贷:利润分配—应付现金股利 2 000 000
　　　　　　　　—转作股本的股利 2 000 000

第十三章

财务报告

第一节

财务报告概述

一、财务报告定义及其内容

（一）财务报告的含义

财务报告是指企业对外提供的反映企业某一特定日期的财务状况和某一会计期间的经营成果、现金流量等会计信息的文件。财务报告包括财务报表和其他应当在财务报告中披露的相关信息和资料。

（二）财务报告的作用

向企业的投资者、债权人、政府及有关部门和社会公众提供决策所需的会计信息，反映企业管理层受托责任履行情况。

（三）财务报表的定义和分类

财务报表是对企业财务状况、经营成果和现金流量的结构性表述。财务报表至少应当包括下列组成部分：①资产负债表；②利润表；③现金流量表；④所有者权益（或股东权益，下同）变动表；⑤附注。财务报表的这些组成部分具有同等的重要程度。财务报表可以按照不同的标准进行下述分类。

1. 按反映经济内容不同的分类

（1）反映企业财务状况及其变动情况的报表，是反映企业在特定日期财务状况如资产负债表和在一定时期财务状况变动的报表如所有者权益变动表、现金流量表。

（2）反映企业经营成果的报表，是反映企业在一定时期经营成果的报表，如利润表。

2. 按反映资金运动形态不同的分类

（1）静态报表，是综合反映企业在特定日期资产、负债与所有者权益的报表,如资产负债表。

(2)动态报表,是综合反映企业在一定时期经营成果、所有者权益以及现金流量情况的报表,如利润表、所有者权益变动表和现金流量表。

3. 按编报期间的不同分类

(1)月报,是每个月度终了时编制的报表。

(2)季报,是季度终了时编制的报表,应当于季度终了后30天内对外提供。

(3)半年报,是每个会计年度前6个月结束后编制的报表,应当于年度中期结束后60天内对外提供。

(4)年报,是年度终了时编制的报表,全部报表在年度终了时均应上报,应当于年度终了后4个月内对外提供。年报不得晚于下年一季报公布。

4. 按编报主体的不同分类

(1)个别财务报表,是由每一个独立核算的企业在自身会计核算的基础上对账簿记录进行加工而编制的财务报表,它主要用以反映企业自身的财务状况、经营成果和现金流量等情况。

(2)合并财务报表,是以母公司和子公司组成的企业集团为会计主体,根据母公司和所属子公司的财务报表,由母公司编制的综合反映企业集团整体的财务状况、经营成果及现金流量等的财务报表。

二、财务报告的构成

财务报告由报表本身及其附注两部分组成,一套完整的财务报表至少应当包括资产负债表、利润表、现金流量表、所有者权益(股东权益)变动表等报表,而附注是财务报表的有机组成部分,如表13-1所示。

财务报告构成　　　　　　　　表13-1

财务报告	财务报表	资产负债表
		利润表
		现金流量表
		所有者权益(股东权益)变动表
		附注
	其他需披露的信息和资料	

三、财务报表编制的基本要求

（一）以持续经营为编制基础

企业应当以持续经营为基础，根据实际发生的交易和事项，按照《企业会计准则—基本准则》和其他各项会计准则的规定进行确认和计量，在此基础上编制财务报表。企业不应以附注披露代替确认和计量。按照这一基本要求，企业在编制财务报表时，管理层应当对持续经营的能力进行估计。如果企业管理部门对持续经营能力产生重大怀疑的，应当在附注中披露导致对持续经营能力产生重大怀疑的影响因素。以持续经营为基础编制财务报表不再合理的，企业应当采用其他基础编制财务报表，并在附注中披露这一事实。如果企业管理部门正式决定或被迫在当期或将在下一个会计期间进行清算或停止营业的，表明其处于非持续经营状态，应当采用其他基础编制财务报表，并在附注中声明财务报表未以持续经营为基础列报，披露未以持续经营为基础的原因以及财务报表的编制基础。

（二）一致性

一致性，是指财务报表项目的列报应当在各个会计期间保持一致，不得随意变更，但下列情况除外：

（1）会计准则要求改变财务报表项目的列报。

（2）企业经营业务的性质发生重大变化后，变更财务报表项目的列报能够提供更可靠、更相关的会计信息。按照这一基本要求，企业应当在附注中披露变化的项目和原因，以及假设未发生变化该项目原来的列报方法和金额。

（三）重要性

重要性，是指财务报表某项目的省略或错报会影响使用者据此做出经济决策的，该项目具有重要性。重要性应当根据企业所处环境，从项目的性质和金额大小两方面加以判断。如判断项目的重要性，应当考虑该项目的性质是否属于企业日常活动等因素；判断项目金额大小的重要性，应当通过单项金额占资产总额、负债总额、所有者权益总额、营业收入总额、营业成本总额、净利润等直接相关项目金额的比重加以确定。根据会计准则的规定，性质或功能不同的项目，应当在财务报表中单独列报，不具有重要性的项目除外。性质或功能类似的项目，其所属类别具有重要性的，应当按其类别在财务报表中单独列报。

（四）可比性

可比性，是指当期财务报表的列报，至少应当提供所有列报项目上一可比会计期间的比较数据，以及与理解当期财务报表相关的说明，但其他会计准则另有规定的除外。根据企业会计准则的规定，财务报表项目的列报发生变更情况时，应当对上期比较数据按照当期的列报要求进行调整，并在附注中披露调整的原因和性质，以及调整的各项目金额。对上期比较数据进行调整不切实可行的，应当在附注中披露不能调整的原因。不切实可行，是指企业在作出所有合理努力后仍然无法采用某项规定。

（五）其他要求

1. 不得抵销要求

不得抵销要求，是指在编制财务报表时，有的项目不得相互抵销，如资产项目和负债项目的金额、收入项目和费用项目的金额不得相互抵销，但其他会计准则另有规定的除外，例如不能将应收款项与应付款项，预付款项与预收款项等相互抵销后的金额填入财务报表。但是应注意资产项目按扣除减值准备后的净额列示，不属于抵销；非日常活动产生的损益，以收入扣减费用后的净额列示，不属于抵销。

2. 应披露内容要求

应披露内容要求，是指企业应当在财务报表的显著位置披露下列各项内容：编报企业的名称；资产负债表日或财务报表涵盖的会计期间；人民币金额单位；财务报表是合并财务报表的，应当予以标明。

3. 涵盖期间要求

涵盖期间要求，是指企业至少应当按年编制财务报表。年度财务报表涵盖的期间短于一年的，应当披露年度财务报表的涵盖期间，以及短于一年的原因。

四、房地产企业财务报表的编制要求

房地产企业财务报表与其他行业财务报表所反映的内容有很大差别，这种差别产生的根源在于行业的经营特点，房地产行业最大的特点主要体现为两方面：①产品方面，房地产企业的产品是不动产，从建设到竣工需要很长的周期；②销售方面，房地产企业存在预售制度，在建设阶段可以对产品进行，预售并收取销售款。这些行业特点，使得房地产财务报表使用者不利于获取企业真实的财务信息，形成误判，主要体现在：①大量企业名义上的负债即预收账款导致短期负债剧增，影响了对企业偿债能力的判断；②开发成本准确计量和分摊难度较大，影响了对企业真实资产总量的判断；③管理费用和销售费用全部计入当期损益，在预收账款未转销售收入前将出现巨额亏损，很难通过财务报表反映企业真实的盈利水平，影响了对企业经营成果的判断。

房地产企业的经营特点决定了房地产财务报表的编制除遵循上述一般企业财务报表编制的要求外，还应当按照下列规定全面清查资产，核实债务。

结算款项，包括应收款项、预付款项、应交税费等是否存在，与债务、债权单位相应的债务、债权是否一致。

房地产企业在产品、产成品等各项存货以账面数据为依据，经财务部门、工程管理部门、销售管理部门盘点后确认，符合投资性房地产确认条件的要求，应按照投资性房地产进行计量。

各项投资是否存在，投资收益是否按照会计准则的要求进行确认和计量；房屋建筑物、机器设备、运输工具等各项固定资产的实存数量与账面数量是否一致；在建工程的实际发生额与账面记录是否一致。

企业应当将清查、核实的结果及其处理办法向董事会或相应机构报告，并根据会计准则的要求进行相应的会计处理。

第二节 资产负债表

一、资产负债表概述

（一）资产负债表的含义

资产负债表是反映企业在某一特定日期的财务状况的会计报表。资产负债表是根据资产、负债、所有者权益之间的相互关系，依照一定的分类标准和顺序，把企业一定日期的资产、负债、所有者权益项目进行适当分类、汇总、排列编制而成的。每一会计主体都必须定期编制资产负债表。

（二）资产负债表的作用

资产负债表是基本会计报表之一，它所提供的会计信息是企业的投资人、债权人、政府有关机构以及企业自身进行决策和管理所必需的。资产负债表的作用主要表现为：

（1）反映企业某一特定日期的资产总额及其构成情况，分析企业所拥有或控制的经济资源及其分布情况，并为进一步分析企业的生产经营能力提供重要资料。

（2）反映企业某一特定日期的负债总额及其结构，了解企业面临的财务风险，分析企业目前和未来需要偿还债务的数量。

（3）反映企业所有者权益的构成情况，了解企业所有者在企业资产中享有的经济利益，考察企业资本的保全和增值情况。

（4）使报表使用者了解企业财务状况的全貌，分析企业财务结构的优劣和举债经营的合理程度，评价企业的偿债能力、支付能力、筹资能力等。

（5）了解企业未来的财务状况和财务安全程度，预测企业的发展前景。

二、资产负债表的列报格式和列报方法

（一）资产负债表的格式

资产负债表是根据"资产=负债+所有者权益"这一会计恒等式，依照一定的分类标准和次序，将企业在一定日期的资产、负债、所有者权益项目予以适当排列。资产负债表一般有两种格式：一种是报告式；一种是账户式。报告式资产负债表是将资产、负债、所有者权益按从上到下的顺序依次排列。账户式资产负债表是将报表分为左右两方，左方列示资产各项目，右方列示负债和所有者权益各项目，左方的资产总计等于右方的负债和所有者权益总计。我国的资产负债表采用账户式。

（二）资产负债表的编制方法

1. "年初余额"的编制方法

本表中的"年初余额"栏通常根据上年末有关项目的期末余额填列，且与上年末资产负债表"期末余额"栏相一致。如果企业发生了会计政策变更、前期差错更正，应当对"年初余额"栏中的有关项目进行相应调整。如果企业上年度资产负债表规定的项目名称和内容与本年度不一致，应当对上年年末资产负债表相关项目的名称和数字按照本年度的规定进行调整，填入"年初余额"栏。

2. "期末余额"的编制方法

（1）直接根据总账科目余额填列

资产负债表中大部分项目可以根据相应的总账科目余额直接填列。例如，以公允价值计量且其变动计入当期损益的金融资产、工程物资、固定资产清理、递延所得税资产、短期借款、以公允价值计量且其变动计入当期损益的金融负债、应付票据、应交税费、应付利息、应付股利、其他应付款、专项应付款、预计负债、递延收益、递延所得税负债、实收资本（或股本）、库存股、资本公积、其他综合收益、专项储备、盈余公积等项目。

（2）根据几个总账科目余额计算后填列

资产负债表中有的项目需要根据若干个总账科目期末余额计算后填列。例如，"货币资金"项目，根据"库存现金"、"银行存款"、"其他货币资金"科目的期末余额合计填列。"其他流动资产"、"其他流动负债"项目，应根据有关科目的期末余额分析填列。

（3）根据有关明细科目余额计算后填列

资产负债表中有的项目不能根据总账科目的期末余额，或几个总账科目的期末余额简单计算后填列，而需要根据明细科目的期末余额分析计算后填列。例如，"开发支出"项目，应根据"研发支出"科目中所属的"资本化支出"明细科目期末余额填列；"应付账款"项目，应根据"应付账款"、"预付账款"科目所属相关明细科目的期末贷方余额合计填列；"一年内到期的非流动资产"、"一年内到期的非流动负债"项目，应根据有关非流动资产或负债项目的明细科目余额分析填列；"应付职工薪酬"项目，应根据"应付职工薪酬"科目的明细科目期末余额分析填列；"长期借款"、"应付债券"项目，应分别根据"长期借款"、"应付债券"科目的明细科目余额分析填列；"未分配利润"项目，应根据"利润分配"科目中所属的"未分配利润"明细科目期末余额填列。

（4）根据总账科目和明细科目的余额分析计算后填列

资产负债表中有的项目应根据其总账科目以及明细科目的余额分析计算后填列。例如，"长期借款"项目，应根据"长期借款"总账科目的余额扣除其所属明细科目中反映的将于一年内到期偿还金额后的余额填列。"长期借款"中将于一年内到期偿还的金额，应在流动负债类下"一年内到期的非流动负债"项目内单独反映；"长期待摊费用"项目，应根据"长期待摊费用"科目的期末余额减去将于一年内（含一年）摊销的数额后的金额填列；"其他非流动资产"项目，应根据有关科目的期末余额减去将于一年内（含一年）收回数后的金额填列；"其他非流动负债"项目，应根据有关科目的期末余额减去将于一年内（含一年）到期偿还数后的金额填列。

（5）根据总账科目余额减去其备抵科目余额后的净额填列

资产负债表中有些项目需要根据该科目的有关期末余额，减去其所计提的各种减值准备后的净额填列。例如，"可供出售金融资产"、"持有至到期投资"、"长期股权投资"、"在建工程"、"商誉"项目，应根据相关科目的期末余额填列，已计提减值准备的，还应扣减相应的减值准备；"固定资产"、"无形资产"、"投资性房地产"、"生产性生物资产"、"油气资产"项目，应根据相关科目的期末余额扣减相关的累计折旧（或摊销、折耗）填列，已计提减值准备的，还应扣减相应的减值准备，采用公允价值计量的上述资产，应根据相关科目的期末余额填列；"长期应收款"科目，应根据"长期应收款"科目的期末余额，减去相应的"未实现融资收益"科目和"坏账准备"科目所属相关明细科目期末余额后的金额填列；"长期应付款"科目，应根据"长期应付款"科目的期末余额，减去相应的"未确认融资费用"科目期末余额后的金额填列。

（6）综合运用上述方法填列

资产负债表中有些项目的填列，不仅限于上述的一种方法，而是综合运用两种以上的方法分析计算后填列。主要包括："应收票据"、"应收利息"、"应收股利"、"其他应收款"项目，应根据相关科目的期末余额，减去"坏账准备"科目中有关坏账准备期末余额后的金额填列；"应收账款"项目，应根据"应收账款"和"预收账款"科目所属各明细科目的期末借方余额合计数，减去"坏账准备"科目中有关应收账款计提的坏账准备期末余额后金额填列；"预付账款"项目，应根据"预付账款"和"应付账款"科目所属各明细科目的期末借方余额合计数，减去"坏账准备"科目中有关预付账款计提的坏账准备期末余额后的金额填列；"存货"项目，应根据"材料采购"、"原材料"、"发出商品"、"库存商品（或开发产品）"、"周转材料"、"委托加工物资"、"生产成本（或开发成本）"、"受托代销商品"等科目的期末余额合计，减去"受托代销商品款"、"存货跌价准备"科目期末余额后的金额填列，材料采用计划成本核算，以及库存商品采用计划成本核算或售价核算的企业，还应按加或减材料成本差异、商品进销差价后的金额填列；"划分为持有待售的资产"、"划分为持有待售的负债"项目，应根据相关科目的期末余额分析填列等。

三、资产负债表编制示例

【例13-1】华天房地产股份有限公司2015年12月31日的资产负债表（年初余额略）及2016年12月31日的科目余额表分别见表13-2和表13-3。假设华天房地产股份有限公司2016年度除计提固定资产减值准备导致固定资产账面价值与其计税基础存在可抵扣暂时性差异外，其他资产和负债项目的账面价值均等于其计税基础。假定华天房地产股份有限公司未来有足够的应纳税所得额用来抵扣可抵扣的暂时性差异，企业所得税税率使用税率为25%。

资产负债表　　　　　　　　表13-2

会企01表
单位：元

编制单位：华天房地产股份公司　　2015年12月31日

资产	期末余额	年初余额	负债和所有者权益	期末余额	年初余额
流动资产：		（略）	流动负债：		（略）
货币资金	1 406 300		短期借款	300 000	

续表

资产	期末余额	年初余额	负债和所有者权益	期末余额	年初余额
以公允价值计量且其变动计入当期损益的金融资产	15 000		以公允价值计量且其变动计入当期损益的金融负债	0	
应收票据	246 000		应付票据	200 000	
应收帐款	299 100		应付帐款	953 800	
预付款项	100 000		预收款项	0	
应收利息			应付职工薪酬	110 000	
应收股利			应交税费	36 600	
其他应收款	5 000		应付利息	1 000	
存货	52 580 000		应付股利	0	
划分为持有待售的资产	0		其他应付款	50 000	
一年内到期的非流动资产	0		划分为持有待售的负债	0	
其他流动资产	100 000		一年内到的期非流动负债	1 000 000	
流动资产合计	54 751 400		其他流动负债	0	
非流动资产：			**流动负债合计**	2 651 400	
可供出售金融资产	0		非流动负债：		
持有至到期投资	0		长期借款	600 000	
长期应收款	0		应付债券	0	
长期股权投资	10 250 000		长期应付款	0	
投资性房地产	20 000 000		专项应付款	0	
固定资产	1 100 000		预计负债	0	
在建工程	1 500 000		递延收益	0	
工程物资	0		递延所得税负债	0	
固定资产清理	0		其他非流动负债	0	
生产性生物资产	0		**非流动负债合计**	600 000	
油气资产	0		**负债合计**	3 251 400	

续表

资产	期末余额	年初余额	负债和所有者权益	期末余额	年初余额
无形资产	600 000		所有者权益（或股东权益）：		
开发支出	0		实收资本（或股本）	80 000 000	
商誉	0		其他权益工具		
长期待摊费用	0		资本公积	5 000 000	
递延所得税资产	225		减：库存股		
其他非流动资产	200 000		其他综合收益		
非流动资产合计	33 650 000		盈余公积	100 000	
			未分配利润	50 225	
			所有者权益（或股东权益）合计：	85 150 225	
资产总计	88 401 625		负债和所有者权益总计	88 401 625	

注意：凡是发行优先股等其他权益工具的企业，若发行的其他权益工具分类为权益工具的，应当在资产负债表"实收资本（或股本）"项目和"资本公积"项目之间增设"其他权益工具"项目，反映企业发行的除普通股以外分类为权益工具的金融工具的账面价值，并在"其他权益工具"项目下增设"优先股"和"永续债"两个项目，分别反映企业发行的权益工具的优先股和永续债的账面价值。若发行的优先股等其他权益工具分类为债务工具的，则在"应付债券"项目下增设"优先股"和"永续债"两个项目，分别反映企业发行的分类为金融负债的优先股和永续债的账面价值。若属于流动负债的，则应当比照上述原则在流动负债类相关项目列报。

科目余额表　　　　　　　表13-3

单位：元

科目名称	借方余额	科目名称	贷方余额
库存现金	2 000	短期借款	1 050 000
银行存款	11 805 831	应付票据	100 000
其他货币资金	7 300	应付账款	953 800

续表

科目名称	借方余额	科目名称	贷方余额
交易性金融资产	0	预收账款	0
应收票据	66 000	其他应付款	50 000
应收账款	600 000	应付职工薪酬	180 000
坏账准备	−1 800	应交税费	211 731
预付账款	100 000	应付利息	0
其他应收款	5 000	应付股利	32 215.85
材料采购	275 000	递延所得税负债	0
原材料	45 000	递延收益	0
周转材料	38 050	长期借款	11 160 000
开发产品	52 122 400	股本	80 000 000
材料成本差异	4 250	资本公积	5 000 000
其他流动资产	100 000	其他综合收益	400 000
可供出售金融资产	0	盈余公积	124 022.5
持有至到期投资	0	利润分配（未分配利润）	234 211.65
长期股权投资	10 650 000		
投资性房地产	20 000 000		
固定资产	2 401 000		
累计折旧	−170 000		
固定资产减值准备	−30 000		
工程物资	300 000		
在建工程	428 000		
无形资产	600 000		
累计摊销	−60 000		
递延所得税资产	7 950		
其他长期资产	200 000		
合计	99 495 981	合计	99 495 981

根据上述相关资料，编制华天房地产股份有限公司2016年12月31日的资产负债表，如表13-4所示。

资产负债表　　　　　　表13-4

编制单位：华天房地产股份公司　2016年12月31日　单位：元　　　　　　会企01表

资产	期末余额	年初余额	负债和所有者权益	期末余额	年初余额
流动资产：			流动负债：		
货币资金	11 815 131	1 406 300	短期借款	1 050 000	300 000
以公允价值计量且其变动计入当期损益的金融资产	0	15 000	以公允价值计量且其变动计入当期损益的金融负债	0	0
应收票据	66 000	246 000	应付票据	100 000	200 000
应收账款	598 200	299 100	应付账款	953 800	953 800
预付款项	100 000	100 000	预收款项	0	0
应收利息			应付职工薪酬	180 000	110 000
应收股利			应交税费	211 731	36 600
其他应收款	5 000	5 000	应付利息	0	1 000
存货	52 484 700	52 580 000	应付股利	32 215.85	0
划分为持有待售的资产	0	0	其他应付款	50 000	50 000
一年内到期的非流动资产	0	0	划分为持有待售的负债	0	0
其他流动资产	100 000	100 000	一年内到的期非流动负债	0	1 000 000
流动资产合计	65 169 031	54 751 400	其他流动负债	0	0
非流动资产：			流动负债合计	2 577 746.85	2 651 400
可供出售金融资产	0	0	非流动负债：		
持有至到期投资	0	0	长期借款	11 160 000	600 000
长期应收款	0	0	应付债券	0	0
长期股权投资	10 650 000	10 250 000	长期应付款	0	0
投资性房地产	20 000 000	20 000 000	专项应付款	0	0
固定资产	2 201 000	1 100 000	预计负债	0	0
在建工程	428 000	1 500 000	递延收益	0	0
工程物资	300 000	0	递延所得税负债		

续表

资产	期末余额	年初余额	负债和所有者权益	期末余额	年初余额
固定资产清理	0	0	其他非流动负债	0	0
生产性生物资产	0	0	非流动负债合计	11 160 000	600 000
油气资产	0	0	负债合计	13 737 746.85	3 251 400
无形资产	540 000	600 000	所有者权益（或股东权益）：		
开发支出	0	0	实收资本（或股本）	80 000 000	80 000 000
商誉	0	0	其他权益工具		
长期待摊费用	0	0	资本公积	5 000 000	5 000 000
递延所得税资产	7 950	225	减：库存股		
其他非流动资产	200 000	200 000	其他综合收益	400 000	
非流动资产合计	34 326 500	33 650 225	盈余公积	124 022.5	100 000
			未分配利润	234 211.65	50 225
			所有者权益（或股东权益）合计：	85 758 234.15	85 150 225
资产总计	99 495 981	88 401 625	负债和所有者权益总计	99 495 981	88 401 625

第三节

利润表

一、利润表概述

（一）利润表的含义

利润表是反映企业在一定会计期间（月份、季度或年度）的经营成果（或亏损，下同）的报表。企业在一定会计期间的经营成果，一般是指企业在一定期间内实现的利润，包括收入减去费用后的净额、直接计入当期利润的利得和损失等。其中直接计入当期利润的利得和损失，是指应当计入当期损益、会导致所有者权益发生增减变动的、与所有者投入资本或者向所有者分配利润无关的利得或者损失。

（二）利润表的作用

利润表是基本会计报表之一，其作用主要表现在以下几方面：

（1）反映企业一定会计期间生产经营活动的成果。利润表揭示了利润各组成要素之间的内在联系，反映了企业利润的实现（或亏损的发生）情况。

（2）评价企业的经营绩效。利润表提供的利润指标是一项综合性信息，是企业生产经营过程中各方面工作成果的综合体现，它能够反映企业管理者的经营绩效。

（3）预测企业未来的利润发展趋势及获利能力。通过对企业提供的不同时期的利润表的相关项目数字进行比较，用以分析企业未来的利润发展趋势以及企业未来的获利能力。

二、利润表的列报格式和列报方法

（一）利润表的格式

利润表是根据"利润=收入－费用+直接计入当期利润的利得－直接计入当

期利润的损失"这一平衡公式，按照一定的标准和顺序，将企业一定会计期间的各项收入、费用以及构成利润的各个项目予以适当排列编制而成的。

利润表通常有单步式和多步式两种格式。

单步式利润表是通过一次计算得出当期净损益，即将本期实现的所有的收入、利得列汇集在一起，将本期发生的所有的费用、损失也汇集在一起，然后将收入、利得合计减去费用、损失合计，得出企业本期的净利润。单步式利润表格式简单，编制方便，也便于报表阅读者理解。但单步式利润表不能揭示收入与费用之间的对照关系，也不便于同行业企业间报表指标的对比。

多步式利润表要通过多步计算确定企业当期的净利润。即：

（1）营业利润=营业收入+其他收益－营业成本－税金及附加－销售费用－管理费用－财务费用－资产减值损失+（－）公允价值变动损收益（损失）+（－）投资收益（损失）

（2）利润总额=营业利润+营业外收入－营业外支出

（3）净利润（或净亏损）=利润总额－所得税费用

多步式利润表将收入、费用、利得和损失项目加以归类，分步反映净利润的构成内容，层次清楚，便于企业前后期报表及不同企业之间会计信息的对比，也有利于预测企业未来的盈利能力。

我国企业的利润表采用多步式。

（二）利润表的编制方法

1. 营业收入项目

反映企业主营业务活动和其他经营活动所取得的收入总额。本项目应根据"主营业务收入"、"其他业务收入"科目的发生额分析填列。如果"主营业务收入"科目借方记录有销售退回等，应抵减本期的销售收入，按其销售收入净额填列本项目。

2. 其他收益项目

反映企业收到的与企业日常经营活动相关的政府补助。应根据"其他收益"科目的发生额分析填列。

3. 营业成本项目

反映企业主营业务活动和其他经营活动所发生的实际成本。本项目应根据"主营业务成本"、"其他业务成本"科目的发生额分析填列。如果"主营业务成本"科目贷方发生额登记有销售退回等事项的，应抵减本期的主营业务成本借方发生额，按已销产品的实际成本填列本项目。

4. 税金及附加项目

反映企业经营业务发生的消费税、城市维护建设税、资源税、教育费附加、地方教育附加、土地增值税、房产税、城镇土地使用税、车船税、印花税等相关税费，但不包括增值税。应根据"税金及附加"科目的发生额分析填列。

5. 销售费用项目

反映企业销售商品和材料、提供劳务的过程中发生的各种费用。应根据"销售费用"科目的发生额分析填列。

6. 管理费用项目

反映企业为组织和管理生产经营发生的管理费用。应根据"管理费用"科目的发生额分析填列。

7. 财务费用项目

反映企业为筹集生产经营所需资金等而发生的筹资费用等。应根据"财务费用"科目的发生额分析填列。

8. 资产减值损失项目

反映企业计提各项资产减值准备所形成的损失。应根据"资产减值损失"科目的发生额分析填列。

9. 公允价值变动损益项目

反映企业应当计入当期损益的资产或负债公允价值变动的利得或损失。应根据"公允价值变动损益"科目的发生额分析填列，如为公允价值变动损失，以"－"号填列。

10. 投资收益项目

反映企业确认的投资收益或投资损失。应根据"投资收益"科目的发生额分析填列，如为投资损失，以"－"号填列。

11. 营业外收入项目

反映企业发生的与经营业务无直接关系的各项收入。应根据"营业外收入"科目的发生额分析填列。

12. 营业外支出项目

反映企业发生的与经营业务无直接关系的各项支出。应根据"营业外支出"科目的发生额分析填列。

13. 所得税费用项目

反映企业应从当期利润总额中扣除的所得税费用。应根据"所得税费用"科目的发生额分析填列。

14. 其他综合收益项目

具体分为"以后会计期间不能重分类进损益的其他综合收益项目"和"以后会计期间在满足规定条件时将重分类进损益的其他综合收益项目"两类,并以扣除相关所得税影响后的净额列报。①以后会计期间不能重分类进损益的其他综合收益项目,主要包括重新计量设定受益计划净负债或净资产导致的变动、按照权益法核算的在被投资单位不能重分类进损益的其他综合收益变动中所享有的份额等。②以后会计期间在满足规定条件时将重分类进损益的其他综合收益,主要包括:按照权益法核算的在被投资单位可重分类进损益的其他综合收益变动中所享有的份额、可供出售金融资产公允价值变动形成的利得或损失、持有至到期投资重分类为可供出售金融资产形成的利得或损失、现金流量套期工具产生的利得或损失中属于有效套期的部分、外币财务报表折算差额、自用房地产或作为存货的房地产转换为以公允价值模式计量的投资性房地产在转换日公允价值大于账面价值部分等。

15. 每股收益

具体包括基本每股收益和稀释每股收益两项指标。

三、利润表编制示例

【例13-2】华天房地产股份有限公司2016年度有关损益类科目和"其他综合收益科目"明细科目的本年累计发生净额分别如表13-5和表13-6所示。

华天房地产股份有限公司损益类科目2016年度累计发生净额 表13-5

单位:元

会计科目	借方发生额	贷方发生额
主营业务收入		1 250 000
主营业务成本	750 000	
税金及附加	2 000	
销售费用	20 000	
管理费用	157 100	
财务费用	41 500	
资产减值损失	30 900	
投资收益		31 500

续表

会计科目	借方发生额	贷方发生额
营业外收入		50 000
营业外支出	19 700	
所得税费用	70 075	

华天房地产股份有限公司"其他综合收益"明细科目
2016年度累计发生净额　　　　　表13-6

单位：元

会计明细科目	借方发生额	贷方发生额
权益法下在被投资单位以后将重分类进损益的其他综合收益中享有的份额		400 000
合计	0	400 000

*华天房地产股份有限公司持有A公司40%的股份，能够对A公司施加重大影响。2016年度，A公司因持有的可供出售金融资产公允价值变动计入其他综合收益的金额为100万元。假定华天房地产股份有限公司与A公司适用的会计政策、会计期间相同，投资时A公司有关资产、负债的公允价值与其账面价值相同，双方在当期及以前期间均未发生任何内部交易，并且假定不考虑你交易费用及其他相关因素。

根据上述资料，编制华天房地产股份有限公司2016年度利润表，如表13-7所示。

利润表　　　　　　　　　　表13-7

编制单位：华天房地产股份公司　　2016年度

会企02表
单位：元

项目	本期金额	上期金额
一、营业收入	1 250 000	（略）
减：营业成本	750 000	
税金及附加	2 000	
销售费用	20 000	
管理费用	157 100	
财务费用	41 500	
资产减值损失	30 900	
加：公允价值变动收益（损失以"－"号填列）	0	

续表

项目	本期金额	上期金额
投资收益（损失以"-"号填列）	31 500	
其中：对联营企业和合营企业的投资收益	0	
二、营业利润（亏损以"-"填列）	280 000	
加：营业外收入	50 000	
其中：非流动资产处置利得		
减：营业外支出	19 700	
其中：非流动资产处置损失		
三、利润总额（亏损总额以"-"填列）	310 300	
减：所得税费用	70 075	
四、净利润（净亏损以"-"填列）	240 225	
五、其他综合收益的税后净额	400 000	
（一）以后不能重分类进损益的其他综合收益	0	
（二）以后将重分类进损益的其他综合收益	400 000	
权益法下在被投资单位以后将重分类进损益的其他综合收益中享有的份额	400 000	
六、综合收益总额	640 225	
七、每股收益		
（一）基本每股收益	（略）	
（二）稀释每股收益	（略）	

第四节
现金流量表

一、现金流量表概述

（一）现金流量表的含义

现金流量表是反映企业在一定会计期间的现金和现金等价物流入和流出的会计报表。它是以现金为基础编制的反映企业财务状况变动情况的一张动态报表。

（二）现金流量表的作用

1. 提供企业的现金流量信息，从而有助于评价企业的偿债能力和支付能力。

现金流量表是以现金为基础编制的财务状况变动表，通过该表，可以分门别类地反映企业报告期内经营活动、投资活动、筹资活动的现金流入和流出，了解企业的现金来源和运用是否合理，企业的现金能否偿还到期债务、支付股利、支付必要的固定资产投资，以及了解企业从经营活动中获得了多少现金，企业在多大程度上依赖于外部资金。

2. 预测企业未来的现金流量：

通过现金流量表所反映的企业过去一定期间的现金流量以及其他生产指标，可以预测企业未来的现金流量，从而为企业编制现金流量计划、组织现金调度，合理节约地使用现金创造条件，为债权人、投资人评价企业未来现金流量、进行投资和信贷决策提供必要的信息。

3. 分析企业的收益质量及分析影响现金净流量的因素：

通过现金流量表反映的经营活动现金流量与净利润相比较，就可以从现金流量的角度了解净利润的质量，并进一步分析是哪些因素影响现金流入，从而为分析和判断企业的财务前景提供信息。

二、现金流量表的编制基础

现金流量表是以现金为基础编制的。这里的现金是广义的现金概念,是指现金及现金等价物。

现金,包括库存现金、可随时用于支付的银行存款、可随时用于支付的其他货币资金。

现金等价物,是指企业持有的期限短、流动性强、易于转换为已知金额现金、价值变动风险很小的投资。企业应当根据具体情况,确定现金等价物的范围,一经确定不得随意变更。

三、现金流量表的编制方法及程序

(一)现金流量表的编制方法

经营活动产生的现金流量应当采用直接法列示。直接法,是指通过现金收入和现金支出的主要类别列示经营活动的现金流量。采用直接法编制经营活动的现金流量时,一般以利润表中的营业收入为起算点,调整与经营活动有关的项目的增减变动,然后计算出经营活动的现金流量。采用直接法具体编制现金流量表时可以采用工作底稿法或T形账户法,也可以根据有关科目记录分析填列。

(二)现金流量表的编制程序

1. 工作底稿法

(1)将资产负债表的期初数和期末数过入工作底稿的期初数栏和期末数栏。

(2)对当期业务进行分析并编制调整分录。

调整分录大体有这样几类:第一类涉及利润表中的收入、成本和费用项目以及资产负债表中的资产、负债及所有者权益项目,通过调整,将权责发生制下的收入费用转换为现金基础;第二类是涉及资产负债表和现金流量表中的投资、筹资项目,反映投资和筹资活动的现金流量;第三类是涉及利润表和现金流量表中的投资和筹资项目,目的是将利润表中有关投资和筹资方面的收入和费用列入现金流量表投资、筹资现金流量中去。此外,还有一些调整分录并不涉及现金收支,只是为了核对资产负债表项目的期末期初变动。

在调整分录中,有关现金和现金等价物的事项,并不直接借记或贷记现金,而是分别记入"经营活动产生的现金流量"、"投资活动产生的现金流量"、"筹资活动产生的现金流量"有关项目,借记表明现金流入,贷记表明现金流出。

（3）将调整分录过入工作底稿中的相应部分。

（4）核对调整分录,借贷合计应当相等,资产负债表项目期初数加减调整分录中的借贷金额以后,应当等于期末数。

（5）根据工作底稿中的现金流量表项目部分编制正式的现金流量表。

2. T形账户法

（1）为所有的非现金项目（包括资产负债表项目和利润表项目）分别开设T形账户,并将各自的期末期初变动数过入各该账户。

（2）开设一个大的"现金及现金等价物"T形账户,每边分为经营活动、投资活动和筹资活动三个部分,左边记现金流入,右边记现金流出。与其他账户一样,过入期末期初变动数。

（3）以利润表项目为基础,结合资产负债表分析每一个非现金项目的增减变动,并据此编制调整分录。

（4）将调整分录过入各T形账户,并进行核对,该账户借贷相抵后的余额与原先过入的期末期初变动数应当一致。

（5）根据大的"现金及现金等价物"T形账户编制正式的现金流量表。

四、现金流量表的编制

（一）经营活动产生的现金流量的编制

1. 销售商品、提供劳务收到的现金项目

本项目可根据"主营业务收入"、"其他业务收入"、"应收账款"、"应收票据"、"预收账款"及"库存现金"、"银行存款"等科目的记录分析填列。

2. 收到的税费返还项目

反映企业收到返还的各种税费。本项目可以根据"库存现金"、"银行存款"、"应交税费"、"税金及附加"等科目的记录分析填列。

3. 收到的其他与经营活动有关的现金项目

本项目反映企业除了上述各项目以外收到的其他与经营活动有关的现金流入,如罚款收入、流动资产损失中由个人赔偿的现金收入等。本项目可根据"营业外收入"、"营业外支出"、"库存现金"、"银行存款"、"其他应收款"等科目的记录分析填列。

4. 购买商品、接受劳务支付的现金项目

本项目可根据"应付账款"、"应付票据"、"预付账款"、"库存现金"、"银行存款"、"主营业务成本"、"其他业务成本"、"存货"等科目的记录分析填列。

5. 支付给职工以及为职工支付的现金项目

本项目反映企业实际支付给职工以及为职工支付的工资、奖金、各种津贴和补贴等，含为职工支付的养老、失业等各种保险和其他福利费用，但不含为离退休人员支付的各种费用和固定资产购建人员的工资。本项目可根据"库存现金"、"银行存款"、"应付职工薪酬"、"生产成本"等科目的记录分析填列。

6. 支付的各项税费项目

本项目反映的是企业按规定支付的各项税费和有关费用，但不包括已计入固定资产原价而实际支付的耕地占用税和本期退回的所得税。本项目应根据"应交税费"、"库存现金"、"银行存款"等科目的记录分析填列。

7. 支付的其他与经营活动有关的现金项目

本项目反映企业除上述各项目外，支付的其它与经营活动有关的现金，包括罚款支出、差旅费、业务招待费、保险费支出、支付的离退休人员的各项费用等。本项目应根据"管理费用"、"销售费用"、"营业外支出"等科目的记录分析填列。

（二）投资活动产生的现金流量的编制

1. 收回投资所收到的现金项目

本项目反映企业出售、转让和到期收回的除现金等价物以外的交易性金融资产、长期股权投资而收到的现金，以及收回持有至到期投资本金而收到的现金，不包括持有至到期投资收回的利息以及收回的非现金资产。本项目应根据"交易性金融资产"、"长期股权投资"、"库存现金"、"银行存款"等科目的记录分析填列。

2. 取得投资收益所收到的现金项目

本项目反映企业因股权性投资而分得的现金股利和分回利润所收到的现金，以及债权性投资取得的现金利息收入。本项目应根据"投资收益"、"库存现金"、"银行存款"等科目的记录分析填列。

3. 处置固定资产、无形资产和其他长期资产所收回的现金净额项目

本项目反映处置上述各项长期资产所取得的现金，减去为处置这些资产所支付的有关费用后的净额。本项目可根据"固定资产清理"、"库存现金"、"银行

存款"等科目的记录分析填列。

4. 收到的其他与投资活动有关的现金项目

本项目反映除上述各项目以外,收到的其他与投资活动有关的现金流入。应根据"库存现金"、"银行存款"和其他有关科目的记录分析填列。

5. 购建固定资产、无形资产和其他长期资产所支付的现金项目

本项目反映企业购买、建造固定资产,取得无形资产和其他长期资产所支付的现金。其中企业为购建固定资产支付的现金,包括购买固定资产支付的价款现金及增值税款、固定资产购建支付的现金,但不包括购建固定资产的借款利息支出和融资租入固定资产的租赁费。本项目应根据"固定资产"、"无形资产"、"在建工程"、"库存现金"、"银行存款"等科目的记录分析填列。

6. 投资所支付的现金项目

本项目反映企业在现金等价物以外进行交易性金融资产、长期股权投资、持有至到期投资所实际支付的现金,包括佣金手续费所支付的现金,但不包括企业购买股票和债券时,实际支付价款中包含的已宣告尚未领取的现金股利或已到付息期但尚未领取的债券利息。本项目应根据"交易性金融资产"、"长期股权投资"、"持有至到期投资"、"库存现金"、"银行存款"等科目的记录分析填列。

7. 支付的其他与投资活动有关的现金项目

本项目反映企业除了上述各项以外,支付的与投资活动有关的现金流出,包括企业购买股票和债券时,实际支付价款中包含的已宣告尚未领取的现金股利或已到付息期但尚未领取的债券利息等。本项目应根据"库存现金"、"银行存款"、"应收股利"、"应收利息"等科目的记录分析填列。

(三)筹资活动产生的现金流量的编制

1. 吸收投资所支付的现金项目

本项目反映企业收到投资者投入的现金,包括以发行股票、债券等方式筹集资金实际收到的款项净额(即发行收入减去支付的佣金等发行费用后的净额)。本项目可根据"实收资本(或股本)"、"应付债券"、"库存现金"、"银行存款"等科目的记录分析填列。

2. 借款所得到的现金项目

本项目反映企业举借各种短期借款、长期借款而收到的现金。本项目可根据"短期借款"、"长期借款"、"银行存款"等科目的记录分析填列。

3. 收到的其他与筹资活动有关的现金项目

本项目反映企业除上述各项以外，收到的其他与筹资活动有关的现金流入。本项目应根据"库存现金"、"银行存款"和其他有关科目的记录分析填列。

4. 偿还债务所支付的现金项目

本项目反映企业以现金偿还债务的本金，包括偿还金融机构的借款本金、偿还到期的债券本金等。本项目可根据"短期借款"、"长期借款"、"应付债券"、"库存现金"、"银行存款"等科目的记录分析填列。

5. 分配股利、利润或偿还利息所支付的现金项目

本项目反映企业实际支付的现金股利、支付给投资人的利润或用现金支付的借款利息、债券利息等。本项目可根据"应付股利（或应付利润）"、"财务费用"、"长期借款"、"应付债券"、"库存现金"、"银行存款"等科目的记录分析填列。

6. 支付的其他与筹资活动有关的现金项目

本项目反映除了上述各项目以外，支付的与筹资活动有关的现金流出。例如发行股票债券所支付的审计、咨询等费用。该项目可根据"库存现金"、"银行存款"和其他有关账户的记录分析填列。

五、现金流量表补充资料的编制

（一）净利润项目

应根据利润表中列示的"净利润"数额直接填列。

（二）计提的资产减值准备项目

企业计提的各项资产减值准备，包括坏账准备、存货跌价准备以及各项长期资产的减值准备等已经计入了"资产减值损失"科目，期末结转到"本年利润"账户，从而减少了净利润。但是计提资产减值准备，并不需要支付现金，即没有减少现金流量，所以应将计提的各项资产减值准备，在净利润基础上予以加回。本项目应根据"资产减值损失"账户的记录分析填列。

（三）固定资产折旧项目

工业加工企业计提的固定资产折旧，一部分增加了产品的成本，另一部分增加了期间费用（如管理费用、销售费用等），计入期间费用的部分直接减少了净

利润，计入产品成本的部分，一部分转入了主营业务成本，也直接冲减了净利润；产品尚未变现的部分，折旧费用加到了存货成本中，存货的增加是作为现金流出进行调整的，而实际上全部的折旧费用并没有发生现金流出。所以，应在净利润的基础上将折旧的部分予以加回。本项目应根据"累计折旧"账户的贷方发生额的记录分析填列。

（四）无形资产摊销项目

企业的无形资产摊销是计入管理费用的，所以冲减了净利润，但无形资产摊销并没有发生现金流出。所以无形资产当期摊销的价值，应在净利润的基础上予以加回。该项目可根据"累计摊销"账户的记录分析填列。

（五）长期待摊费用摊销项目

长期待摊费用的摊销与无形资产摊销一样，已经计入了损益，但没有发生现金流出，所以本项目也应在净利润的基础上予以加回。

（六）处置固定资产、无形资产和其他长期资产的损失项目

处置固定资产、无形资产和其他长期资产发生的损益，属于投资活动产生的损益，不属于经营活动产生的损益，但却影响了当期净利润。所以在将净利润调节为经营活动现金流量时应予以剔除。如为净损失，应当予以加回；如为净收益，应予以扣除，即用"－"号列示。本项目可根据"营业外收入"、"营业外支出"等账户所属明细账户的记录分析填列。

（七）固定资产报废损失项目

本项目反映企业当期固定资产盘亏后的净损失（或盘盈后的净收益）。企业发生固定资产盘亏盘盈损益，属于投资活动产生的损益，不属于经营活动产生的损益，但却影响了当期净利润，所以在将净利润调节为经营活动现金流量时应予以剔除。如为净损失，应当予以加回；如为净收益，应予以扣除，即用"－"号列示。本项目可根据"营业外收入"、"营业外支出"等账户所属明细账户的记录分析填列。

（八）公允价值变动损失项目

本项目反映企业持有的交易性金融资产、交易性金融负债、采用公允价值模式计量的投资性房地产等公允价值变动形成的净损失。因为公允价值变动损失

影响了当期净利润,但并没有发生现金流出,所以应进行调整。如为净收益以"－"号列示。本项目可根据"公允价值变动损益"科目所属有关明细科目的记录分析填列。

(九)财务费用项目

一般企业,财务费用主要是借款发生的利息支出(减存款利息收入)。财务费用属于筹资活动发生的现金流出,而不属于经营活动的现金流量。但财务费用作为期间费用,已直接计入了企业经营损益,影响了净利润,所以在将净利润调节为经营活动现金流量时应予以剔除。财务费用如为借方余额,应予以加回;如为贷方余额,应予以扣除。本项目应根据利润表"财务费用"项目的记录填列。

(十)投资损失项目

企业发生的投资损益,属于投资活动的现金流量,不属于经营活动的现金流量。但投资损失,已直接计入了企业当期利润,影响了净利润,所以在将净利润调节为经营活动现金流量时应予以剔除。如为投资净损失,应当予以加回;如为投资净收益,应予以扣除,即用"－"号列示。本项目可根据利润表中"投资收益"项目的金额填列。

(十一)递延所得税资产减少项目

该项目反映企业资产负债表"递延所得税资产"项目的期初余额与期末余额的差额。递延所得税资产的减少增加了所得税费用,减少了利润,而递延所得税资产的减少并没有增加现金流出,所以应在净利润的基础上予以加回。相反,如果是递延所得税资产增加,则应用"－"号填列。本项目可以根据"递延所得税资产"科目分析填列。

(十二)存货的减少项目

企业当期存货减少,说明本期经营中耗用的存货,有一部分是期初的存货,这部分存货当期没有发生现金流出,但在计算净利润时已经进行了扣除,所以在将净利润调节为经营活动现金流量时应当予以加回。如果期末存货比期初增加,说明当期购入的存货除本期耗用外还剩余一部分。这部分存货已经发生了现金流出,但这部分存货没有减少净利润,所以在将净利润调节为经营活动现金流量时应予以扣除,即用"－"号列示。总之,存货的减少,应视为现金的增加,应予加回现金流量；存货的增加，应视为现金的减少，应予扣除现金流量。本项目可根据资产负债表"存货"项目的期初、期末数之间的差额填列。

（十三）经营性应收项目的减少项目

经营性应收项目的减少（如应收账款、应收票据、其他应收款等项目中与经营活动有关的部分的减少），说明本期收回的现金大于利润表中确认的主营业务收入，即将上期实现的收入由本期收回了现金，形成了本期的现金流入，但净利润却没有增加，所以在将净利润调节为经营活动现金流量时，将本期经营性应收项目减少的部分应予以加回。但上述各应收项目如果增加，即经营性各应收项目的期末余额大于期初余额，则表明本期的销售收入中有一部分没有收回，从而减少了现金的流入，在将净利润调节为经营活动现金流量时应予以扣除。本项目应根据各应收项目账户所属的明细账户的记录分析填列。

六、影响企业现金流量其他重要信息的披露

（一）企业当期取得或处置子公司及其他营业单位

现金流量表准则应用指南中列示了企业当期取得或处置其他营业单位有关信息的披露格式，主要项目包括：取得和处置子公司及其他营业单位的有关信息。其中取得子公司及其他营业单位的有关信息包括：取得的价格、支付现金和现金等价物金额，支付的现金和现金等价物净额、取得子公司净资产等信息。处置子公司及其他营业单位的有关部门信息包括：处置的价格、收到的现金和现金等价物金额、收到的现金净额、处置子公司的净资产等信息。

（二）现金结算和现金等价物有关信息

现金流量表准则要求企业在附注中披露与现金和现金等价物有关部门的下列信息：（1）现金和现金等价物的构成及其在资产负债表中的相应金额；（2）企业持有但不能由母公司或集团内其他子公司使用的大额现金和现金等价物金额。

七、现金流量表编制示例

【例13-3】沿用【例13-1】和【例13-2】的资料，华天房地产股份有限公司其他相关资料如下：

1. 2016年度利润表有关项目的明细资料如下：

（1）管理费用的组成：职工薪酬17 100元，无形资产摊销60 000元，折旧费用20 000元，支付其他费用60 000元。

（2）财务费用的组成：计提借款利息11 500元，支付应收票据（银行承兑汇票）贴现利息30 000元。

（3）资产减值损失的组成：计提坏账准备900元，计提固定资产减值准备30 000元。上年年末坏账准备余额为900元。

（4）投资收益的组成：收到境内投资企业股息分红收入30 000元，与本金一起收回的交易性股票投资收益500元，自公允价值变动损益结转投资收益1 000元。

（5）营业外收入的组成：处置固定资产净收益50 000元（其所处置固定资产原价为400 000元，累计折旧为150 000元，收到处置收入300 000元）。假定不考虑与固定资产处置有关的税费。

（6）营业外支出的组成：报废固定资产净损失19 700元（其所报废固定资产原价为200 000元，累计折旧为180 000元，支付清理费用500元，收到残值收入800元）。

（7）所得税费用的组成：当期所得税费用77 800元，递延所得税收益7 725元。

除上述项目外，利润表中的销售费用20 000元至期末均已支付。

2. 资产负债表有关项目的明细资料如下：

（1）本期收回交易性股票投资本金15 000元、公允价值变动1 000元，同时实现投资收益500元。

（2）存货中开发成本、开发间接费的组成：职工薪酬324 900元，折旧费80 000元。

（3）应交税费的组成：本期增值税进项税额42 466元，增值税销项税额212 500元，已交增值税100 000元；应交所得税期末余额为5 097元，应交所得税期初余额为0；应交税费期末数中应由在建工程负担的部分为100 000元。

（4）应付职工薪酬的期初数无应付在建工程人员的部分，本期支付在建工程人员职工薪酬200 000元。应付职工薪酬的期末数中应付在建工程人员的部分为28 000元。

（5）应付利息均为短期借款利息，其中本期计提利息11 500元，支付利息12 500元。

（6）本期用银行存款购买固定资产101 000元，购买工程物资300 000元。

（7）本期用银行存款偿还短期借款250 000元，同时新借入短期借款1 000 000元；偿还一年内到期的长期借款1 000 000元，借入长期借款10 560 000元。

根据上述资料，采用分析填列的方法，编制华天房地产股份有限公司2016年度的现金流量表。

1. 华天房地产股份有限公司2016年现金流量表各项目金额，分析计算确定如下：

（1）销售商品、提供劳务收到的现金

=营业收入+应交税费（应交增值税－销项税额）

　+（应收账款年初余额－应收账款期末余额）

　+（应收票据年初余额－应收票据期末余额）

　－当期计提的坏账准备－票据贴现利息

=1 250 000+212 500+（299 100－598 200）+（246 000－66 000）

－900－30 000=1 312 500（元）

（2）购买商品、接受劳务支付的现金

=营业成本+应交税费（应交增值税－进项税额）

　－（存货年初余额－存货期末余额）

　+（应付账款年初余额－应付账款期末余额）

　+（应付票据年初余额－应付票据期末余额）

　－当期列入开发成本、开发间接费的职工薪酬及相关折旧和修理费

=750 000+42 466－（52 580 000－52 484 700）+（953 800－953 800）

+（200 000－100 000）+（100 000－100 000）－324 900－80 000

=392 266（元）

（3）支付给职工以及为职工支付的现金

=开发成本、开发间接费、管理费用中的职工薪酬

　+（应付职工薪酬年初余额－应付职工薪酬期末余额）

　－［应付职工薪酬（在建工程）年初余额－应付职工薪酬（在建工程）期末余额］=324 900+17 100+（110 000－180 000）－（0－28 000）

=300 000（元）

（4）支付的各项税费

=当期所得税费用+税金及附加+应交税费（应交增值税－已交税额）

　－（应交所得税期末余额－应交所得税年初余额）

=77 800+2 000+100 000－（5097－0）

=174 703（元）

（5）支付的其他与经营活动有关的现金

=其他管理费用+销售费用=60 000+20 000=80 000（元）

（6）收回投资收到的现金

=交易性金融资产贷方发生额+与交易性金融资产一起收回的投资收益=16 000+500=16 500（元）

（7）取得投资收益收到的现金

=收到的股息收入=30 000（元）

（8）处置固定资产收回的现金净额

=300 000+（800－500）=300 300（元）

（9）购建固定资产支付的现金

=用现金购买的固定资产、工程物资+支付给在建工程人员的薪酬

=101 000+300 000+200 000=601 000（元）

（10）取得借款收到的现金

=1 000 000+10 000 000+560 000=11 560 000（元）

（11）偿还债务支付的现金

=250 000+1 000 000=1 250 000（元）

（12）偿付利息支付的现金=12 500（元）

2. 将净利润调节为经营活动现金流量各项目计算分析如下：

（1）资产减值准备=900+30 000=30 900（元）

（2）固定资产折旧=20 000+80 000=100 000（元）

（3）无形资产摊销=60 000（元）

（4）处置固定资产、无形资产和其他长期资产的损失（减：收益）

=-50 000（元）

（5）固定资产报废损失=19 700（元）

（6）财务费用=11 500（元）

（7）投资损失（减：收益）=-31 500（元）

（8）递延所得税资产减少=225－7 950=-7 725（元）

（9）存货的减少=52 580 000－52 484 700=95 300（元）

（10）经营性应收项目的减少

=（246 000－66 000）+（299 100+900－598 200－1 800）

=-120 000（元）

（11）经营性应付项目的增加

=（100 000-200 000）+（953 800-953 800）+[（180 000-28 000）-110 000]+[（211 731-100 000）-36 600]=17 131（元）

3. 根据上述数据，编制现金流量表（表13-8）及其补充资料（表13-9）。

现金流量表　　　　　　　表13-8

会企03表

编制单位：华天房地产股份公司　　2016年度　　　　单位：元

项目	本期金额	上期金额（略）
一、经营活动产生的现金流量：		
销售商品、提供劳务收到的现金	1 312 500	
收到的税费返还		
收到的其他与经营活动有关的现金		
经营活动现金流入小计	1 312 500	
购买商品、接受劳务支付的现金	392 266	
支付给职工以及为职工支付的现金	300 000	
支付的各项税费	174 703	
支付的其他与经营活动有关的现金	80 000	
经营活动现金流出小计	946 969	
经营活动产生的现金流量净额	365 531	
二、投资活动产生的现金流量：		
收回投资所收到的现金	16 500	
取得投资收益所收到的现金	30 000	
处置固定资产、无形资产和其他长期资产所收回的现金净额	300 300	
处置子公司及其他营业单位收到的现金净额		
收到的其他与投资活动有关的现金		
投资活动现金流入小计	346 800	
购建固定资产、无形资产和其他长期资产所支付的现金	601 000	
投资所支付的现金		

续表

项目	本期金额	上期金额（略）
取得子公司及其他营业单位支付的现金净额		
支付的其他与投资活动有关的现金		
投资活动现金流出小计	601 000	
投资活动产生的现金流量净额	−254 200	
三、筹资活动产生的现金流量		
吸收投资所收到的现金		
取得借款所收到的现金	11 560 000	
收到的其他与筹资活动有关的现金		
筹资活动现金流入小计	11 560 000	
偿还债务所支付的现金	1 250 000	
分配股利、利润或偿还利息所支付的现金	12 500	
支付的其他与筹资活动有关的现金		
筹资活动现金流出小计	1 262 500	
筹资活动产生的现金流量净额	10 297 500	
四、汇率变动对现金的影响		
五、现金及现金等价物净增加额	10 408 831	
加：期初现金及现金等价物余额	1 406 300	
六、期末现金及现金等价物余额	11 815 131	

现金流量表补充资料　　　　　　表13-9

补充资料	本期金额	上期金额（略）
1. 将净利润调节为经营活动的现金流量		
净利润	240 225	
加：资产减值准备	30 900	
固定资产折旧、油气资产折耗、生产性生物资产折旧	100 000	
无形资产摊销	60 000	
长期待摊费用摊销		

第十三章　财务报告　285

续表

补充资料	本期金额	上期金额（略）
处置固定资产、无形资产和其他长期资产的损失（收益以"－"号填列）	-50 000	
固定资产报废损失（收益以"－"号填列）	19 700	
公允价值变动损失（收益以"－"号填列）		
财务费用（收益以"－"号填列）	11 500	
投资损失（收益以"－"号填列）	-31 500	
递延所得税资产减少（增加以"－"号填列）	-7 725	
递延所得税负债增加（减少以"－"号填列）		
存货的减少（增加以"－"号填列）	95 300	
经营性应收项目的减少（增加以"－"号填列）	-120 000	
经营性应付项目的增加（减少以"－"号填列）	17 131	
其他		
经营活动产生的现金流量净额	365 531	
2. 不涉及现金收支的重大投资和筹资活动		
债务转为资本		
一年内到期的可转换公司债券		
融资租入固定资产		
3. 现金及现金等价物净增加情况：		
现金的期末余额	11 815 131	
减：现金的期初余额	1 406 300	
加：现金等价物的期末余额		
减：现金等价物的期初余额		
现金及现金等价物净增加额	10 408 831	

第五节

所有者权益变动表

一、所有者权益变动表概述

所有者权益变动表的含义

所有者权益变动表反映企业年末所有者权益增减变动的情况。所有者权益变动表应当反映构成所有者权益的各组成部分当期的增减变动情况。当期损益、直接计入所有者权益的利得和损失以及与所有者（或股东，下同）的资本交易导致的所有者权益的变动，应当分别列示。

二、所有者权益变动表的列报格式和列报方法

（一）所有者权益变动表的列报格式

企业应当反映所有者权益各组成部分的期初和期末余额及其调节情况。因此，企业应当以矩阵的形式列示所有者权益变动表：一方面，列示导致所有者权益变动的交易或事项，按所有者权益变动的来源对一定时期所有者权益变动情况进行全面反映；另一方面，按照所有者权益各组成部分（包括实收资本、资本公积、其他综合收益、盈余公积、未分配利润、库存股等）及其总额列示相关交易或事项对所有者权益的影响。

（二）所有者权益变动表的列报方法

企业应当根据所有者权益类科目和损益类有关科目的发生额分析填列所有者权益变动表"本年金额"栏，具体包括如下情况：

1. "上年年末余额"项目

应根据上年资产负债表中"实收资本（或股本）"、"资本公积"、"其他综合收益"、"盈余公积"、"未分配利润"等项目的年末余额填列。

2. "会计政策变更"和"前期差错更正"项目

应根据"盈余公积"、"利润分配"、"以前年度损益调整"等科目的发生额分析填列，并在"上年年末余额"的基础上调整得出"本年年初金额"项目。

3. "本年增减变动额"项目分别反映如下内容：

（1）"综合收益总额"项目，反映企业当年的综合收益总额，应根据当年利润表中"其他综合收益的税后净额"和"净利润"项目填列，并对应列在"其他综合收益"和"未分配利润"栏。

（2）"所有者投入和减少资本"项目，反映企业当年所有者投入的资本和减少的资本，其中：

1）"所有者投入资本"项目，反映企业接受投资者投入形成的实收资本（或股本）和资本公积，应根据"实收资本（或股本）"、"资本公积"等科目的发生额分析填列，并对应列在"实收资本（或股本）"和"资本公积"栏。

2）"股份支付计入所有者权益的金额"项目，反映企业处于等待期中的权益结算的股份支付当年计入资本公积的金额，应根据"资本公积"科目所属的"其他资本公积"二级科目的发生额分析填列，并对应列在"资本公积"栏。

（3）"利润分配"下各项目，反映当年对所有者（或股东）分配的利润（或股利）金额和按照规定提取的盈余公积金额，并对应列在"未分配利润"和"盈余公积"栏。其中：

1）"提取盈余公积"项目，反映企业按照规定提取的盈余公积，应根据"盈余公积"、"利润分配"科目的发生额分析填列。

2）"对所有者（或股东）的分配"项目，反映对所有者（或股东）分配的利润（或股利）金额，应根据"利润分配"科目的发生额分析填列。

（4）"所有者权益内部结转"下各项目，反映不影响当年所有者权益总额的所有者权益各组成部分之间当年的增减变动，包括资本公积及盈余公积转增资本（或股本）、盈余公积弥补亏损等。其中：

1）"资本公积转增资本（或股本）"项目，反映企业以资本公积转增资本或股本的金额，应根据"实收资本（或股本）"、"资本公积"等科目的发生额分析填列。

2）"盈余公积转增资本（或股本）"项目，反映企业以盈余公积转增资本或股本的金额，应根据"实收资本（或股本）"、"盈余公积"等科目的发生额分析填列。

3）"盈余公积弥补亏损"项目，反映企业以盈余公积弥补亏损的金额，应根据"盈余公积"、"利润分配"等科目的发生额分析填列。

三、所有者权益变动表编制示例

【例13-4】沿用【例13-1】、【例13-2】和【例13-3】的资料，华天房地产股份有限公司其他相关资料为：提取盈余公积24 022.5元，向投资者分配现金股利32 215.85元。

根据上述资料，编制华天房地产股份有限公司2016年度的所有者权益变动表，如表13-10所示。

所有者权益变动表

编制单位：华天房地产股份公司　　　　　　　　　　　　　　　2016年度

项目	本年金额					
	实收资本（或股本）	资本公积	库存股（减项）	其他综合收益	盈余公积	未分配利润
一、上年年末余额	80 000 000	5 000 000		0	100 000	50 225
1. 会计政策变更						
2. 前期差错更正						
二、本年年初余额	80 000 000	5 000 000		0	100 000	50 225
三、本年增减变动金额（减少以"－"号填列）						
（一）综合收益总额				400 000		240 225
（二）所有者投入或减少资本						
1. 所有者投入资本（或普通股）						
2. 股份支付计入所有者权益的金额						
3. 其他						
（三）利润分配						
1. 提取盈余公积					24 022.5	24 022.5
2. 对所有者（或股东）的分配						-32 215.85
3. 其他						
（四）所有者权益内部结转						
1. 资本公积转增资本（或股本）						
2. 盈余公积转增资本（或股本）						
3. 盈余公积弥补亏损						
4. 其他						
四、本年年末余额	80 000 000	5 000 000		400 000	124 022.5	234 211.65

*注：凡是发行优先股等其他权益工具的企业，若发行的优先股等其他权益工具分类为权益工具的，企业应当在所有者权益变动表"实收资本"栏和"资本公积"栏之间增设"其他权益工具"栏，并在该栏中增设"优先股"、"永续债"和"其他"三小栏。将（二）所有者投入或减少资本项目中的"所有者投入资本"项目改为"所有者投入的普通股"，并在该项目下增设"并在其他权益工具持有者投入资本"项目，以下顺序号依次类推。"（三）利润分配"项目中"对所有者（或股东）的分配"项目包含对其他权益工具持有者的股利分配。

表13-9

会企04表
单位：元

	所有者权益合计	上年金额（略）						
		实收资本（或股本）	资本公积	库存股（减项）	其他综合收益	盈余公积	未分配利润	所有者权益合计
	85 150 225							
	85 150 225							
	640 225							
	0							
	−32 215.85							
	85 758 234.15							

第六节

成本报表

一、成本报表概述

（一）成本报表的含义

成本报表，是指根据产品成本和期间费用的核算资料以及其他有关资料编制的，用以反映和监督企业一定时期产品成本和期间费用水平及其构成情况的报告文件。

（二）成本报表的作用

1. 综合反映报告期内的产品成本

通过成本报表资料，能够及时发现在生产、技术、质量和管理等方面取得的成绩和存在的问题。

2. 评价和考核各成本环节成本管理的业绩

利用成本报表上所提供的资料，经过有关指标计算、对比，可以明确各有关部门和人员在执行成本计划、费用预算过程中的成绩和差距，以便总结工作的经验和教训，奖励先进，鞭策后进，调动广大职工的积极性。

3. 可利用成本资料进行成本分析

通过成本报表资料的分析，可以揭示成本差异对产品成本升降的影响程度以及发现产生差异的原因和责任，从而可以有针对性地采取措施，把注意力放在解决那些属于不正常的、对成本有重要影响的关键性差异上，这样对于加强日常成本的控制和管理就有了明确的目标。

4. 是企业进行成本、利润的预测、决策以及编制产品成本和各项费用计划、制定产品价格的重要依据

企业要制定成本计划，必须明确成本计划目标。这个目标是建立在报告年度产品成本实际水平的基础上，结合报告年度成本计划执行的情况，考虑计划年度

中可能变化的有利因素和不利因素，来制定新年度的成本计划，所以说本期成本报表所提供的资料，是制定下期成本计划的重要参考资料。同时，管理部门也根据成本报表资料来对未来时期的成本进行预测，为企业制定正确的经营决策和加强成本控制与管理提供必要的依据。

二、成本报表的编制要求

为了提高成本信息的质量，充分发挥成本报表的作用，成本报表的编制应符合下列基本要求：

（1）真实性。即成本报表的指标数字必须真实可靠，能如实地集中反映企业实际发生的成本费用。

（2）重要性。即对于重要的项目（如重要的成本、费用项目），在成本报表中应单独列示，以显示其重要性；对于次要的项目，可以合并反映。

（3）正确性。即成本报表的指标数字要计算正确；各种成本报表之间、主表与附表之间、各项目之间，凡是有钩稽关系的数字，应相互一致；本期报表与上期报表之间有关的数字应相互衔接。

（4）完整性。即应编制的各种成本报表必须齐全；应填列的指标和文字说明必须全面；表内项目和表外补充资料不论根据账簿资料直接填列，还是分析计算填列，都应当准确无缺，不得随意取舍。

（5）及时性。即按规定日期报送成本报表，保证成本报表的及时性，以便各方面利用和分析成本报表，充分发挥成本报表的应有作用。

（6）可比性。在会计计量和填报方法上，应保持前后会计期间的一致性，以便成本信息使用者正确利用。

附录

房地产开发企业会计科目设置及相关税收政策

附录1 房地产开发企业会计科目设置

房地产开发企业主要会计科目设置
名称代码总览

代码	科目名称	余额方向
	一、资产类	
1001	库存现金	借方
1002	银行存款	借方
1012	其他货币资金	借方
101201	外埠存款	借方
101202	银行本票存款	借方
101203	银行汇票存款	借方
101204	信用卡存款	借方
101205	信用保证金存款	借方
101206	存出投资款	借方
1101	交易性金融资产	借方
110101	本金	借方
11010101	股票	借方
11010102	债券	借方
11010103	基金	借方
11010104	权证	借方
11010199	其他	借方
110102	公允价值变动	借方
11010201	股票	借方
11010202	债券	借方
11010203	基金	借方
11010204	权证	借方

续表

代码	科目名称	余额方向
11010299	其他	借方
1121	应收票据	借方
1122	应收账款	借方
1123	预付账款	借方
1131	应收股利	借方
1132	应收利息	借方
1221	其他应收款	借方
122101	代扣代缴社保费	借方
122102	代扣代缴公积金	借方
122103	往来单位	借方
122104	职员	借方
1231	坏账准备	贷方
123101	应收账款坏账准备	贷方
123102	其他应收款坏账准备	贷方
1321	受托代销商品	借方
1401	材料采购	借方
1402	在途物资	借方
1403	原材料	借方
1404	材料成本差异	借方
1405	开发产品	借方
1406	分期收款开发产品	借方
1407	商品进销差价	贷方
1408	委托加工物资	借方
1411	周转材料	借方
1421	消耗性生物资产	借方
1422	消耗性生物资产跌价准备	贷方
1461	融资租赁资产	借方

续表

代码	科目名称	余额方向
1471	存货跌价准备	贷方
1501	持有至到期投资	借方
150101	成本	借方
150102	利息调整	借方
150103	应计利息	借方
1502	持有至到期投资减值准备	贷方
1503	可供出售金融资产	借方
1511	长期股权投资	借方
151101	投资成本	借方
151102	损益调整	借方
151103	其他综合收益	借方
151104	其他权益变动	借方
1512	长期股权投资减值准备	贷方
1521	投资性房地产	借方
152101	成本	借方
152102	公允价值变动	借方
1522	投资性房地产累计折旧（摊销）	贷方
1523	投资性房地产减值准备	贷方
1531	长期应收款	借方
1532	未实现融资收益	贷方
1601	固定资产	借方
1602	累计折旧	贷方
1603	固定资产减值准备	贷方
1604	在建工程	借方
160401	建筑工程	借方
160402	安装工程	借方
160403	在安装设备	借方

续表

代码	科目名称	余额方向
160404	待摊支出	借方
1605	工程物资	借方
160501	专用材料	借方
160502	专用设备	借方
160503	预付大型设备款	借方
160504	为生产准备的工具器具	借方
1606	固定资产清理	借方
1607	在建工程减值准备	贷方
1608	工程物资减值准备	贷方
1611	未担保余值	借方
1621	生产性生物资产	借方
1622	生产性生物资产累计折旧	贷方
1623	公益性生物资产	借方
1624	生产性生物资产减值准备	贷方
1701	无形资产	借方
1702	累计摊销	贷方
1703	无形资产减值准备	贷方
1711	商誉	借方
1712	商誉减值准备	贷方
1801	长期待摊费用	借方
1811	递延所得税资产	借方
1901	待处理财产损溢	借方
二、负债类		
2001	短期借款	贷方
2101	交易性金融负债	贷方
210101	本金	贷方
210102	公允价值变动	贷方

续表

代码	科目名称	余额方向
2201	应付票据	贷方
2202	应付账款	贷方
220201	暂估应付款	贷方
2203	预收账款	贷方
2211	应付职工薪酬	贷方
221101	短期薪酬	贷方
22110101	工资	贷方
22110102	福利费	贷方
22110103	医疗、工伤、生育等社会保险	贷方
22110104	住房公积金	贷方
22110105	工会经费	贷方
22110106	职工教育经费	贷方
22110107	短期带薪缺勤	贷方
22110108	短期利润分享计划	贷方
22110109	其他短期薪酬	贷方
221102	离职后福利	贷方
22110201	设定提存计划（养老失业保险等）	贷方
22110202	设定受益计划	贷方
221103	辞退福利	贷方
221104	其他长期职工福利	贷方
22110401	长期带薪福利	贷方
22110402	长期残疾福利	贷方
22110403	长期利润分享计划	贷方
221105	非货币性福利	贷方
221106	股份支付	贷方
2221	应交税费	贷方
222101	应交增值税	贷方

续表

代码	科目名称	余额方向
22210101	进项税额	借方
22210102	销项税额抵减	借方
22210103	已交税金额	借方
22210104	转出未交增值税	借方
22210105	减免税款	借方
22210106	出口抵减内销产品应纳税额款	借方
22210111	销项税额	贷方
22210112	出口退税	贷方
22210113	进项税额转出	贷方
22210114	转出多交增值税	贷方
222102	未交增值税	贷方
222104	应交消费税	贷方
222105	应交资源税	贷方
222106	应交所得税	贷方
222107	应交土地增值税	贷方
222108	应交城市维护建设税	贷方
222109	应交教育费附加	贷方
222110	应交房产税	贷方
222111	应交土地使用税	贷方
222112	应交车船税	贷方
222113	应交个人所得税	贷方
222114	应交矿产资源补偿费	贷方
222115	应交地方教育附加	贷方
222121	预缴增值税	借方
222122	待抵扣进项税额	借方
222123	待认证进项税额	借方
222124	待转销项税额	贷方

续表

代码	科目名称	余额方向
22125	增值税留抵税额	贷方
22126	简易计税	贷方
22127	转让金融商品应交增值税	贷方
22128	代扣代缴增值税	贷方
2231	应付利息	贷方
2232	应付股利	贷方
2241	其他应付款	贷方
2314	受托代销商品款	贷方
2401	递延收益	贷方
2501	长期借款	贷方
250101	本金	贷方
250102	利息调整	贷方
2502	应付债券	贷方
250201	债券面值	贷方
250202	利息调整	贷方
250203	应计利息	贷方
2701	长期应付款	贷方
2702	未确认融资费用	借方
2711	专项应付款	贷方
2801	预计负债	贷方
2901	递延所得税负债	贷方
	三、共同类	
3101	衍生工具	借方
3201	套期工具	借方
3202	被套期项目	借方
	四、所有者权益类	
4001	实收资本（股本）	贷方

续表

代码	科目名称	余额方向
4002	资本公积	贷方
400201	资本溢价	贷方
400202	股本溢价	贷方
400203	其他资本公积	贷方
4003	其他综合收益	贷方
4101	盈余公积	贷方
410101	法定盈余公积	贷方
410102	任意盈余公积	贷方
410103	法定公益金	贷方
410104	储备基金	贷方
410105	企业发展基金	贷方
410106	利润归还投资	贷方
4103	本年利润	贷方
4104	利润分配	贷方
410401	提取法定盈余公积	借方
410402	提取任意盈余公积	借方
410403	提取法定公益金	借方
410404	提取储备基金	借方
410405	提取企业发展基金	借方
410406	利润归还投资	借方
410407	提取职工奖励及福利基金	借方
410408	应付现金股利及利润	借方
410409	转作股本的利润	借方
410410	盈余公积补亏	借方
410411	未分配利润	贷方
4201	库存股	借方
4401	其他权益工具	贷方

续表

代码	科目名称	余额方向
	五、成本类	
5001	开发成本	借方
500101	土地征用及拆迁补偿费	借方
500102	前期工程费	借方
500103	基础设施费	借方
500104	建筑安装工程费	借方
500105	公共配套设施费	借方
500106	开发间接费	借方
5101	开发间接费用	借方
510101	工资	借方
510102	社会保险费	借方
510103	住房公积金	借方
510104	福利费	借方
510105	折旧费	借方
510106	办公费	借方
510107	差旅费	借方
510108	水电费	借方
510109	修理费	借方
510110	劳动保护费	借方
510111	周转房摊销	借方
510120	其他	借方
5201	劳务成本	借方
5301	研发支出	借方
530101	费用化支出	借方
530102	资本化支出	借方
5401	工程施工	借方
5402	工程结算	借方

续表

代码	科目名称	余额方向
5403	机械作业	借方
	六、损益类	
6001	主营业务收入	贷方
6051	其他业务收入	贷方
6101	公允价值变动损益	贷方
6111	投资收益	贷方
6301	营业外收入	贷方
6401	主营业务成本	借方
6402	其他业务成本	借方
6403	税金及附加	借方
6601	销售费用	借方
660101	办公用品	借方
660102	房租	借方
660103	物业管理费	借方
660104	水电费	借方
660105	业务招待费	借方
660106	市内交通费	借方
660107	差旅费	借方
660108	网络通信费	借方
660109	工资	借方
660110	佣金	借方
660111	社会保险费	借方
660112	住房公积金	借方
660113	福利费	借方
660114	包装费	借方
660115	展览费和广告费	借方
660116	商品维修费用	借方

续表

代码	科目名称	余额方向
660117	预计产品质量保证损失	借方
660118	运输费	借方
660119	装卸费	借方
660120	折旧费	借方
660121	工会经费	借方
660122	职工教育经费	借方
660199	其他	借方
6602	管理费用	借方
660201	办公用品	借方
660202	房租	借方
660203	物业管理费	借方
660204	水电费	借方
660205	业务招待费	借方
660206	市内交通费	借方
660207	差旅费	借方
660208	网络通信费	借方
660209	工资	借方
660210	福利费	借方
660211	社会保险费	借方
660212	住房公积金	借方
660213	工会经费	借方
660214	职工教育经费	借方
660215	董事会费	借方
660216	聘请中介机构费	借方
660217	咨询费	借方
660218	诉讼费	借方
660219	技术转让费	借方

续表

代码	科目名称	余额方向
660220	矿产资源补偿费	借方
660221	研究费用	借方
660222	绿化排污费	借方
660223	折旧费	借方
660224	存货盘亏或盘盈	借方
660299	其他	借方
6603	财务费用	借方
660301	利息	借方
660302	手续费	借方
660303	汇兑损益	借方
660399	利息	借方
6701	资产减值损失	借方
6711	营业外支出	借方
6801	所得税费用	借方
500101	当期所得税费用	借方
500102	递延所得税费用	借方
6901	以前年度损益调整	贷方

附录2 房地产开发企业相关税收政策

（一）增值税篇

序号	政策简称	成文日期	内容简介	备注
1	财政部 国家税务总局关于明确金融、房地产开发、教育辅助服务等增值税政策的通知	2016-12-21	金融、房地产开发、教育辅助服务等增值税政策	财税〔2016〕140号
2	财政部关于印发《增值税会计处理规定》	2016-12-3	营改增后增值税会计处理规定	财会〔2016〕22号
3	国家税务总局《关于全面推开营业税改征增值税试点有关税收征收管理事项的公告》	2016-04-19	全面推开营业税改征增值税试点有关税收征收管理	国家税务总局公告2016年第23号文件
4	《房地产开发企业销售自行开发的房地产项目增值税征收管理暂行办法》	2016-03-31	房地产项目增值税征收管理	国家税务总局公告2016年第18号文件
5	《纳税人提供不动产经营租赁服务增值税征收管理暂行办法》	2016-03-31	不动产经营租赁服务增值税征收管理	国家税务总局公告2016年第16号文件
6	《不动产进项税额分期抵扣暂行办法》	2016-03-31	不动产进项税额分期抵扣	国家税务总局公告2016年第15号文件
7	《纳税人转让不动产增值税征收管理暂行办法》	2016-03-31	房地产项目增值税征收管理	国家税务总局公告2016年第14号文件
8	财政部、国家税务总局关于全面推开营业税改征增值税试点的通知	2016-03-23	建筑业、房地产业、金融业、生活服务业等全部营业税纳税人，纳入试点范围，由缴纳营业税改为缴纳增值税	财税〔2016〕36号
9	营业税改征增值税试点实施办法	2013-12-12	在境内提供应税服务，是指应税服务提供方或者接受方在境内	财税〔2013〕106号文附件1
10	营业税改征增值税试点有关事项的规定	2013-12-12	原增值税一般纳税人接受境外单位或者个人提供的应税服务，按照规定应当扣缴增值税	财税〔2013〕106号文附件2
11	财政部 国家税务总局关于部分货物适用增值税低税率和简易办法征收增值税政策的通知	2009-01-19	按简易办法征收增值税的优惠政策继续执行，不得抵扣进项税额	财税〔2009〕9号

（二）土地增值税篇

序号	政策简称	成文日期	内容简介	备注
1	关于加强土地增值税征管工作的通知	2010-05-25	除保障性住房外，明确了各地区最低预征率	国税发（2010）53号
2	关于土地增值税清算有关问题的通知	2010-05-19	土地增值税从严清算。明确土地增值税清算注意八个细节	国税函（2010）220号
3	关于印发《土地增值税清算管理规程》的通知	2009-05-12	为规范土地增值税清算工作，特制定本规程。本规程自2009年6月1日起施行	国税发（2009）91号
4	关于廉租住房经济适用住房和住房租赁有关税收政策的通知	2008-03-03	明确支持廉租住房、经济适用住房建设的税收政策；支持住房租赁市场发展的税收政策	财税（2008）24号
5	关于房地产开发企业土地增值税清算管理有关问题的通知	2006-12-28	本通知自2007年2月1日起执行	国税发（2006）187号
6	关于土地增值税若干问题的通知	2006-03-02	对纳税人建造普通标准住宅出售、转让旧房准予扣除项目的计算问题进行了说明。	财税（2006）21号
7	关于土地增值税一些具体问题规定的通知	1995-05-25	对土地增值税一些具体问题作出明确规定。适用范围限于房地产开发企业转让新建房地产行为	财税字（1995）48号
8	土地增值税暂行条例实施细则	1995-01-27	本细则自发布之日（1995年1月27日）起施行	财税字（1995）6号
9	土地增值税暂行条例	1993-12-13	该条例自1994年1月1日起施行	国务院令（1993）138号

（三）企业所得税篇

序号	政策简称	成文日期	内容简介	备注
1	关于企业股权投资损失所得税处理问题的公告	2010-07-28	就企业股权投资损失所得税处理问题进行了公告说明。	国家税务总局公告2010年第6号
2	关于发布《企业重组业务企业所得税管理办法》的公告	2010-07-26	为规范和加强对企业重组业务的企业所得税管理，制定本办法。	国家税务总局公告2010年第4号

续表

序号	政策简称	成文日期	内容简介	备注
3	关于房地产开发企业开发产品完工条件确认问题的通知	2010-05-12	就房地产开发企业开发产品完工条件确认有关问题作出说明	国税函（2010）201号
4	关于贯彻落实企业所得税法若干税收问题的通知	2010-02-22	关于租金收入、债务重组收入、于股权转让所得、股息、红利等权益性投资收益收入确认问题等作出了说明	国税函（2010）79号
5	关于企业向自然人借款的利息支出企业所得税税前扣除问题的通知	2009-12-31	就企业向自然人借款的利息支出企业所得税税前扣除问题作出了明确说明	国税函（2009）777号
6	关于专项用途财政性资金有关企业所得税处理问题的通知	2009-06-16	就企业取得的专项用途财政性资金有关企业所得税处理问题进行了解释说明	财税（2009）87号
7	关于印发《企业资产损失税前扣除管理办法》的通知	2009-05-04	本办法自2008年1月1日起执行	国税发（2009）88号
8	关于企业所得税执行中若干税务处理问题的通知	2009-04-21	关于销售（营业）收入基数的确定问题、2008年1月1日以前计提的各类准备金余额处理问题等作出明确说明	国税函（2009）202号
9	国税发（2009）31号文解析	2009-10-23	国税总局所得税司二处对［2009］31号文的部分解析	国税总局所得税司二处对［2009］31号文的部分解析
10	关于印发《房地产开发经营业务所得税处理办法》的通知	2009-03-06	为加强从事房地产开发经营企业的企业所得税征收管理，规范纳税行为，制定了本办法	国税发（2009）31号
11	关于企业工资薪金及职工福利费扣除问题的通知	2009-01-04	就企业工资薪金和职工福利费扣除有关问题作出明确说明	国税函（2009）3号
12	关于确认企业所得税收入若干问题的通知	2008-10-30	对确认企业所得税收入的若干问题进行了详细说明	国税函（2008）875号
13	关于母子公司间提供服务支付费用有关企业所得税处理问题的通知	2008-08-14	就在中国境内，属于不同独立法人的母子公司之间提供服务支付费用有关企业所得税处理问题进行了说明	国税发（2008）86号

续表

序号	政策简称	成文日期	内容简介	备注
14	关于企业关联方利息支出税前扣除标准有关税收政策问题的通知	2008-09-19	将企业接受关联方债权性投资利息支出税前扣除的政策问题进行了明确说明	财税（2008）121号
15	关于企业处置资产所得税处理问题的通知	2008-10-09	明确资产所有权属在形式和实质上均不发生改变，可作为内部处置资产，不视同销售确认收入	国税函（2008）828号
16	企业所得税法实施条例	2007-12-06	自2008年1月1日起施行	国务院令第512号
17	企业所得税法	2007-03-16	自2008年1月1日起施行	中华人民共和国主席令第63号
18	山东省跨市总分机构企业所得税分配及预算管理暂行办法	2008-01-01	2008年1月1日起执行	鲁财预[2008]19号
19	跨地区经营企业所得税	2008-01-01	跨省市总分机构企业所得税分配及预算管理暂行办法	财预[2008]10号 国税发[2008]28号
20	跨地区经营企业所得税	2009-01-01	跨地区经营汇总纳税企业所得税征收管理	国税函（2009）221号
21	2009年度税收自查有关政策（通讯费、交通费等规定）	2009-09-10	2009.9.10（企便函[2009]33号）	企便函[2009]33号
22	关于企业加强职工福利费财务管理的通知	2009-11-12	2009.11.12起执行	财企（2009）242号
23	关于企业所得税若干税务事项衔接问题的通知	2009-02-27	新税法实施前企业发生的若干税务事项衔接问题	国税函（2009）98号
24	关于企业取得财产转让等所得企业所得税处理问题的公告	2010-10-27	2010.11.27	国家税务总局公告2010年第19号
25	关于查增应纳税所得额弥补以前年度亏损处理问题的公告	2010-10-27	2010.12.1	国家税务总局公告2010年第20号
26	企业手续费及佣金扣除政策	2009-03-19	2009.3.19	财税（2009）29号

续表

序号	政策简称	成文日期	内容简介	备注
27	关于工会经费企业所得税税前扣除凭据问题的公告	2010-11-9	2010.7.1	国家税务总局公告2010年第24号
28	关于统一地方教育附加政策有关问题的通知	2010-11.7	2011.1.1	财综（2010）98号
29	关于房地产开发企业注销前有关企业所得税处理问题的公告	2010-12-24	2010-1-1起执行	国家税务总局公告2010年第29号
30	关于企业政策性搬迁或处置收入有关企业所得税处理问题的通知	2009-03-12	是指因政府城市规划、基础设施建设等政策性原因，企业需要整体搬迁（包括部分搬迁或部分拆除）或处置相关资产而按规定标准从政府取得的搬迁补偿收入	国税函（2009）118号
31	关于政府收回土地使用权及纳税人代垫拆迁补偿费有关营业税问题的通知	2009-09-17	纳税人进行拆除建筑物、平整土地并代垫拆迁补偿费的行为如何征收营业税的问题	国税函（2009）520号
32	《企业资产损失所得税税前扣除管理办法》	2011-03-31	资产损失所得税前扣除管理	国家税务总局公告2011年第25号
33	《关于企业所得税若干问题的公告》	2011-06-09	关于金融企业同期同类贷款利率确定问题；关于企业员工服饰费用支出扣除问题等	国家税务总局公告2010年第34号

公益性捐赠类所得税政策

序号	政策简称	成文日期	内容简介	备注
34	关于公益性捐赠税前扣除问题有关问题的通知	2008-12-31	对公益性捐赠所得税税前扣除有关问题作出明确说明	财税（2008）160号
35	关于通过公益性群众团体的公益性捐赠税前扣除有关问题的通知	2009-12-8	对企业和个人通过依照《社会团体登记管理条例》规定不需进行社团登记的人民团体以及经国务院批准免予登记的社会团体（以下统称群众团体）的公益性捐赠所得税税前扣除有关问题明确	财税（2009）124号

续表

序号	政策简称	成文日期	内容简介	备注
36	关于公益性捐赠税前扣除有关问题的补充通知	2010-07-21	为进一步规范公益性捐赠税前扣除政策,现将公益性捐赠税前扣除有关问题作出补充说明	财税（2010）45号

（四）房产税、土地使用税篇

序号	政策简称	成文日期	内容简介	备注
1	关于城市和国有工矿棚户区改造项目有关税收优惠政策的通知	2010-05-04	将城市和国有工矿棚户区改造安置住房（以下简称改造安置住房）有关税收政策作出了详细说明	财税（2010）42号
2	关于房产税城镇土地使用税有关问题的通知	2009-11-22	关于无租使用其他单位房产、融资租赁房产的房产税问题；地下建筑用地的城镇土地使用税问题进行了明确说明	财税（2009）128号
3	关于房产税城镇土地使用税有关问题的通知	2008-12-18	关于房产原值如何确定；房产税、城镇土地使用税纳税义务截止时间的问题作出了说明	财税（20080）152号
4	修改《中华人民共和国城镇土地使用税暂行条例》的决定	2006-12-31	本决定自2007年1月1日起施行	国务院令第483号
5	关于房产税、城镇土地使用税有关政策的通知	2006-12-25	关于有偿取得土地使用权城镇土地使用税纳税义务发生时间问题等作出了解释	财税（2006）186号
6	关于明确房地产企业商品房开发期间城镇土地使用税有关问题的通知	2009-10-20	明确房地产企业商品房开发期间城镇土地使用税有关问题	青地税函（2009）128号
7	关于出租房产免收租金期间房产税问题 关于将地价计入房产原值征收房产税问题	2010-12-21	关于出租房产免收租金期间房产税问题 关于将地价计入房产原值征收房产税问题	财税（2010）121号

（五）契税篇

序号	政策简称	成文日期	内容简介	备注
1	关于明确国有土地使用权出让契税计税依据的批复	2009-10-27	对通过"招、拍、挂"程序承受国有土地使用权的，应按照土地成交总价款计征契税，其中的土地前期开发成本不得扣除	国税函（2009）603号
2	关于土地使用权转让契税计税依据的批复	2007-12-11	将土地使用权及所附建筑物、构筑物等（包括在建的房屋、其他建筑物、构筑物和其他附着物）转让给他人的，应按照转让的总价款计征契税	财税（2007）162号
3	关于免征土地出让金出让国有土地使用权征收契税的批复	2005-05-11	对承受国有土地使用权所应支付的土地出让金，要计征契税。不得因减免土地出让金，而减免契税	国税函（2005）436
4	关于国有土地使用权出让等有关契税问题的通知	2004-08-03	进一步明确与国有土地使用权出让相关的契税政策	财税（2004）134号

（六）印花税篇

序号	政策简称	成文日期	内容简介	备注
1	关于企业集团内部使用的有关凭证征收印花税问题的通知	2009-01-05	将企业集团内部使用的有关凭证如何界定征收印花税的问题作出了说明。	国税函（2009）9号
2	关于印花税若干政策的通知	2006-12-27	为适应经济形势发展变化的需要，将印花税有关政策进行了详细说明。	财税（2006）162号

（七）个人所得税篇

序号	政策简称	成文日期	内容简介	备注
1	关于明确个人所得税若干政策执行问题的通知	2009-08-17	关于董事费征税等问题进行了明确说明	国税发（2009）121号

续表

序号	政策简称	成文日期	内容简介	备注
2	加强股权转让所得征收个人所得税	2009-05-28	加强自然人(以下简称个人)股东股权转让所得个人所得税的征收管理	国税函(2009)285号
3	关于企业为个人购买房屋或其他财产征收个人所得税问题的批复	2008-06-27	以企业资金为个人购房是否征收个人所得税问题进行了说明	财税(2008)83号
4	关于生育津贴和生育医疗费有关个人所得税政策的通知	2008-03-07	取得的生育津贴、生育医疗费或其他属于生育保险性质的津贴、补贴,免征个人所得税	财税(2008)8号
5	关于个人所得税工薪薪金所得减除费用标准政策衔接问题的通知	2008-02-20	从2008年3月1日(含)起,纳税人实际取得的工资、薪金所得,应适用每月2 000元的减除费用标准,计算缴纳个人所得税	国税发(2008)20号
6	关于修改《中华人民共和国个人所得税法实施条例》的决定	2008-02-18	自2008年3月1日起施行	中华人民共和国国务院令第519号
7	个人所得税法	2007-12-29	自2008年3月1日起施行	中华人民共和国主席令第85号
8	关于进一步推进个人所得税全员全额扣缴申报管理工作的通知	2007-08-14	进一步加强个人所得税全员全额扣缴申报管理工作的有关要求进行了明确	国税发(2007)97号
9	关于基本养老保险费基本医疗保险费失业保险费住房公积金有关个人所得税政策的通知	2006-06-27	现对基本养老保险费、基本医疗保险费、失业保险费、住房公积金有关个人所得税政策问题进行了明确说明	财税(2006)10号
10	关于企业为股东个人购买汽车征收个人所得税的批复	2005-04-22	企业利用资金为股东个人购买汽车征收个人所得税问题作出了明确说明	国税函(2005)364号
11	关于调整个人取得全年一次性奖金等计算征收个人所得税方法问题的通知	2005-01-21	对个人取得全年一次性奖金征税问题进行了明确说明	国税发(2005)9号
12	山东省地税局明确公务通讯补贴个人所得税费用扣除问题	2005-01-01	2005年1月1日起执行	鲁地税函(2005)33号

续表

序号	政策简称	成文日期	内容简介	备注
13	国家税务总局关于离退休人员再任职界定问题的批复	2006-06-05	2006.6.5	国税函（2006）526号
14	国家税务总局关于个人兼职和退休人员再任职取得收入如何计算征收个人	2005-04-26	2005.4.26	国税函（2005）382号
15	关于股权转让所得个人所得税计税依据核定问题的公告	2010-12-14	股权转让所得个人所得税计税依据核定问题	国家税务总局公告2010第27号
16	提前退休人员个人所得税	2011-01-17	个人所得税	国家税务总局公告2011第6号
17	企业年金个人所得税有关问题补充规定的公告	2011-01-30	年金个人所得税	国家税务总局公告2011第9号
18	关于切实加强高收入者个人所得税征管的通知	2011-04-15	加强高收入者个人所得税征管的通知	国税发（2011）50号
19	国家税务总局关于个人所得税有关问题的公告	2011-04-08	上市公司股权激励个人所得税持股比例；关于离退休人员再任职界定条件问题	国家税务总局公告2011年第27号
20	雇主为雇员承担全年一次性奖金部分税款	2011-04-28	雇主为雇员承担全年一次性奖金部分税款有关个人所得税计算方法	国家税务总局公告2011年第28号
21	企业促销展业赠送礼品有关个人所得税问题	2011-06-09	企业促销展业赠送礼品有关个人所得税问题	财税（2011）50号
22	关于修改个人所得税法实施条例	2011-07-19	从2011年9月1日起，纳税人取得的工资、薪金所得，每月适用3500元的减除费用标准，计算缴纳个人所得税	国务院令第600号

（八）税收征管与发票

序号	政策简称	成文日期	内容简介	备注
1	中华人民共和国发票管理办法	2010-12-20	《国务院关于修改〈中华人民共和国发票管理办法〉的决定》已经2010年12月8日国务院第136次常务会议通过，现予公布，自2011年2月1日起施行	国务院令587号

续表

序号	政策简称	成文日期	内容简介	备注
2	关于加强房地产税收管理的通知	2005-05-27	普通住宅标准（容积率1.0以上，单套建筑面积144平方米以下）	国税发（2005）89号 国办发（2005）26号
3	关于房地产税收政策执行中几个具体问题的通知国税发	2005-10-20	成交价格，购买房屋的时间	国税发（2005）172号
4	发票专用章式样规范管理	2011-01-21	关于发票专用章式样有关问题的公告	国家税务总局公告2011第7号

参考文献

[1] 刘晓峰，蔡璐. 行业会计核算实务［M］. 2014.

[2] 刘志翔，赵艳玲. 行业会计比较［M］. 2014.

[3] 丁元霖. 房地产开发企业会计［M］. 2013. 清华大学出版社，北京交通大学出版.

[4] 冯浩，廖又泉，吴灿. 房地产开发企业会计［M］. 复旦大学出版社. 2007.

[5] 傅胜. 行业会计比较［M］. 2014.

[6] 周龙腾编. 房地产会计全流程演练［M］. 中国宇航出版社，2012.

[7] 张天河. 实例解析房地产开发企业会计实务［M］. 广东经济出版社，2013.

[8] 李曙亮. 房地产开发企业会计与纳税实务［M］. 大连出版社，2010.

[9] 向巧玲. 浅谈新会计准则之投资性房地产［J］. 当代经济，2008（21）：140-141.

[10] 钱逢胜，应涉仪. 房地产企业会计［M］. 复旦大学出版社，2004年11月.

[11] 许玉秋. 探讨会计管理中的非流动负债及其应付债券［J］. 投资与合作，2012（12）：92-92.

[12] 平准. 房地产企业会计实务一本通［M］. 中国纺织出版，2013.

[13] 包红霏. 房地产会计学［M］. 大连理工大学出版社. 2013.

[14] 钱逢胜，应涉仪，盛碧荷. 房地产企业会计［M］. 复旦大学出版社，2004.

[15] 宋绍清. 会计学（第三版）经济科学出版社. 2016.

[16] 会计百科——会计基础知识：成本报表.

[17] 会计网【房地产企业真账教程】.

[18] 企业会计准则案例讲解2016版. 立信会计出版社.

[19] 李曙亮，王晓敏，安胜莉，吕辉. 房地产开发企业会计与纳税实务. 大连出版社. 2010.